高等院校电子商务专业系列规划教材

网络支付与结算

WangLuo ZhiFu Yu JieSuan

陈银凤　贾　玢　主　编

邢若枫　李　浓　副主编

电子工业出版社·

Publishing House of Electronics Industry

北京·BEIJING

图书在版编目（CIP）数据

网络支付与结算 / 陈银凤，贾玢主编. —北京：电子工业出版社，2016.4

高等院校电子商务专业系列规划教材

ISBN 978-7-121-28316-1

Ⅰ. ①网… Ⅱ. ①陈… ②贾… Ⅲ. ①互联网络－应用－银行业务－高等学校－教材 Ⅳ. ①F830.49

中国版本图书馆 CIP 数据核字(2016)第 048899 号

责任编辑：袁桂春

印　　刷：北京七彩京通数码快印有限公司
装　　订：北京七彩京通数码快印有限公司
出版发行：电子工业出版社
　　　　　北京市海淀区万寿路 173 信箱　　邮编 100036
开　　本：787×1092　　1/16　　印张：15.75　　字数：392 千字
版　　次：2016 年 4 月第 1 版
印　　次：2025 年 2 月第 9 次印刷
定　　价：42.00 元

凡所购买电子工业出版社图书有缺损问题，请向购买书店调换。若书店售缺，请与本社发行部联系，联系及邮购电话：(010) 88254888，88258888。

质量投诉请发邮件至 zlts@phei.com.cn，盗版侵权举报请发邮件至 dbqq@phei.com.cn。

本书咨询联系方式：(010) 88254199，sjb@phei.com.cn。

前　言

随着互联网的迅猛发展，电子商务作为一种创新的商务模式，其优势日益明显。目前，电子商务凭借其高效率、低成本的竞争优势，已经被越来越多的企业接受并运用。电子商务中的资金流是商务运作的核心环节，是政府、商家、客户最为关心的对象，其运作的好坏直接影响到商务处理的效果，因此政府、企业、家庭及个人对解决资金流的运行效率和服务质量的要求也越来越高。在这种背景下，特别是信息网络技术的进步，促使资金流的支付结算系统不断从手工操作走向电子化、网络化和信息化。

在中国，很大一部分人由于受传统观念及对网络支付与结算知识的缺乏等因素的影响，还习惯和满足于采用"一手交钱，一手交货"的结算方式，这与目前电子商务的发展需求极不适应，结果在一定程度上使资金流的处理成了电子商务业务流程中的难点，进而成为中国电子商务发展的瓶颈之一。由于电子商务的发展，社会对电子商务人才的需求急剧增加，全国范围内的高校审时度势，纷纷建立起自己的电子商务专业，但与之密切相关的网络支付与结算方面的教材却相对匮乏。除高校外，政府部门、企业也需要网络支付方面相关的书籍作为参考。虽然目前中国高校的网络支付与结算教材数量已不少，但大部分书籍的内容片面、不全，有的内容过于陈旧和简单，存在很大的局限性。

基于上述情况和需求，本书全面、系统地介绍了网络支付与结算的相关概念、安全技术、工具、方式和系统，并使用大量案例对内容进行铺垫和支撑。全书共9章，分别是网络支付与结算概述、网络支付与结算基础、网络支付安全、电子银行与电子货币、网络支付工具、网络支付系统、网络银行、移动电子商务与移动支付、网络支付的相关法律问题。本书内容的技术性和理论性相对较强，需要前驱课程的支持。本书具有以下主要特色：

（1）案例引导。每章开始先引入目前相对较新的网络支付案例，使读者从接触案例入手，对案例有了一定的了解之后，才循序渐进地对具体理论知识进行学习。文中为了突出一些重点知识，会引入相应的应用案例予以说明；为了让读者进一步对所学知识举一反三，还引入了扩展阅读，达到拓展视野的目的。

（2）内容全面。本书从多个角度、多个方面对网络支付与结算进行论述，使读者能够快速、全面地了解网络支付与结算的技术、工具、方式和系统。

（3）数据较新。笔者查阅了大量书籍，并收集了一些较新的网络支付与结算的相关数据，使读者能够及时了解国内外与支付相关的最新动态。

（4）通俗易懂。本书采用的语言平实、易懂，笔者以期使用最简单的语句向读者展现网络支付与结算的相关知识。一些深奥的概念给出了详细的讲解，一些难懂的技术以浅显的方式予以说明。

（5）知识链接。对与本书内容相关的一些专业性很强的新知识以知识链接的方式展现在读者面前，以便让读者加深对该知识的理解。

本书由陈银凤、贾玢、邢若枫和李浓共同编写完成。本书可作为高等院校电子商务专业及其他相关专业支付与结算方面的教学和参考用书，也可作为电子商务企业及银行相关部门人员学习和研究的参考读物。

由于编者水平有限，书中难免有疏漏乃至错误之处，恳请同行和读者提出批评和建议，以便进一步改进与完善。

编　者

目　录

第1章　网络支付与结算概述........1

1.1　互联网简介 2
1.2　电子商务简介 8
1.3　传统支付结算 15
1.4　网络支付与结算 18
自测题 22

第2章　网络支付与结算基础......25

2.1　网络支付的基本理论 27
2.2　网络支付的基本流程和基本模式 31
2.3　网络支付的方式 34
2.4　网络支付的技术支撑平台 35
2.5　中国的金融电子化建设状况 ...37
自测题 43

第3章　网络支付安全 45

3.1　网络支付安全概述 46
3.2　防火墙技术 52
3.3　加密技术 56
3.4　数字信封 61
3.5　数字摘要 63
3.6　数字签名 64
3.7　数字证书及认证中心 67
3.8　安全网络支付的协议机制 70
自测题 78

第4章　电子银行与电子货币 80

4.1　电子银行 82
4.2　电子货币 90
4.3　我国电子货币的应用状况 94
自测题 102

第5章　网络支付工具 104

5.1　支付工具的演变 105
5.2　网络支付工具概述 106
5.3　常见的网络支付工具 109
自测题 124

第6章　网络支付系统 126

6.1　网络支付系统概述 127
6.2　电子汇兑系统 131
6.3　SWIFT 系统 135
6.4　CHIPS 系统 138
6.5　中国国家现代化支付系统 142
自测题 148

第7章　网络银行 150

7.1　网络银行概述 152
7.2　网络银行与传统银行的比较 156
7.3　个人网络银行 163

7.4　企业网络银行 171

7.5　网络银行的风险与防范 177

自测题 182

第 8 章　移动电子商务与移动
**　　　　支付** **184**

8.1　移动电子商务 186

8.2　移动支付 196

8.3　微支付 211

自测题 213

第 9 章　网络支付的相关法律
**　　　　问题** **215**

9.1　电子支付相关立法概述 217

9.2　电子资金划拨中的法律问题 223

9.3　电子货币的法律问题 226

9.4　网络银行的法律问题 231

9.5　电子支票的法律问题 235

自测题 243

参考文献 245

第1章 网络支付与结算概述

本章导读

  电子商务引发了一场全球性的商务革命和经营革命，正在开创的是一个崭新的数字经济和网络经济时代。资金流的处理是传统商务也是电子商务的重要环节，因此电子商务的开展必然涉及网络支付与银行的网上金融服务，需要银行的积极参与和推动；反过来，电子商务的推广应用，不仅推动网络支付和网上金融服务的发展，还使金融电子化建设进入一个全新的发展阶段。

本章学习要求

- ◉ 了解互联网的产生、特点和提供的基本服务；
- ◉ 了解电子商务的概念、分类和特点；
- ◉ 掌握电子商务的概念模型和基本交易流程；
- ◉ 了解传统支付与结算的发展和方式及其局限性；
- ◉ 掌握网络支付与结算方式；
- ◉ 了解国内外网络支付发展情况及面临的问题。

引导案例 2014Q1 中国电子商务市场交易规模达 2.57 万亿元，增长稳定

  1. 市场规模

  2014Q1 中国电子商务市场交易规模为 2.57 万亿元，同比增长 15.0%

  艾瑞咨询统计数据显示，2014Q1 中国电子商务市场整体交易规模为 2.57 万亿元，同比增长 15.0%，环比下降 8.3%，增速较上个季度放缓。

  艾瑞分析认为，2014Q1 电子商务交易规模增速下降的主要原因在于，第一季度是内外贸易的传统交易淡季，并且受中国的宏观经济与外贸形势运行情况不明朗的影响，电子商务交易规模比重最大的 B2B 行业交易额的增长放缓，继而影响到电子商务整体的增速。

  2. 市场结构

  企业间电子商务占主导地位，网络购物占比持续提升

  艾瑞咨询统计数据显示，2014Q1 电子商务市场细分行业结构中，企业间电子商务仍然占主导地位，整体占比达到八成，其中，中小企业 B2B 电子商务交易额占比过半；网络购物交易规模占比由 2013Q1 的 16.0%增长到 2014Q1 的 17.8%。

  艾瑞咨询分析认为，2014Q1 受中国宏观经济与外贸形势运行情况不明朗的影响，中国 B2B 电子商务市场交易规模同比增速降低，导致在电子商务市场中份额占比同比略微下降。网络购

物市场占比同比出现提升主要是因为用户群体网络购物意识的逐步增强及消费习惯的日益稳固、B2C 市场规模的快速增长及移动购物的迅猛发展。网络购物市场平稳快速发展是电子商务行业发展的重要推动力量。

（资料来源：张向丽 2014 年 5 月 8 日 14:45:56，http://ec.iresearch.cn/others/20140508/ 230851.shtml）

当今世界网络、通信和信息技术快速发展，互联网在全球迅速普及，使得现代商业具有不断增长的供货能力、不断增长的客户需求和不断增长的全球竞争三大特征，使得任何一个商业组织都必须改变自己的组织结构和运行方式来适应这种全球性的发展和变化。随着信息技术在国际贸易和商业领域的广泛应用，利用计算机技术、网络通信技术和互联网实现商务活动的国际化、信息化和无纸化，已经成为各国商务发展的必然趋势。

电子商务正是为了适应这种以全球为市场的变化而出现和发展起来的。电子商务提出了一种全新的商业机会、需求、规则和挑战，它代表了未来信息产业的发展方向，已经并将继续对全球经济和社会的发展产生深刻的影响。

随着电子商务的快速发展，消费者对交易的支付与结算方式提出了更高的要求，参与电子商务交易的各方迫切需要高效、方便、快捷、安全的支付与结算方式，即网络支付与结算。网络支付与结算是电子商务的重要组成部分，而快速成长的网络支付与结算同时也为电子商务的发展提供强劲的动力。

本章主要对网络支付与结算中依托的互联网进行介绍，并对电子商务进行简要描述，接着分析传统支付与结算的发展和方式，提出传统支付与结算的局限性，最后分析网络支付与结算在国内外的发展情况及其所面临的问题。

1.1 互联网简介

互联网是由多个网络互联而成的一个单一而庞大的网络集合。在组织结构上，互联网是基于共同的通信协议（TCP/IP），通过路由器将多个网络互联起来所构成的一个新网络，它将位于不同地区、不同环境、不同类型的网络互联成为一个整体。在逻辑上，它是独立的和统一的。

目前，互联网是全球最大和最具影响力的计算机网络。互联网中的信息资源应有尽有，涉及商业、金融、政府、医疗卫生、信息服务、科研教育、休闲娱乐等，用户足不出户便知天下事。如果用户希望在几分钟内可以将信件投递给远方的亲朋好友，可以使用互联网提供的电子邮件服务。此外，用户还可以使用互联网上的 IP 电话服务，通过互联网与未曾谋面的网友聊天，在互联网上发表自己的见解或寻求帮助。

1.1.1 互联网的产生

互联网在 20 世纪 90 年代才迅速发展起来，其前身是 1969 年由美国国防部高级计划署提出的 ARPANET，研发之初主要用于连接美国的重要军事基地和研究所。ARPANET 采用 TCP/IP 协议，发展初期只有四台主机，分布在美国加州大学洛杉矶分校、加州大学圣巴巴拉分校、斯坦福研究学院和美国犹他大学。

美国国家科学基金会（NSF）于 20 世纪 80 年代初准备在美国国内基于 ARPANET 建立五个用于科研的超大型计算机中心，将它们提供给教育和科研机构共享。由于种种技术和政治上的原因，利用 ARPANET 的计划没有成功，于是 NSF 于 20 世纪 80 年代后期建立了速度更快的 NSFNET，以期连接这些超大型计算中心，且用它把美国所有地区的网络连接起来。NSFNET 直接采用了 ARPANET 的技术和协议，即 TCP/IP 协议，建成后并逐步取代了 ARPANET。由于 NSFNET 逐步在世界范围内与其他 TCP/IP 网络相连，具有较好的开放性并允许公众参与，遂被称为互联网。1993 年以前，互联网在美国由 NSF 资助，主要用于教育和科学研究部门。

由于网络规模的不断扩大，美国政府无法提供巨资资助互联网主干网，因此到 1995 年 NSFNET 完成其历史使命，不再作为互联网的主干网，代替它的是由若干商业公司建立的主干网。自从 20 世纪 90 年代以来，互联网不仅在美国得到迅猛发展，同时通过卫星和其他传输介质向全球扩展，特别随着光纤技术的发展和应用，更加快了互联网扩展的速度和质量。

1.1.2　互联网的特点

1．全球信息传播

互联网为世界各地的人们提供了双向信息交换的途径，既可以从网上即时获得社会生活各方面的最新信息，也可以实现针对某一问题的远程讨论。互联网通信的高效率和低成本，为企业在互联网上寻找新的市场，进行商品交易，开展产品调查和用户调查提供了极大的方便。

2．信息容量大、时效长

由于计算机存储技术的发展提供了近乎无限的信息存储空间，互联网现已成为一个涉及政治、经济、科研、文化、教育、体育、娱乐、企业产品广告、招商引资信息等各个方面内容的全球最大的信息资源库。信息一旦进入发布平台，即可长期存储，长效发布。

3．检索使用便捷

与一般媒体相比，互联网上的信息检索更为方便，速度也极为迅速。通过网络搜索引擎，可以容易地检索出全球大部分生产销售某种产品的厂商，并实现与厂商的直接接触。光纤技术的运用使得信息的发送与检索瞬间即可完成。

4．灵活多样的入网方式

灵活多样的入网方式是互联网获得高速发展的重要原因，任何计算机只要采用 TCP/IP 协议与互联网中的任何一台主机通信就可以成为互联网的一部分。互联网所采用的 TCP/IP 协议成功地解决了不同硬件平台、不同网络产品和不同操作系统之间的兼容问题。因此，无论是大型主机、小型机，还是微型机、工作站都可以运行 TCP/IP 协议并与互联网进行通信，这是网络技术的一个重大进步。

1.1.3　互联网提供的基本服务

互联网所提供的网络信息服务基本上可以分为三类：固定信息服务，包括电子邮件（E-mail）、新闻组（Newsgroup）和文件传输（FTP）服务；在线实时通信，包括远程登录（Telnet）、网上聊天室、在线交谈、多人在线实时交谈系统（IRC）和视频会议（CU-see Me）、网络电话；检索服务，包括万维网（WWW）、使用者查询（Finger）等。下面介绍互联网常用的基本服务。

1. 电子邮件

电子邮件（Electronic Mail）又称 E-mail，是目前互联网上使用最频繁的一种服务，它为互联网用户之间发送和接收信息提供了一种快捷、廉价的现代通信手段，在电子商务及国际交流中发挥着重要的作用。例如，电子商务交易的各方可以利用电子邮件传递合同、订单、票据等。在传统通信上需要几天完成的传递，电子邮件系统仅需要几分钟甚至几秒钟就可以完成。

现在，电子邮件系统不但可以传输各种格式的文本信息，而且还可以传输图像、声音、视频等多种信息，使电子邮件成为多媒体信息传输的主要手段之一。

互联网中的电子邮件具有与社会中的邮政系统相似的结构与工作规程。不同之处是，普通的邮政系统由人在运转，而电子邮件在计算机网络中通过计算机、网络、应用软件与协议来协调、有序地运行。互联网中的电子邮件系统，同样设有邮局—邮件服务器、邮箱—电子邮箱，并有一定的电子邮件地址书写规则。

邮件服务器（Mail Server）是互联网邮件服务系统的核心。一方面，邮件服务器负责接收用户送来的邮件，并根据收信人地址发送到对方的邮件服务器中；另一方面，它负责接收由其他邮件服务器发来的邮件，并根据收件人地址分发到相应的电子邮箱中。

收发电子邮件必须有相应的软件支持。常用的收发电子邮件的软件有 Exchange、Outlook Express 等，这些软件提供邮件的接收、编辑、发送及管理功能。大多数互联网浏览器也都包含收发电子邮件的功能。

2. 文件传输

文件传输是互联网中最早提供的服务功能之一，目前仍在广泛使用。这种服务主要用于两个主机之间的文件传输，用户可以把远程主机上的文件下载到自己的主机上，也可以把文件上传到远程主机上。这样不仅可以节省实时联机的通信费用，而且可以方便地阅读与处理传输过来的文件。

文件传输服务由 FTP 应用程序提供，而 FTP 应用程序遵循的是 TCP/IP 协议族中的文件传送协议（File Transfer Protocol，FTP）。在互联网中，许多公司、大学的主机上含有数量众多的各种程序和文件，这是互联网的巨大与宝贵的信息资源。通过使用 FTP 服务，用户就可以方便地访问这些信息资源。采用 FTP 传输文件时，不需要对文件进行复杂的转换，因此 FTP 服务的工作效率比较高。在使用 FTP 服务后，等于使每个联网的计算机都拥有一个容量巨大的备份文件库，这是单个计算机无法比拟的优势。在互联网应用的初期，FTP 所产生的通信量大约占整个互联网总量的 1/3。1995 年之后，WWW 的通信量才开始超过 FTP 的通信量。目前，FTP 仍然是人们常用的互联网服务之一。

常用的 FTP 客户程序有三种类型：传统的 FTP 命令行、浏览器和 FTP 下载工具。

（1）传统的 FTP 命令行是最早的 FTP 客户程序，需要进入 MS-DOS 窗口。

（2）目前的浏览器不仅支持 WWW 的访问方式，还支持 FTP 的访问方式。通过浏览器可以直接登录到 FTP 服务器并下载或上传文件。

（3）安装 FTP 下载工具可以访问 FTP 服务器。常用的下载工具有 CuteFTP、LeapFTP、AceFTP、BulletFTP、WS-FTP 与 Serv-U 等。

使用命令行或浏览器从 FTP 服务器上下载文件时，如果在下载过程中网络连接意外中断，已经下载完的那部分就失去意义了，而使用 FTP 下载工具可以解决这个问题，通过断点续传就可以继续进行剩余部分的传输。

3．万维网

WWW（World Wide Web）简称 W3、Web，中文译为万维网，是互联网技术发展中的一个重要里程碑。WWW 出现于 1989 年 3 月。总体来说，WWW 的系统结构采用客户/服务器模式。信息资源以网页的形式存储在 WWW 服务器中，工作流程如下：

（1）用户使用浏览器或其他程序建立客户机与服务器连接，并发送浏览请求。

（2）Web 服务器接收到请求后，返回信息到客户机。

（3）通信完成，关闭连接。

WWW 服务具有以下主要特点：

（1）以超文本方式组织网络多媒体信息，用户可以访问文本、语音、图形和视频信息。

（2）用户可以在互联网范围内的任意网站之间查询、检索、浏览及发布信息，并实现对各种信息资源的透明访问。

（3）提供生动、直观、易于使用、统一的图形用户界面。

WWW 服务的核心技术是超文本标记语言、超文本传输协议和超链接。

知识链接

超文本标记语言（HTML）是一种文档结构的标记语言，它使用一些约定的标记对页面上各种信息（包括文字、声音、图形、图像、视频等）、格式及超链接进行描述。

超文本传输协议（HTTP）是用于从 WWW 服务器传输超文本到本地浏览器的传送协议。

超链接（Hyperlink）是指从一个网页指向一个目标的连接关系，这个目标可以是另一个网页，也可以是相同网页上的不同位置，还可以是一个图片、一个电子邮件地址、一个文件，甚至是一个应用程序。

4．电子公告板

BBS（Bulletin Board System）又称电子公告板系统，是互联网上的一种电子信息服务系统。它提供一块公共电子白板，每个用户都可以在上面书写，可发布信息或提出看法。用户可以利用 BBS 服务与素未谋面的网友聊天、组织沙龙、获得帮助、讨论问题及为别人提供信息。早期的 BBS 服务是一种基于远程登录的服务，想要使用 BBS 服务的用户，必须首先利用远程登录功能登录到 BBS 服务器上。

BBS 的讨论区中包括各类的学术讨论区以及各类话题讨论区。在讨论区中可以挑选自己感兴趣的话题发表文章，信件区可以收发信件。由于 BBS 的用户邮件系统已经可以和互联网的邮件系统接轨，因此可以用 BBS 的信箱收发所有邮件。聊天区可以提供一个和其他人"交谈"的小天地。文件共享区的作用类似于 FTP 的作用,不同的是它可以让普通用户将文件拷贝到这里,与其他用户共享,但是这样也容易传播病毒,所以有些 BBS 系统并不提供这种服务。

目前各类 BBS 的主要功能包括:

(1)供用户自我选择阅读若干感兴趣的专业组和讨论组内的信息。

(2)定期检查是否有新消息发布并选择阅读。

(3)用户可在站点内发布消息或文章供他人查询。

(4)用户可就站点内其他人的消息或文章进行评论。

(5)免费软件的获取、文件的传输。

(6)同一站点内的用户互通电子邮件,进行实时对话。

一般 BBS 站点地址以域名形式出现,这些站点可以通过远程登录进行连接,更多的站点采用 WWW 的形式供用户使用。

5. 博客与微博

(1)博客(Blog,Weblog 的缩写),又译为网络日志、网志、部落格或部落阁等,是继 E-mail、BBS 之后出现的一种新的网络交流方式。博客可以理解为一种表达个人思想的网络链接,内容按照时间顺序由新到旧排列并不断更新。博客网站是人们通过互联网发表各种思想的虚拟场所,其主要特点是频繁更新、简洁明了和个性化。许多博客专注在特定的主题上提供评论或新闻,其他则被作为个人的网络日记。一个典型的博客结合有文字、图像、其他博客或网站的链接、其他与主题相关的媒体。能够让读者以互动的方式留下意见,是许多博客的重要因素之一。大部分博客内容以文字为主,仍有一些博客专注于艺术、摄影、视频、音乐、播客等各种主题。博客是社会媒体网络的一部分。

根据使用者和内容的不同,博客可以分为四类:

1)记录个人真实生活的日记和对某一类问题的认识、感悟,以个人的记事、表达、交流为目的的个人博客。

2)由共同关心某一类问题的人或团体形成的博客社区。

3)以学术专题讨论为目的的博客社区。

4)以新闻时事发表、转载与评论为目的的博客社区。

从网络实现技术的角度来看,Web 技术的发明人 Tim Berners-Lee 的 "http://info.cern.ch" 网站就是最早的博客网站的雏形。现实意义上的博客是从 20 世纪 90 年代中后期开始的。最早的博客软件由 Blogger 公司的前身 Pyra 公司开发。1999 年 8 月,他们在网上公布了免费的 Blogger 程序,并受到广泛的认同和支持。2000 年博客开始成为网络社会的热点话题。博客作为在网络环境中人与人之间交流的一种新的、重要的形式,受到全社会的关注与认同。2002 年 8 月,博客中国网站出现。现在伴随着移动 IP 技术的进一步发展,利用笔记本电脑、手机与 PDA 的移动博客(Moblog)也已经出现。

(2)微博(微型博客,MicroBlog)目前是全球最受欢迎的博客形式。微博是一个基于用户关系分享、传播及获取信息的平台。用户可以通过 Web、WAP 等各种客户端组建个人社区,作者不需要撰写很复杂的文章,而只需要抒写 140 字内的心情文字即可,如随心微博(http://SwiSen.

com）、品品米（http://pinpin.me）。

微博作为一种分享和交流平台，其更注重时效性和随意性。微博更能表达出每时每刻的思想和最新动态。相对于强调版面布置的博客来说，微博的内容只是由简单的只言片语组成。从这个角度来说，对用户的技术要求门槛很低，而且在语言的编排组织上，没有博客那么高。其次，微博开通的多种 API 使得大量的用户可以通过手机、网络等方式来即时更新自己的个人信息。而博客则更偏重于梳理自己在一段时间内的所见、所闻、所感。微博网站即时通信功能非常强大，通过 QQ 和 MSN 直接书写，在有网络的地方，只要有手机也可即时更新自己的内容，哪怕就在事发现场。

6. 即时通信

即时通信（Instant messaging，IM）是一个终端服务，允许两人或多人使用网络即时地传递文字信息、档案、语音与视频交流。即时通信按使用用途分为企业即时通信和网站即时通信，根据装载的对象又可分为手机即时通信和 PC 即时通信。

自 1998 年面世以来，特别是近几年的迅速发展，即时通信的功能日益丰富，逐渐集成了电子邮件、博客、音乐、电视、游戏和搜索等多种功能。即时通信不再是一个单纯的聊天工具，它已经发展成集交流、资讯、娱乐、搜索、电子商务、办公协作和企业客户服务等为一体的综合化信息平台。随着移动网络的发展，互联网即时通信也在向移动化扩张。目前，微软、AOL、Yahoo、UcStar 等重要即时通信提供商都提供通过手机接入互联网即时通信的业务，用户可以通过手机与其他已经安装了相应客户端软件的手机或计算机收发消息。

现在国内的即时通信工具按照使用对象分为两类：一类是个人 IM，如腾讯 QQ、腾讯微信、百度 Hi、网易泡泡、盛大圈圈、阿里巴巴的来往、淘宝旺旺等；另一类是企业 IM（简称 EIM），如 E 话通、新浪 UC、EC 企业即时通信软件、UcStar、商务通、WiseUC、TATA 易沟通等。

即时通信软件主要使用下述即时通信传送协议：

（1）可扩展通信和表示协议（XMPP）：用于流式传输准实时通信、表示和请求—响应服务等的 XML 元素。XMPP 基于 Jabber 协议，是用于即时通信的一个开放且常用的协议。

（2）即时通信对话初始协议和表示扩展协议（SIMPLE）：SIMPLE 为 SIP 指定了一整套的架构和扩展方面的规范，而 SIP 是一种国际电话协议，可用于支持 IM 消息表示。

（3）Jabber：Jabber 是一种开放的、基于 XML 的协议，用于即时通信消息的传输与表示。Jabber 系统中的一个关键理念是"传输"，也叫作"网关"，它支持用户使用其他协议访问网络。

（4）即时通信通用结构协议（CPIM）：CPIM 定义了通用协议和消息的格式，即时通信和显示服务都是通过 CPIM 来达到 IM 系统中的协作的。

（5）网际转发聊天协议（IRCP）：IRCP 支持两个客户计算机之间、一对多（全部）客户计算机和服务器对服务器之间的通信。

知识链接

个人 IM 中，QQ 的前身 OICQ 在 1999 年 2 月第一次推出，目前几乎接近垄断中国在线即时通信软件市场。百度 Hi 具备文字消息、音视频通话、文件传输等功能，可通过它找到志同道合的朋友，并随时与好友联络感情。微信（WeChat）是腾讯公司于 2011 年 1 月 21 日推出的一个为智能终端提供即时通信服务的免费应用程序，微信支持跨通信运营商、跨操作系统平台通过网络快速发送免费（需消耗少量网络流量）语音短信、视频、图片和文字，同时，也可以使用通过共享流媒体内容的资料和基于位置的社交插件"摇一摇"、"漂流瓶"、"朋友圈"、"公众平台"、"语音记事本"等。微信提供公众平台、朋友圈、消息推送等功能，用户可以通过"摇一摇"、"搜索号码"、"附近的人"、"扫二维码"等方式添加好友和关注公众平台，同时将微信内容分享给好友以及将用户看到的精彩内容分享到微信朋友圈。

7. 远程登录

远程登录（Remote-login）是互联网提供的最基本的信息服务之一，也是最早开展的服务活动之一。其是指用户使用 Telnet 命令，使自己的计算机暂时成为远程主机的一个仿真终端的过程。仿真终端等效于一个非智能的机器，它只负责把用户输入的每个字符传递给主机，再将主机输出的每个信息回显在屏幕上。

Telnet 是一个强有力的远程登录工具。Telnet 远程登录是一种典型的客户机/服务器模式。使用 Telnet 协议进行远程登录时需要满足以下条件：在本地计算机上必须装有包含 Telnet 协议的客户程序；必须知道远程主机的 IP 地址或域名；必须知道登录标识与口令。

Telnet 远程登录服务分为以下四个过程：

（1）本地与远程主机建立连接。该过程实际上是建立一个 TCP 连接，用户必须知道远程主机的 IP 地址或域名。

（2）将本地终端上输入的用户名和口令及以后输入的任何命令或字符以 NVT（Net Virtual Terminal）格式传送到远程主机。该过程实际上是从本地主机向远程主机发送一个 IP 数据包。

（3）将远程主机输出的 NVT 格式的数据转化为本地所接受的格式送回本地终端，包括输入命令回显和命令执行结果。

（4）本地终端对远程主机进行撤销连接。该过程是撤销一个 TCP 连接。

1.2　电子商务简介

在人类的生产、贸易实践中，人们总是在不断探索和利用新出现的工具和技术，以实现商业利润的增长。过去的几十年中，各种电子通信工具、互联网、WWW 的兴起，也使人们发展了一种全新的商业交易模式——电子商务，它可以快速地交换信息，打破旧的工作经营模式，使人们通过网络面对整个世界，并将世界经济融为一体。近些年，随着信息技术的快速发展和电子商务技术逐步走向成熟，越来越多的传统企业也开始介入电子商务领域。这将不仅改变传统的社会生产方式，而且对经济结构的调整也产生了极为深刻的影响，成为世界经济新的增长点。

电子商务（Electronic Commerce，EC）一词诞生于 1970 年左右，是伴随着电子数据交换（Electronic Data Exchange，EDI）这一新技术而产生的商务运作方式。20 世纪 70 年代，工业化国家中的一些大公司利用计算机网络，实现了以电子数据交换的方式进行传送和接收订单、发票、交货单及付款单等商务活动，这可以说是电子商务的最早期形态。

　　真正使电子商务实现飞跃的是互联网的高速发展。20 世纪 90 年代商业进入网络，尤其是万维网的出现，使互联网爆炸性发展。网上的商业贸易活动变得异常活跃。1995 年互联网上的商业业务信息量首次超过了科教业务信息量，这是现代电子商务出现的重要标志。从此，电子商务逐步发展成为以互联网为支撑环境，以交易方为主体，以电子支付为手段，以商务数据库和管理信息系统为基础的全新商业模式。

1.2.1　电子商务的定义

　　电子商务是在网络社会化、经济全球化和贸易自由化的驱动下，商务活动与信息技术的发展应用相互融合、相互作用的必然产物。电子商务虽然已经成为各国政府关注的焦点、未来企业发展的必由之路，而且正在以超乎寻常的速度渗透到人们的日常生活中，但是对电子商务的界定至今没有一个很清晰的概念。一些国际组织、政府、企业界人士、学者，根据各自所处的位置和对电子商务的理解，给出了多种不同的定义。

　　综合各方定义，本书对电子商务做出如下定义：电子商务是各种具有商业活动能力和需求的实体（如生产企业、商贸企业、金融企业、政府机构、个人消费者等）为了跨越时空限制，提高商务活动效率，而采用计算机网络和各种数字化传媒技术等电子方式实现商品交易和服务交易的一种贸易形式。电子商务有狭义和广义之分。狭义的电子商务称作电子交易，主要是指利用 Web 提供的通信手段在网上进行的交易，包括电子商情、网络营销、网络贸易、电子银行等。广义的电子商务是包括电子交易在内的、利用 Web 进行的全面商业活动，如市场调查、财务核算、生产计划安排、客户联系、物资调配等，所有这些活动涉及企业内外。

1.2.2　电子商务的分类

　　根据研究目的的不同，电子商务的分类也不尽相同，可以根据电子商务交易涉及的对象、商品内容、交易涉及的范围等对电子商务进行不同的分类。其中，根据电子商务交易涉及的对象进行分类是最常见的一种方式。

1. 按电子商务的交易对象分类

　　电子商务通常是在三类群体之间进行的，即企业（Business）、政府（Government）和个人消费者（Consumer）。按信息在上述三类群体之间的流向进行划分，电子商务可以分为以下六种类型。

　　（1）企业对企业的电子商务（B2B/B to B），是指企业与企业之间进行的电子商务活动。企业之间通过网络交换信息，传递各类电子单证（如订单、发票、付款通知等），从而使交易全过程实现电子化和无纸化。企业之间的交易和企业之间的商业合作是商业活动的主要内容，企业目前面临的激烈竞争也需要利用电子商务来改善竞争条件，建立竞争优势。企业在寻求自身发展的同时，不得不逐渐改善电子商务的运行环境。

　　（2）企业对消费者的电子商务（B2C/B to C），是指企业与消费者之间进行的电子商务活动，这类电子商务实际上是电子化的在线零售业（网上购物）。近些年，随着互联网的发展，这类电子商务的发展异军突起,其主要原因是互联网的发展为企业和消费者之间开辟了新的交易平台,节省了企业和消费者的时间和空间,提高了交易效率,节省了各类不必要的开支。

(3)企业对政府的电子商务(B2G/B to G),是指企业与政府管理部门之间各类信息的电子化交换。目前这种方法仍处于初期的实验阶段,但可能会发展很快,因为政府可以通过这种方式树立政府形象,产生示范作用,促进电子商务的发展。除此之外,政府还可以通过这类电子商务实施对企业的行政事务管理,如政府利用电子商务方式发放进出口许可证、开展统计工作,企业通过互联网缴税和退税等。

(4)消费者对政府的电子商务(C2G/C to G),是指个人消费者与政府管理部门之间各类信息的电子化交换。这类电子商务活动目前还没有真正形成。然而,随着企业对消费者、企业对政府管理部门的电子商务发展,政府管理部门将对个人消费者实施电子化服务,如社会福利金的支付、征收个人所得税等。

(5)消费者对消费者的电子商务(C2C/C to C),是指消费者自主式服务的结果。如淘宝、拍拍等均属于C2C电子商务市场。消费者个人之间的交换不一定要按照市场规则进行,并且交易和支付也不一定在网上进行,因此,C2C有时是不完整的。

(6)企业内部的电子商务(B in B),主要为企业内部提供信息服务,如在工作群组之间的沟通、内部数字出版、团队管理等,大致相当于内部网模式。

2. 按商业活动的运作方式分类

(1)间接电子商务(也称不完全的电子商务),是指通过电子商务方式来完成整个交易过程中的部分交易活动(如电子采购、电子支付等),而有形商品和货物仍然需要利用传统的运输手段(如邮政服务、商业快递服务等物流配送渠道)送给客户。这类电子商务主要针对有形商品和货物,它将电子商务手段和传统交易方式相结合,从而减少了商品流通的中间层次,是对传统交易方式的一种变革。

(2)直接电子商务(也称完全的电子商务),是指通过电子商务方式来完成整个交易的过程。这类电子商务主要针对无形商品和服务,如计算机软件、电子娱乐产品(音乐、游戏、电影等)、全球规模的信息服务(图书、报纸、杂志等),即商品或服务可直接在网络上通过联机订购、付款和在线交付等方式完成全部的交易活动。这类电子商务使得交易双方跨越了地域、服务时间等的限制,能够充分发挥电子商务全球化的优势。

直接电子商务和间接电子商务均提供特有的机会,同一企业往往二者兼营。间接电子商务要依靠一些外部要素,如运输系统等。直接电子商务是双方越过地理界限直接进行交易,充分挖掘全球市场潜力。

3. 按电子交易的网络范围分类

(1)企业内部电子商务,通常在内联网上进行。企业通过防火墙等安全措施将内部网与外界隔离,将企业内部的各项业务利用内联网有机地联系起来,以实现自动处理企业内部业务操作及工作流程,达到企业各部门之间的业务信息的传递、处理和共享,共同解决客户问题,并保持部门间的联系。它是增加企业商务活动处理的敏捷性、对市场快速反应和更好地为客户提供服务的有效手段。

（2）本地电子商务，是指利用本地区或本城市的网络系统实现的电子商务活动，电子交易的地域范围较小。它是开展远程国内电子商务和全球电子商务的基础，因此，尽快建立和健全本地电子商务系统是实现远程国内电子商务，乃至全球电子商务的关键。

（3）远程国内电子商务，是指本国范围内进行的网上电子交易活动，其交易的地域范围较大，对软、硬件技术要求较高，要求在全国范围内实现商业电子化、自动化，实现金融电子化，交易各方应具备一定的电子商务知识，并具有一定的管理水平等。

（4）全球电子商务，是指在全球范围内通过互联网进行电子交易活动。它涉及各国的进出口公司、海关、银行、税务、运输、商检、保险等电子商务系统。由于全球电子商务业务内容繁杂、涉及面广，因此，必须制定全球统一的电子商务标准和规范。

1.2.3　电子商务的特点

电子商务在全球各地通过计算机网络进行并完成各种商务活动、交易活动、金融活动和相关的综合服务活动，它与传统的商务活动有较大的区别，具体表现为以下特点。

1．全球性

全球性指由于电子商务是在互联网环境下，把整个世界变成了"地球村"，经济活动也扩展到全球范围内进行，不再受国家地域的限制。电子商务塑造了一个真正意义上的全球市场，打破了传统市场在时间、空间和流通上都存在的各种障碍，同时，电子商务的全球化也给企业带来了机遇和挑战。在激烈的国际竞争中，企业要重新审视自己的发展战略，必须意识到互联网的国际性和对经济发展的重要作用，以全球经营的战略目光迎接挑战，把握机会。

2．虚拟性

电子商务的贸易双方，从贸易磋商、签订合同和支付等均通过计算机网络完成，无须当面进行，整个交易完全虚拟化。对卖方来说，可以到网络管理机构申请域名，制作自己的主页，组织产品信息上网。而买方则可以通过虚拟现实、网上聊天等新技术将自己的需求信息反馈给卖方。通过信息的相互交换，双方最终签订电子合同，完成交易并进行电子支付，整个交易都在虚拟环境中进行。

3．低成本性

企业运营成本包括采购、生产和市场营销成本。首先，通过网络收集信息可以大大减少公司的采购步骤。其次，企业生产成本的降低可以通过减少库存、缩短产品周期体现出来。最后，电子商务可以大大降低企业的营销费用，网上营销使企业可以直接和供应商、用户进行交流，消费者则可以直接从生产厂家以更低的价格买到放心的产品。

4．商务性

电子商务最基本的特点是商务性，即提供买、卖交易的服务、手段和机会，通过网络客户可以进行商品查询、价格比较、下订单、付款等过程完成商品的购买；供应商可以记录客户每次访问、销售、购买形式和购货动态等信息，对商品交易的过程进行处理，并通过统计相应的数据分析客户购买心理，从而确定市场划分及营销策略。

5. 广泛性

电子商务是一种新型的交易方式，无论是跨国公司还是中小企业，都可以通过电子商务方式找到新的市场和盈利机会，消费者也可以在电子商务中获得价格上的实惠，更可以通过自由的网络拍卖网站使自己成为一个商家而获得利益。政府与企业间的各项事务也可以和电子商务充分结合起来，开展网上政府采购、网上税收、电子报关、网上年审、网上银行等业务。电子商务的影响远远超出了商务本身，它对社会的生产和管理、人们的生活和就业、政府职能、教育文化都带来了巨大的影响。电子商务将人类真正带入了信息社会。

6. 高效性

由于互联网将贸易中商业报文标准化，使商业报文能在世界各地短时间内完成传递、接收和计算机自动处理，同时原料采购、产品生产、需求与销售、银行汇兑、货物托运等环节均无须工作人员干预即可在最短时间内完成。在传统的商务中，用信件、电话和传真传递信息必须有人的参与，每个环节必须花不少的时间，有时由于人员合作及工作时间的问题，会延误传输时间，失去最佳的商机。电子商务克服了传统商务中存在的费用高、易出错、处理速度慢等缺点，极大地缩短了交易时间，使整个交易非常快捷和方便。

7. 互动性

互联网本身的双向沟通特性，使得电子商务的交易模式由传统的单向传播（指消费者被动地接受企业的产品或服务）变为互动沟通。一方面，企业可以利用这一特性为每位访客制定专门的网站服务，使每位访问者都会有不同的经历，让客户觉得与交易对方由陌生人变成了贴心的老朋友；另一方面，用户可以按自己的兴趣要求主动搜索网站，不能对顾客群进行有效细分的企业将直接被顾客所淘汰。

8. 集成性

电子商务能通过互联网协调新老技术，使用户能行之有效地利用他们已有的资源和技术，更加有效地完成他们的任务。电子商务能规范事务处理的工作流程，将人工操作和电子信息处理集成为一个不可分割的整体。

9. 安全性

电子商务是一个开放的平台，安全是非常重要的因素。对于用户而言，无论网上的物品如何具有吸引力，如果他们对交易安全性缺乏把握，他们根本就不敢在网上进行买卖。企业和企业间的交易更是如此。在电子商务中，安全性是必须考虑的核心问题。欺骗、窃听、病毒和非法入侵都在威胁着电子商务，因此要求网络能提供一种端到端的安全解决方案，包括加密机制、签名机制、分布式安全管理、存取控制、防火墙、安全万维网服务器、防病毒保护等。为了帮助企业创建和实现这些方案，国际上多家公司联合开展了安全电子交易的技术标准和方案研究，并发表了 SET（安全电子交易协议）、SSL（安全套接层协议）和 TLS（传输层安全协议）等协议标准，使企业能建立一种安全的电子商务环境。随着技术的发展，电子商务的安全性也会相应得以增强，并作为电子商务的核心技术。

10. 协调性

商务活动是一种协调过程，它需要雇员和客户、生产方、供货方以及商务伙伴间的协调。为了提高效率，许多组织都提供了交互式的协议，电子商务活动可以在这些协议的基础上进行。传统的电子商务解决方案能加强公司内部相互作用，电子邮件就是其中一种。但那只是协调员工合作的一小部分功能。利用互联网将供货方与客户相连，并通过一个供货渠道加以处理，这样企业就节省了时间，消除了纸张文件带来的麻烦并提高了效率。电子商务是迅捷简便的、具有友好界面的用户信息反馈工具，决策者们能够通过它获得高价值的商业情报、辨别隐藏的商业关系和把握未来的趋势。因而，他们可以做出更有创造性、更具战略性的决策。

11. 服务性

在电子商务环境中，人们不再受地域的限制，客户能够非常方便地完成过去较为繁杂的商务活动。因此，在电子商务条件下，企业的服务质量成为商务活动取得成功的一个关键因素。

12. 可扩展性

电子商务是一天 24 小时、每星期运行 7 天的商务活动，为了电子商务能正常运作，系统的软、硬件必须能够迅速扩展，并且可扩展的系统是稳定的系统。随着计算机和网络技术的快速发展，作为其应用的电子商务无论在规模上还是形式上都有了巨大的发展，不断切合技术特征的电子商务交易方式有力地推动着经济的发展，包括从简单的信息传输到构建数字化交易平台，从初始的 E-mail 身份认证到数字签名，电子商务交易形式的高速发展使得相应的法律法规要更加完善、更加配套，以适应电子商务的发展。

1.2.4 电子商务的概念模型和基本交易流程

1. 电子商务的概念模型

电子商务的概念模型是对现实世界中电子商务活动的一般抽象描述，它由电子商务实体、交易事务、电子市场和信息流、资金流、物流等基本要素构成，如图 1-1 所示。在交易过程中，电子商务系统利用互联网将买方、卖方和银行等主体紧密地联系起来，为买卖双方提供交易信息、商品交易、仓储配送和货款结算等全方位的服务。

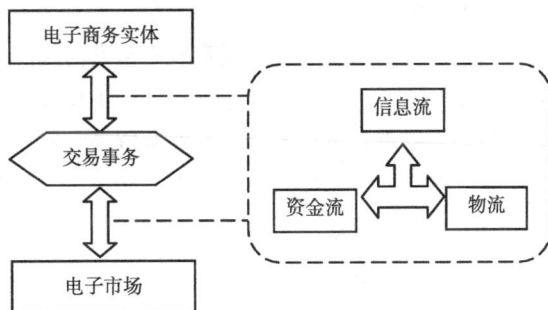

图 1-1 电子商务的概念模型

（1）电子商务实体，是指能够从事电子商务活动的客观对象，如企业、消费者、中介机构、认证中心、银行和政府机关等。

（2）电子市场，是指交易主体从事商品和服务交换的场所，它由各种各样的商务活动参与者，利用各种通信装置通过网络连接成一个统一的经济整体。

（3）交易事务，是指交易主体之间所从事的具体的商务活动内容，如询价、报价、订单提交、转账支付、广告宣传和商品运输等。

（4）电子商务中的任何一笔交易都包含三种基本的"流"：信息流、资金流和物流。其中，信息流既包括商品信息的提供、促销营销、技术支持、售后服务等内容，也包括诸如询价单、报价单、付款通知单、转账通知单等商业贸易单证，还包括交易方的支付能力、支付信誉以及中介信誉等。资金流主要是指资金的转移过程，包括付款、转账、兑换等过程。物流是三流中最为特殊的一种，是指商品和服务的配送及传输过程，具体包括运输、储存、配送、装卸、保管、物流信息管理等各种活动。对于少数商品和服务来说，可以直接通过网络传输的方式进行配送，如各种电子出版物、信息咨询服务、信息软件等。而对于大多数商品和服务来说，物流仍要经由物理方式传输。由于一系列机械化、自动化工具的应用，准确、及时的物流信息对物流过程的监控，将使物流的流动速度加快、准确率提高，有效地减少了库存，缩短了生产周期。其中，信息流最为重要，它贯穿于商品交易过程的始终，对商品流通的整个过程进行控制，记录整个商务活动过程，是分析物流、导向资金流、进行经营决策的重要依据。

2. 电子商务的基本交易流程

一般来说，电子商务的基本交易过程大致可以分为以下四个阶段。

（1）交易前的准备。这个阶段主要是指买卖双方和参加交易各方在签约前的准备活动，是交易各方的网上商务信息交互活动。买方根据自己要买的商品，准备货款，制定购货计划，进行货源市场调查和分析，反复进行市场查询比对，修改购货计划，确定和审批购货计划，再按计划确定购买商品的种类、数量、价格、购货地点和交易方式等，尤其利用网络找到满意的商品和商家。卖方根据自己所销售的商品，召开新闻发布会，进行广告宣传，全面进行市场调查和分析，制定各种销售策略和销售方式，寻找贸易伙伴和交易机会，扩大贸易范围和商品所占市场的份额。其他参与方，如银行、信用卡公司、CA 认证中心、海关系统、商检系统、保险公司、税务系统、运输公司，也都为进行电子商务交易做好准备，如银行网络支付系统的研发应用、CA 机构对数字证书的颁发等。

（2）交易谈判和签订合同。这个阶段主要是指买卖双方借助网络等手段，对所有交易细节进行谈判，将双方磋商的结果以电子文件的形式确定下来，即主要或完全以电子文件的形式通过网络签订贸易合同。电子商务的特点是可以签订电子商务贸易合同。交易双方利用以互联网为代表的网络技术手段，将双方在交易中的权力、所承担的义务，以及对所购买商品的种类、数量、价格、付款方式、交货地点、交货期、运输方式、违约和索赔等合同条款，全部由电子交易合同做出全面、详细的规定，合同双方可以利用互联网结合数字签名等安全认证技术手段或成熟的 EDI 方式进行签约。

（3）办理交易前的手续。这个阶段主要是指买卖双方签订合同后到合同开始履行之前办理各种手续的过程，也是双方贸易前的交易准备过程，其实就是进行资金处理与物流处理的准备。

（4）交易合同的履行和索赔。这个阶段是从买卖双方办完所有各种手续之后开始的，卖方要备货、组货，同时进行报关、保险、取证、信用等，然后将商品交付给运输公司包装、起运、发货，买卖双方可以通过电子商务服务器跟踪发出的货物，银行和金融机构也按照合同办理双方收付款，进行支付结算，出具相应的银行单据等，直到买方收到自己所购商品，就完成了整个交易的过程。索赔是在买卖双方交易过程中出现违约时，需要进行违约处理的工作，受损方要向违约方索赔。

1.3 传统支付结算

从前面所述的电子商务的概念模型与基本交易流程可以知道，只要有交易的发生，必然引起三大流之一的资金流流动，而资金流的流动具体体现为商务伙伴间的支付与结算活动，因此支付与结算是电子商务流程中最关键的组成部分。在传统经济社会里，经过多年的发展，目前存在很多支付与结算方式，如现金、支票、邮汇、电汇等，都是人们比较熟悉与流行的。随着经济全球化的深入与信息社会里客户不断增长的个性化需要，这些支付与结算方式在效率、安全、方便、跨时空等方面存在诸多局限性与弊端，限制了高水平电子商务的大规模拓展，在中国尤其如此。

本节通过对传统的多种支付与结算方式的介绍及其相应的弊端分析，表明支付与结算方式上的局限性已经成为电子商务发展的瓶颈。为了促进电子商务在各行各业的大规模拓展，新的支付与结算方式正在发展与完善中。

1.3.1 支付与结算概述

1. 支付与结算的概念和特征

（1）支付与结算的概念。《中华人民共和国票据法》和《支付结算办法》规定，支付与结算是指单位、个人在社会经济活动中使用票据、信用卡和汇兑、托收承付、委托收款等结算方式时进行货币级支付及资金结算的行为。换种说法，即一方得到另一方的货物与服务后所给予的货币补偿，以保证双方的平衡。所以支付是为了清偿商务伙伴间由于商品交换和服务活动引起的债权、债务关系，由银行所提供的金融服务业务，而这种结清债权和债务关系的经济行为就称为结算。因此，支付和结算的含义基本相同，支付与结算可以直接理解为支付结算或支付。

（2）支付与结算的特征。

1）支付与结算必须通过中央银行批准的金融机构进行。这与一般的货币给付及资金清算行为明显不同。

2）支付与结算是一种必须使用一定法律形式而进行的行为。

3）支付与结算的发生取决于委托人的意志。

4）支付与结算实行统一和分级管理相结合的管理体制。中央银行负责制定统一的支付与结算制度，组织、协调、管理和监督所发生的支付与结算工作。

2．传统支付与结算的发展

在货币产生之前，人们之间要进行商品交换都是采取物物交换的结算方式。物物交换既是一种原始的商品交换行为，也是一种结清制度、债权的行为，可以从广义上把这种行为称为最原始意义上的结算。

随着经济的发展和商品交换规模的不断扩大，为了弥补物物交换范围窄、规模小及价值容易不等的缺陷，出现了一般等价物。此时，一切商品的价值都在某一种商品上得到表现，这种商品就是一般等价物。历史上，一般等价物曾由一些特殊的商品承担，如牛、羊等。随着社会的进步，黄金和白银成了最适合执行一般等价物职能的货币，货币是从商品中分离出来固定充当一般等价物的特殊商品。目前所使用的纸币，是由国家发行并强制流通的货币符号或价值符号，其本身并没有价值，只是代替金属货币执行流通手段的职能。因此，我们现在所说的货币支付都是指纸币支付。

使用货币支付方式，操作简单易用，携带方便直观，因此，这是目前使用最广泛的一种支付方式。但是使用货币支付方式也有不少缺点：

（1）货币易磨损，使用成本高。例如，我国每年都要花费数千万元用于破损货币的回笼和销毁。

（2）货币易伪造、易丢失、易盗。

（3）货币只适合企业与个人或个人之间的交易，不适合大额交易的支付与结算。

（4）由于使用货币进行支付与结算是匿名的，因此大额支付如果使用货币容易造成洗钱等各种犯罪活动。

（5）在使用货币支付方式时，商品交易和支付环节在时间和空间上不可分离，即"一手交钱，一手交货"，这限制了商务活动的规模与区域，尤其不适合电子商务活动。

由于上述这些原因，在商品经济快速发展的背景下，出现了以银行为中介的支付与结算方式。以银行为中介的支付与结算是以银行信用为基础的货币给付行为，这是一种与交易过程相分离的支付行为，其结算方式可以是现金，也可以是存款、支票、本票、汇票、汇兑、托收承付、委托收付、信用卡、信用证等多种形式。虽然支付与结算行为源于交换主体之间的经济交换活动，但是由于银行信用中介的结果，演化为银行与其客户之间及各银行之间的资金收付关系，而银行之间的资金收付行为又必须通过中央银行的资金清算，才能最终完成全过程。

1.3.2　传统支付与结算方式的局限性

随着人类进入 21 世纪，跨入信息网络时代，电子商务逐渐成为企业信息化与网络经济的核心，这些传统支付与结算方式在处理效率、方便易用、安全可靠、运作成本等多方面存在着诸多的局限性，主要体现在以下几个方面。

（1）运作效率较低，不能进行实时结算，且运作成本较高。除了现金以外，大多数支付工具都不能支持实时的支付与结算，有时候票据支付的过程甚至长达一周。由于许多操作甚至还是采取手工处理，因此牵涉的业务部门、人员较多，处理效率较低且运作成本较高。

（2）缺乏便利性，使用不方便。传统的支付与结算方式种类繁多、流程复杂，并且不同的支付工具其流程和使用各不相同，消费者要根据不同的交易使用不同的支付与结算方式，往往一个单位需要使用多种支付与结算方式。

（3）缺乏安全性。无论是现金还是各种票据，都容易伪造，从而给使用者带来损失，而信用卡则容易出现恶意透支等行为，从而给银行带来损失。因此，传统的支付与结算方式安全性不高。

（4）无法提供全天候的支付与结算服务，无法满足电子商务活动的需要。随着社会的进步和经济的发展，人们越来越需要全天候的、随时随地的支付与结算服务。在电子商务越来越普及的环境下，传统的支付与结算方式很难适应这种新型的商业模式，例如，电子商务活动中经常需要进行异地、小额支付，此时使用传统的支付与结算方式不仅效率低，而且相对成本太高。

1.3.3　支付是电子商务发展的瓶颈之一

进入 21 世纪，信息网络化、经济全球化，使企业或个人的商务触角伸展到全世界，在这种背景下，高效准确、快捷安全、全天候、跨区域的商务是人们追求的目标。从前面的叙述知道，资金流是商务运作模式的核心环节，是政府、商家、客户最为关心的对象，其运作的好坏直接影响到商务处理的效果，因此政府、企业及个人对解决资金流的运行效率和服务质量的要求也越来越高，促使资金流的支付与结算系统不断从手工操作走向电子化、网络化和信息化。

作为电子商务三大流之一的资金流是决定电子商务能否安全顺利、方便快捷、低成本开展的关键环节，其流动与处理的效率、成本高低直接关系到电子商务的开展效果，这就对支撑电子商务资金流流动的支付与结算方式提出了更高的要求。而传统的支付与结算方式并不能充分满足高水平的电子商务的发展需求，现金、纸质支票等不但应用范围有限，结算速度较慢，而且不太安全；即使一些已有较为现代化的电子支付与结算方式，如信用卡、EFT 等，也主要应用在专用的金融网络上，不但应用上不太方便，而且由于商务交易系统与支付系统的分离，给商务实体的运作特别是企业增加了很多不确定性与经营风险，影响了效率，增加了企业与银行支付与结算的成本，所以也不能很好地应用到电子商务的支付与结算中。除了以上原因外，像现金等支付与结算方式还带有太多的传统习惯，这与电子商务的发展需求并不适应，增加了企业开展电子商务的难度与成本。结果，在信息流、资金流、物流信息等基本可在网上进行方便快捷的传递、处理的情况下，资金流的处理成了电子商务业务流程中的难点。

不管怎样，电子商务是网络经济的核心内容，是发展趋势，基于网络特别是互联网的网络支付与结算方式的发展与应用也是必然的发展趋势。当然，这并不意味着以手工作业为主的传统支付与结算体系中应用的各种支付与结算手段会被很快淘汰，特别是在中国这样具有悠久历史的发展中国家，因为这些支付与结算工具都各有利弊，在某个阶段也分别适用于不同的领域，满足了不同的用户需求。

因此，当电子商务作为一种新型的贸易方式兴起时，支付与结算也必须适应网络环境的特点加以变革与更新。目前存在的这些传统支付与结算手段都是支付与结算长期发展的选择，在一定的范围内都有其生命力，可行的方式是在现阶段把电子商务与传统的支付与结算进行有效的创新结合，即"鼠标+水泥"的实施模式。如果留意，可以发现目前很多的电子商务网站，即可使用传统支付，也可使用网络支付，而且网络支付方式的种类越来越多，网络支付的份额越来越大，这正体现出支付网络化的发展趋势。

1.4 网络支付与结算

自 20 世纪 70 年代开始，计算机和网络通信技术开始在银行业得到普及应用，为了提高银行的支付与结算效率，一些电子化的支付方式开始逐步投入使用。随着 20 世纪 90 年代全球范围内互联网的普及和应用，电子商务的深入发展标志着网络经济时代的到来，一些原有的电子支付方式，逐渐开始采用计算机网络特别是互联网为运行平台，在这个背景下出现了网络支付方式。

1.4.1 网络支付与结算简介

网络支付与结算，可以理解为电子支付的高级方式。它是以电子商务为商业基础，以商业银行为主体，使用安全的主要基于互联网的运作平台，通过网络进行的、为交易的客户间提供货币支付或资金流转的现代化支付与结算手段。

网络支付与结算的过程涉及客户、商家、银行或金融机构及认证管理部门之间的安全商务互动。网络支付与结算系统一般包括计算机网络系统、网络支付工具、安全控制机制等。近年来，随着电子商务的开展与不断完善，特别是信息安全技术的进步，网络支付与结算方式也在不断发展与完善中，类型也越来越多，其主要包括信用卡、智能卡、电子现金、电子支票、电子钱包、电子汇兑、网络银行等方式。这些网络支付与结算工具的共同特点，都是将现金或货币无纸化、电子化和数字化，应用以互联网为主的网络进行资金信息的传输、支付和结算，辅以网络银行，实现完全的网络支付，详见后续章节。

1.4.2 国内外网络支付与结算的发展

1. 国外网络支付与结算的发展

近年来，由于电子商务的迅速发展，西方发达国家与一些新兴工业化国家在网络支付与结算工具的研发与应用中日趋积极，以通过电子货币（简单来说就是在通信网络或金融网络中流通的"金钱"）进行即时的网络支付与结算为特点的网上金融服务已在世界范围内开展。例如，网上消费、网络银行、个人理财、网上投资交易、网上炒股等网络金融服务逐步成为人们熟悉的新兴领域。

1994 年，由荷兰 Digicash 发行的电子现金开始上线试用，1995 年，Mondex 电子货币开始尝试在英格兰流通。芬兰银行也于 1997 年 5 月在欧洲率先进行网络购物、网络支付与结算的试验。从 1996 年起，部分欧洲国家的中央银行开始将电子货币纳入本国货币统计中。从 2001 年 10 月起，欧洲中央银行开始发布来自世界各国的数据。2001 年，在欧元区中流通的电子货币量占到货币总量（这里指的是广义货币量 M3）的 0.003%。尽管流通中电子货币总量很小，没有对货币政策产生实质性的影响，但是电子货币快速增长的潜力已引起欧洲银行的高度重视。

2．国内网络支付与结算的发展

我国电子货币和网络支付的市场规模近年来发展也非常迅速。银行卡（含信用卡）是我国目前使用最广泛的电子货币。近年来各商业银行都加大了银行卡的发卡力度，改善了银行卡的受理环境。2006 年 12 月 18 日，全国支票影像交换系统（CIS）在京、津、冀、沪、粤、深六省（市）试点运行，六省（市）之间企事业单位和居民个人签发的支票可以互通使用。中国人民银行于 2007 年 6 月底完成全国支票影像交换系统在全国的建设推广。在电子汇兑方面，截至 2005 年，大额支付系统已完成了在全国的建设和推广应用。大额支付系统连接了全国 61 768 家银行业金融机构。其中，直接参与者 1 503 家，间接参与者 60 265 家。到 2006 年年底，小额支付与结算系统也已完成在全国范围内的推广应用。2011 年，中国银行卡产业继续保持快速、健康发展的良好势头。产业规模扩大，市场主体扩容，支付创新活跃，行业自律得到加强，产业地位提升，对经济社会发展的促进作用越来越大。截至 2014 年年末，全国累计发行银行卡 49.36 亿张，较 2013 年年末增长 17.13%，增速放缓 2.1 个百分点。其中，借记卡累计发卡 44.81 亿张，较 2013 年年末增长 17.20%，增速放缓 2.16 个百分点；信用卡累计发卡 4.55 亿张，较 2013 年年末增长 16.45%，增速放缓 1.58 个百分点。借记卡累计发卡量与信用卡累计发卡量之间的比例约为 9.85:1。截至 2014 年年末，全国人均持有银行卡 3.64 张，较 2013 年年末增长 17.04%。其中，人均持有信用卡 0.34 张，较 2013 年年末增长 17.24%。北京、上海信用卡人均拥有量仍远高于全国平均水平，分别达到 1.70 张和 1.33 张。

📖 知识链接

CNNIC 第 36 次调查报告显示：截至 2015 年 6 月，我国网民规模达 6.68 亿人次，半年共计新增网民 1 894 万人次。互联网普及率为 48.8%，较 2014 年年末提升了 0.9 个百分点。我国网络购物用户规模达到 3.74 亿人次，较 2014 年年末增加 1 249 万人次，半年度增长率为 3.5%；2014 年上、下半年，这一增长率分别为 9.8%和 9.0%，数字表明我国网络购物用户规模增速继续放缓。与整体市场不同，我国手机网络购物用户规模增长迅速，达到 2.7 亿人次，半年度增长率为 14.5%，手机购物市场用户规模增速是整体网络购物市场的 4.1 倍，手机网络购物的使用比例由 42.4%提升至 45.6%。

截至 2015 年 6 月，我国使用网上支付的用户规模达到 3.59 亿人次，较 2014 年年末增加 5 455 万人次，半年度增长率 17.9%。与 2014 年 12 月相比，我国网民使用网上支付的比例从 46.9%提升至 53.7%。与此同时，手机支付增长迅速，用户规模达到 2.76 亿人次，半年度增长率为 26.9%，是整体网上支付市场用户规模增长速度的 1.5 倍，网民手机支付的使用比例由 39%提升至 46.5%。2014.12—2015.6 网上支付/手机支付用户规模及使用率如图 1-2 所示。

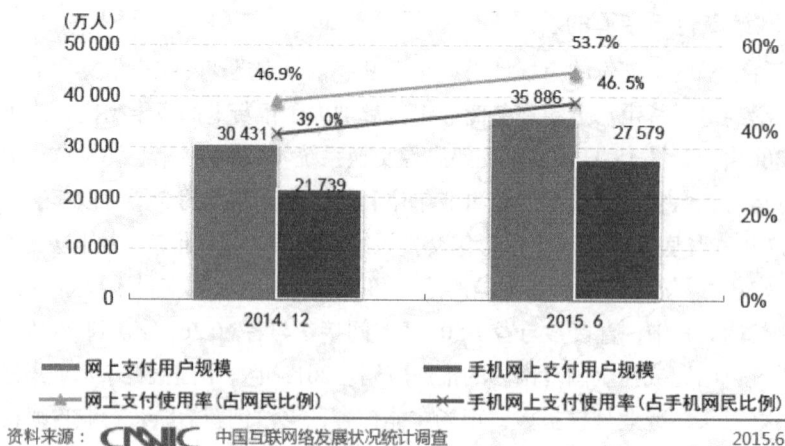

图1-2   2014.12—2015.6网上支付/手机网上支付用户规模及使用率

纵观网上支付发展历程，其应用范围和方式不断拓展深化，具体表现为：

（1）技术进步驱动网络支付应用场景和方式不断丰富。网上支付提供了满足资金流通需求的基本服务。随着移动互联网技术的发展和应用水平的提升，扫码支付、刷卡支付、信用卡还款、生活缴费、红包等应用场景应运而生；基于生物认证技术的发展，网络支付领域出现指纹识别支付和人脸识别支付等应用方式。应用场景和方式的丰富顺应了网络支付平台化发展思路，促进了网上支付商业模式和变现途径的创新。

（2）资金流量的富集推动网络支付企业拓展金融服务。随着网络支付工具中资金量级的攀升，网络支付企业不断探索，突破"交易手续费+沉淀资金利息"的盈利模式，创新消费金融产品，推出供应链金融、网络银行、P2P贷款、网络信用卡等服务。这些产品和服务一方面切入消费者生活，解决资金流入、流出、增值问题；另一方面利用互联网众筹理念帮助小微企业融资贷款解决贸易问题。在此基础上，网络支付企业在平台上形成了资金循环增值流动闭环。

（3）数据资源和挖掘技术助力网上支付企业建立征信机制。对个人而言，网络支付行为与个人信用评价的关系最为密切。随着网络支付平台业务架构的不断完善、用户数据的海量存储，以及数据挖掘技术的逐渐成熟，网上支付企业具备了个人征信业务的基本资质。在国家放开企业构建征信业务的权限后，芝麻信用、腾讯征信等八家机构获批开展个人征信业务。未来，阿里基于支付链、腾讯基于用户关系的个人征信系统，联合人民银行等其他征信机构的基础数据将在行业内形成广泛、全面、完善的个人信用评价体系。

1.4.3   网络支付与结算面临的问题

在电子商务业务处理中实现完全的网络支付，需要采用得到银行支持的网络支付工具的支持，还要通过银行专用支付清算网络和支付系统才能完成。然而，目前在应用网络支付与结算工具时出现了一些新情况，特别是在发展中的中国，网络支付与结算方式还存在许多问题。

（1）信用不足、相关知识缺乏以致使企业与客户对网络支付与结算的安全性、方便性还持一定程度的怀疑态度，对采用网络支付方式持谨慎态度，甚至消极心态。在中国，长期以来信用体系发育程度低，失信现象普遍，如企业间的三角债务问题。

（2）网络支付与结算改变了电子商务双方支付与结算处理的方式，需要改变过去的传统支付与结算习惯，很多商家、客户难以适应和接受，进而抵制电子商务。这方面需要在观念与实践上加强引导，善于利用某些事件来改变人们的观念。

（3）网络支付与结算需要一个完善的技术平台和管理机制，中间应用了很多高科技技术，目前很多银行的技术与管理控制能力还不足以支撑网络支付与结算的可靠运转。这主要包括网络建设问题、带宽不够问题、传输过程中数据安全问题、法律与标准问题、其他国家管理机制问题等。

（4）电子商务中网络支付与结算采用的方式是否真的能做到低成本、快捷方便、安全可靠，还有待观察。以国内为例，各个银行自己研发网络支付与结算工具，每个银行都有自己的银行卡，这些自成体系的银行卡纷纷设法与网站结盟推出网络支付与结算业务，造成用户使用不同银行的业务就要办相应银行的卡，给用户带来极大的不便。

总之，资金流是电子商务的核心流程与关键环节，基于网络支付与结算的资金流运转不畅将直接影响电子商务的发展水平与发展规模，是目前电子商务发展的瓶颈之一，在中国尤其如此。因此，包括中国在内的许多国家开始重视网络支付与结算方式，这也是学习、研发、推广应用网络支付与结算方式的必要性所在。

扩展阅读　刘晓东：网络支付成为支付的主角

网络支付正在默默变成我们日常消费和支付等业务的主角。从银行年报中可以看出，银行在日赚斗金的同时，纷纷加大对电子银行业务的投入，而越来越方便的电子化交易，也令银行的交易量呈现爆发式增长，远远超过传统的柜台交易量。从已公布的年报所披露的数据看，上市银行的电子银行交易替代率已经普遍超过了 60%，而这一趋势今后还将延续。

银行电子交易量已远超柜台。与以往的银行年报相比，2012 年银行在年报中对电子银行业务提及的频率和篇幅都在显著增加。以民生银行为例，该行不仅将电子银行业务情况专门辟出一节详细介绍，其该行各项业务中的排名也仅次于公司业务、零售业务和资金业务，显示出该行对电子银行业务的重视程度。根据民生银行年报，2011 年该行实现电子银行交易额超过 11.87 万亿元，同比增幅为 45.22%；网上银行交易替代率超 80%，交易笔数相当于柜面的 4 倍，已经成为该行客户交易的主要渠道。类似的还有兴业银行。年报显示，2011 年该行电子银行交易替代率达 65.20%，同比提升 9.85 个百分点，电子银行交易笔数已接近公司所有营业网点交易笔数的 2 倍，而电子银行渠道交易额超过了 20 万亿元。

通过我国网络支付使用情况的统计结果（见以下四个图），我们可以看到目前我国电子银行、网络支付的使用率已经超过 80%（见图 1-3），已经有了足够的覆盖率。通过网络支付用途的统计结果，也可以了解到随着目前网上商城和各类其他业务的电子化和网络化的飞速发展，网络支付已经成为目前必不可少的个人消费和支付方式，就拿购物来说，随着网络购物的风行，网络支付这一方便快捷的支付方式已经被绝大部分人所接受，同样也能看到通过网络缴费和支付各种服务费用的支付渠道也正在成为主流的支付方式（见图 1-4）。从网络支付频率来看，已经有相当一部分人的支付频率超过 15 次（见图 1-5）。从网络支付金额来看，有超过 50%的人通过网络支付的金额超过 3 000 元（见图 1-6）。金融银行业的重视加上用户对于网络支付这一新兴的支付方式的认同和迅速接受，网络支付正在成为支付的主角。

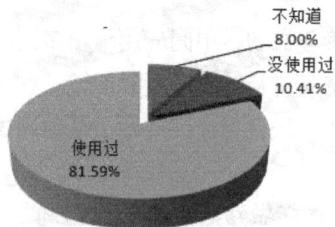

图 1-3　我国网络支付使用情况

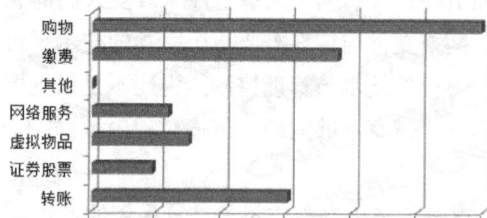

图 1-4　网络支付用途

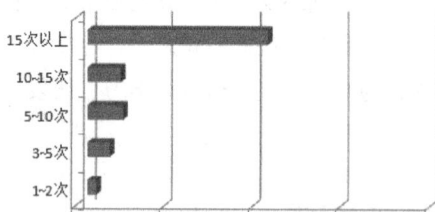

图 1-5　使用网络支付的频率

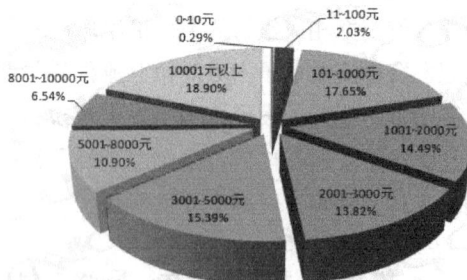

图 1-6　每年网络支付金额的人数比例

（资料来源：2012 年 09 月 21 日 16:07，http://www.cnnic.cn/hlwfzyj/fxszl/fxswz/201209/t20120921_36458.htm）

自测题

一、关键概念

电子商务　　支付与结算　　网络支付与结算

二、判断题

1. 互联网是 20 世纪 80 年代才迅速发展起来的。（　　　）
2. 文件传输是互联网中最早提供的服务功能之一，目前仍在广泛使用。（　　　）
3. 在电子商务的概念模型中，物流处于中心地位，它对流通全过程实现监控。（　　　）
4. 基于互联网的电子商务比基于 EDI 的电子商务具有明显的优势。（　　　）
5. 电子商务作为电子信息技术和商务的结合，其重心在"电子"而不是"商务"。（　　　）

三、单选题

1. 按电子商务的交易对象分类，消费者对消费者的电子商务是指（　　　）。

A．B2B 电子商务　　　　　　　　　　　B．B2C 电子商务

C．B2G 电子商务　　　　　　　　　　D．C2C 电子商务

2．（　　）主要是指资金的转移过程，包括付款、转账、兑换等过程。

A．信息流　　　　　　B．商流　　　　　　C．资金流　　　　　D．物流

3．（　　）是电子商务的基础，是商务、业务信息传送的载体；（　　）是企业内部商务活动的场所；（　　）是企业与企业及企业与个人进行商务活动的纽带。

A．互联网　　　　　　B．内联网　　　　　　C．外联网　　　　　D．EDI

4．电子商务最基本的特征就是（　　）。

A．全球性　　　　　　B．商务性　　　　　　C．低成本性　　　　D．安全性

5．微博是一个基于用户关系分享、传播以及获取信息的平台，其只需要抒写（　　）字内的心情文字即可。

A．120　　　　　　B．130　　　　　　C．140　　　　　　D．150

四、多选题

1．对互联网描述不正确的是（　　）。

A．互联网前身是 1969 年由美国国防部高级计划署提出的 NFSNET

B．与一般媒体相比，互联网上的信息检索更为方便，速度也极为迅速

C．20 世纪 80 年代，互联网迅速发展

D．互联网是全球最大和最具影响力的计算机网络

2．博客包括（　　）。

A．记录个人真实生活的日记和对某一类问题的认识、感悟，以个人的记事、表达、交流为目的的个人博客

B．由共同关心某一类问题的人或团体形成的博客社区

C．以学术专题讨论为目的的博客社区

D．以新闻时事发表、转载与评论为目的的博客社区

3．（　　）是即时通信软件采用的协议。

A．超文本传输协议（HTTP）

B．可扩展通信和表示协议（XMPP）

C．即时通信通用结构协议（CPIM）

D．文件传输协议（FTP）

4．电子商务实体包括（　　）。

A．消费者　　　　　　　　　　　　　B．企业

C．认证中心　　　　　　　　　　　　D．银行

5．传统纸质货币的缺点是（　　）。

A．当面点清，不用验证用户身份

B．货币易磨损，使用成本高

C．货币易伪造、易丢失、易盗

D．由于匿名性，容易造成洗钱等各种犯罪活动

五、简答题

1. 互联网提供哪些基本服务？

2. 什么是电子商务？你是如何理解电子商务的？

3. 传统支付方式有哪些局限性？

4. 如何理解网络支付是目前电子商务发展的瓶颈之一？

5. 分析目前网络支付与结算兴起的主要原因。

第2章 网络支付与结算基础

本章导读

基于以互联网为代表平台的网络支付与结算方式是伴随互联网应用的普及、电子商务的开展而逐渐研发出来的。基于互联网平台的网络支付与结算方式可以说正在大力发展、应用并且日趋完善，其中有些支付手段已经比较成熟，如银行卡网络支付、支付宝结算、财付通结算、余额宝、快捷支付等；有些还在实验应用阶段，如电子支票、电子现金等。随着技术的进步和日益迫切的电子商务需求及人们传统观念的改变，越来越多更加安全、便捷、可靠的网络支付工具正不断研发出来并投入实践。

本章学习要求

◉ 了解电子支付的产生、定义、特征；

◉ 了解网络支付体系的基本构成和基本功能；

◉ 掌握网络支付的基本流程和基本模式；

◉ 了解网络支付的分类；

◉ 掌握网络支付的支撑网络平台；

◉ 了解中国已建成的电子支付结算系统；

◉ 了解中国金融电子化建设状况。

引导案例 2014 年支付系统业务金额是全国 GDP 总量的 53.24 倍

2014 年支付业务统计数据显示，支付体系安全、稳定、高效运行，社会资金交易规模持续增大，在支持金融工具创新、改善金融服务水平、提高资源配置效率等方面发挥了积极作用，有力促进了我国社会经济的发展。

1. 非现金支付工具

2014 年，全国共办理非现金支付业务 627.52 亿笔、金额 1 817.38 万亿元，同比分别增长 25.11%和 13.05%，笔数增速同比加快 3.19 个百分点，金额增速同比放缓 11.92 个百分点。

（1）票据：票据业务量持续下降，实际结算商业汇票业务量同比稳步增长。2014 年，全国共发生票据业务 5.78 亿笔、金额 269.99 万亿元，同比分别下降 16.56%和 6.16%。电子商业汇票业务量持续增长。截至 2014 年年末，电子商业汇票系统参与者共计 373 家，较 2013 年年末增加 14 家。

（2）银行卡：发卡量保持快速增长。截至 2014 年年末，全国累计发行银行卡 49.36 亿张，较 2013 年年末增长 17.13%，增速放缓 2.10 个百分点。截至 2014 年年末，全国人均持有银行卡

3.64 张，较 2013 年年末增长 17.04%。受理市场环境不断完善。截至 2014 年年末，银行卡跨行支付系统联网商户 1 203.40 万家、联网 POS 机具 1 593.50 万台、ATM 61.49 万台，较 2013 年年末分别增加 439.93 万家、530.29 万台和 9.49 万台。银行卡交易量继续增长。2014 年，全国共发生银行卡交易 595.73 亿笔，同比增长 25.16%，增速加快 2.85 个百分点；金额 449.90 万亿元，同比增长 6.27%，增速放缓 16.01 个百分点。

（3）汇兑等其他业务：汇兑业务继续较快增长。2014 年，全国共发生汇兑、委托收款、托收承付等结算业务 26.00 亿笔、金额 1 097.50 万亿元，同比分别增长 39.12% 和 22.42%，笔数增速加快 9.60 个百分点，金额增速放缓 16.85 个百分点。

（4）电子支付：电子支付业务保持增长态势，移动支付业务快速增长。2014 年，全国共发生电子支付业务 333.33 亿笔、金额 1 404.65 万亿元，同比分别增长 29.28% 和 30.65%。其中，网上支付业务 285.74 亿笔、金额 1 376.02 万亿元，同比分别增长 20.70% 和 29.72%；电话支付业务 2.34 亿笔、金额 6.04 万亿元，笔数同比下降 46.11%，金额同比增长 27.41%；移动支付业务 45.24 亿笔、金额 22.59 万亿元，同比分别增长 170.25% 和 134.30%。

2. 支付系统

2014 年，支付系统共处理支付业务 305.35 亿笔、金额 3 388.85 万亿元，同比分别增长 29.51% 和 15.29%。2014 年支付系统共处理支付业务金额是全国 GDP 总量的 53.24 倍。从支付系统资金往来情况看，全国共 18 个省（市、自治区）的辖内资金流动量占本省（市、自治区）资金流动总量的比例超过 50%。

（1）人民银行支付系统。2014 年，人民银行支付系统共处理支付业务 41.84 亿笔、金额 2 455.79 万亿元，同比分别增长 50.24% 和 13.49%，分别占支付系统业务笔数和金额的 13.70% 和 72.47%。日均处理业务 1 291.64 万笔、金额 97 731.51 亿元。

大额实时支付系统业务持续平稳增长。2014 年，大额实时支付系统处理业务 7.13 亿笔、金额 2 346.89 万亿元，同比分别增长 19.83% 和 13.88%。小额批量支付系统业务保持稳步增长态势。2014 年，小额批量支付系统处理业务 14.36 亿笔、金额 22.08 万亿元，同比分别增长 38.02% 和 8.66%。网上支付跨行清算系统业务继续大幅增长。截至 2014 年年末，共有 146 家机构接入网上支付跨行清算系统。2014 年，网上支付跨行清算系统共处理业务 16.39 亿笔、金额 17.79 万亿元，同比分别增长 128.27% 和 87.86%。同城票据清算系统业务小幅下降。2014 年，同城票据清算系统共处理业务 3.84 亿笔、金额 63.22 万亿元，同比分别下降 8.34% 和 7.42%。境内外币支付系统业务笔数持续增长。2014 年，境内外币支付系统共处理业务 191.13 万笔、金额 8 609.72 亿美元（折合人民币约为 52 809.80 亿元），同比分别增长 37.07% 和 19.22%。日均处理业务 7645 笔、金额 34.44 亿美元（折合人民币约为 211.24 亿元）。

全国支票影像交换系统业务小幅下降。2014 年，全国支票影像交换系统共处理业务 1 046.51 万笔、金额 5 262.96 亿元，同比分别下降 4.83% 和 2.40%。日均处理业务 2.89 万笔、金额 14.54 亿元。

（2）其他机构支付系统。银行业金融机构行内支付系统业务稳步增长。2014 年，银行业金融机构行内支付系统共处理业务 143.18 亿笔、金额 896.28 万亿元，同比分别增长 33.08% 和 20.27%，分别占支付系统业务量的 46.89% 和 26.45%。银行卡跨行支付系统业务继续平稳增长。

2014 年，银行卡跨行支付系统共处理业务 118.09 亿笔、金额 33.61 万亿元，同比分别增长 19.12%
和 20.90%，分别占支付系统业务量的 38.67% 和 0.99%。城市商业银行汇票处理系统和支付清算
系统业务持续增长。2014 年，城市商业银行汇票处理系统和支付清算系统处理业务 142.19 万笔、
金额 3 481.22 亿元，同比分别增长 70.12% 和 24.04%。农信银支付清算系统业务笔数快速增长。
2014 年，农信银支付清算系统共处理业务 2.23 亿笔、金额 2.82 万亿元，同比分别增长 86.70%
和 20.56%，分别占支付系统业务量的 0.74% 和 0.08%。

3．人民币银行结算账户

截至 2014 年年末，全国共开立人民币银行结算账户 65.12 亿户，较 2013 年年末增长 15.40%，
增速加快 0.47 个百分点。其中，单位银行结算账户 3 976.91 万户，占银行结算账户的 0.61%，
较 2013 年年末增长 11.77%，增速放缓 0.49 个百分点；个人银行结算账户 64.73 亿户，占银行
结算账户的 99.39%，较 2013 年年末增长 15.44%，增速加快 0.49 个百分点。

（资料来源：搜狐财经，2015 年 02 月 12 日，http://business.sohu.com/20150212/n408963599.shtml）

在现实的经济活动中，交易就是一手交钱，一手交货，这是社会几千年来形成的一条最基
本的准则。钱货两清是最安全的交易方式。这种延续几千年的在市场中交易的习俗，在网络环
境的条件下开始受到挑战。实体的货币和商品如何在网上的交易者间实现转换，在互联网出现
之初是一个值得研究和思考的问题。给钱拿货，首先要先给钱，由此人们想到数字化形态的电
子货币的解决方案，钱可以在网上给，这就是网络支付的问题。拿货、取实体商品是不可能数
字化的，于是出现采用物流配送方案的问题。因此，完成网上交易涉及网络支付和网下配送两
个问题。只有解决了这两个问题，电子商务的交易才能真正完成。因此，网络支付就是在网络
环境下交易应解决的第一个问题。

本章首先对网络支付的基本理论、网络支付的基本流程和基本模式、网络支付的分类进行
讲解，接着描述了网络支付的支撑平台，并介绍了中国已建成的电子支付结算系统，最后对我
国金融电子化建设状况进行分析。

2.1　网络支付的基本理论

网络支付是电子支付的最新发展阶段，是基于互联网并且适合电子商务发展的电子支付。
网络支付比信用卡、ATM、POS 等这些基于专线金融网络的电子支付方式更新、更方便，是 21
世纪支撑电子商务发展的主要支付手段。目前以互联网为主要平台的网络支付方式在发达国家
与中国均已逐渐投入使用，应用面越来越广，形成较规范的理论和应用体系，并且正处于不断
发展和完善中。

2.1.1　电子支付的产生与定义

1．电子支付的产生

传统支付是银行作为金融业务的中介，通过自己创造的信用流通工具为商人与商家办理转
账与结算，主要利用传统的各种纸质媒介进行资金转账。自 20 世纪 70 年代开始，计算机和网

络通信技术开始在银行业得到普及应用。为了提高银行的支付结算效率，一些电子化的支付方式（如信用卡、电子汇兑等）开始逐步投入使用，出现了很多电子支付方式。

2. 电子支付的定义及特征

电子支付（Electronic Payment）是指交易双方通过电子终端，直接或间接地向金融机构发出支付指令，实现货币支付与资金转移的一种支付方式。它是以电子方式处理交易支付的各种支付方式的总称。电子支付是电子交易活动中最核心、最关键的环节，是交易双方实现各自交易目的的重要一步，也是电子交易得以进行的基础条件。没有它，电子交易只能停留在电子合同阶段。离开了电子交易，电子支付又会变成单纯的金融支付手段。与传统支付方式相比，电子支付具有以下特征：

（1）电子支付采用先进的技术通过数字流转完成信息传输，其各种款项支付都采用数字化的方式进行；而传统支付则通过现金的流转、票据的转让及以后的汇兑等物理实体的流转方式来完成。

（2）电子支付的工作环境基于一个开放的系统平台（或互联网）；而传统支付则在较为封闭的系统中运作。

（3）电子支付使用最先进的通信手段；而传统支付使用的是传统的通信媒介。电子支付对软、硬件设施的要求很高，一般要求有联网的计算机、相关的软件及其他一些配套设施；而传统支付则没有这么高的要求。

（4）电子支付具有方便、快捷、高效、经济的优势。用户只要拥有一台上网的计算机，便可以足不出户，在很短的时间内用比传统支付方式低得多的费用完成整个支付过程。

3. 网络支付的定义

网络支付（Net Payment 或 Internet Payment）是电子支付的一种形式，指以金融电子化网络为基础，以商用电子化工具和各类交易卡为媒介，采用现代计算机技术和通信技术为手段，通过计算机网络系统特别是互联网，以电子信息传递形式来实现资金的流通和支付。网络支付能有效解决资金流瓶颈，是电子交易进一步发展的必由之路。

2.1.2　网络支付体系的基本构成

网络支付的过程涉及客户、商家、银行或其他金融机构、商务认证管理部门之间的安全商务互动，因此支撑网络支付的体系可以说是由购物流程、支付与结算工具、安全技术、认证体系、信用体系，以及现在的金融体系为一体的综合大系统。基于互联网公共网络平台的电子商务网络支付体系如图 2-1 所示。

（1）客户是指在互联网上与某商家或企业有商务交易关系并且存在未清偿的债权、债务关系（一般是债务）的一方。客户在客户端选用自己的网络支付工具发起支付，它是网络支付体系运作的原因和起点。

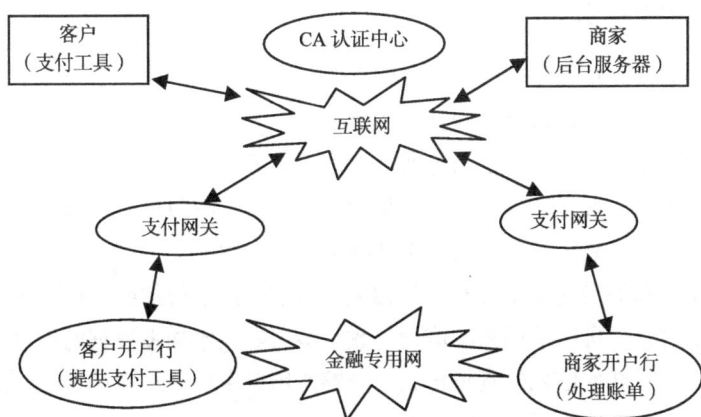

图 2-1　电子商务网络支付体系

（2）商家则是拥有债权的商品交易的另一方，可以根据客户发起的支付指令向中介的金融体系请求获取货币给付，即请求结算。商家一般设置专门的后台服务器来处理这一过程，包括协助身份认证及不同网络支付工具的处理。

（3）客户开户行是指客户在其中拥有资金账户的银行。客户所拥有的网络支付工具主要是由开户行提供的。客户开户行在提供网络支付工具的时候，同时提供一种银行信用，即保证支付工具是真实并可兑付的。在利用银行卡进行网络支付的体系中，客户开户行又称发卡行。

（4）商家开户行是商家在其中开设资金账户的银行，其账户是整个支付结算过程中资金流向的地方或目的地。商家将收到的客户支付指令提交其开户行后，就由开户行进行支付授权的请求，以及进行商家开户行与客户开户行之间的清算等工作。商家开户行是依据商家提供的合法账单（客户的支付指令）来工作的，因此又称为收单行。

（5）支付网关是互联网公共网络平台和银行内部的金融专用网之间的安全接口，网络支付的电子信息必须通过支付网关进行处理后才能进入安全的银行内部支付结算系统，进而完成安全支付的授权和获取。支付网关的建设关系着整个网络支付结算的安全及银行自身的安全，关系着电子商务支付结算的安排及金融系统的风险。支付网关必须由商家以外的第三方银行或其委托的信用卡发卡机构来建设，不过支付网关这个网络结点不能分析通过的交易信息。

（6）金融专用网是银行内部及银行间进行通信的专用网络，其不对外开放，安全性极高。如中国国家金融通信网，其上运行着中国国家现代化支付系统、中国人民银行电子联行系统、工商银行电子汇兑系统、银行卡授权系统等。目前中国传统商务中的电子支付与结算应用，如信用卡 POS 支付结算、ATM、电话银行、EFT 等，均运行在金融专用网上。

（7）CA 认证中心一般是第三方公证机构，是网上商务的准入者和市场的规范者。它与传统商务中工商行政管理局的作用有点儿类似，是第三方的公证机构。CA 主要负责为互联网上参与网上电子商务活动的各方发放、维护、回收数字证书，以确认各方的真实身份，也发放公共密钥及提供数字签名服务的支持等，保证电子商务支付结算的安全与有序进行。

除了上面组成元素外，网络支付体系中还应该包括网络支付工具及遵循的支付通信协议等。

2.1.3　网络支付的基本功能

安全、有效、方便、快捷是所有网络支付方式或工具追求的共同目标，对于一个实用的网络支付系统而言，至少要具备以下几种基本功能。

（1）能够使用数字签名和数字证书等实现对网上商务各方的认证，以防止支付欺诈。为实现网上交易与支付的安全性，对参与网上贸易的各方身份的有效性进行认证，通过认证机构或注册机构向参与各方发放数字证书，以证实其身份的合法性。

（2）能够使用最新的尖端加密技术，对相关支付信息流进行加密。可以采用对称密钥加解密或非对称密钥加解密，可以采用数字信封、数字签名等技术加强数据的保密性和完整性，以防止未被授权的第三者获取信息的真正含义。能够使用数字摘要（或称数字指纹）算法确认支付信息的真伪性，防止伪造假冒等欺骗行为。

（3）当网上交易双方出现纠纷，特别是有关支付结算的纠纷时，系统能够保证对相关行为或业务的不可否认性。网络支付系统必须在交易的过程中生成或提供足够充分的证据来迅速辨别纠纷中的是非，可以用数字签名等技术实现。

（4）能够处理网上贸易业务的多边支付问题。网络支付涉及客户、商家、银行等多个参与方，传送的购货信息与支付指令信息还必须连接在一起。为保证安全，商家不能读取客户的支付指令，同理，银行也不能读取商家的购货信息，这种多边支付的关系能够借用系统提供的诸如双重签名等技术来实现。

（5）整个网络支付过程对网上贸易各方，特别对客户来讲，应该是方便易用的，手续与过程不能太烦琐，大多数支付过程对客户和商家来讲应是透明的。

（6）能够保证网络支付的速度，体现电子商务效率，发挥网络支付结算的优点。如果网络支付处理太慢，延误电子商务后续环节的处理，严重会引起纠纷。

2.1.4　网络支付的特征和优势

与传统支付时普遍采用的"一现三票一卡"（现金、支票、本票、汇票、信用卡）方式，基于互联网的网络支付方式表现出更多的特征和优势。

（1）网络支付基于一个开放的系统平台（互联网），通过看不见但先进准确的数字流，完成相关支付信息传输，即采用数字化的方式完成款项支付结算。而传统支付方式是通过纸质现金流转、纸质票据的转让和银行的汇兑等物理实体的流转来完成款项支付，需要在较为封闭的系统中运行，需要更多人工的参与。

（2）网络支付具有方便、快捷、高效、经济的优势。用户只需具备一台能上网的计算机，便可以足不出户，瞬间完成网络支付过程。支付费用是传统支付的几十分之一，甚至几百分之一。网络支付大大缩短付款时间，提高资金的周转率和周转速度。

（3）网络支付具有轻便性和低成本性。传统货币（纸币和硬币）需要庞大的管理费和运输费。例如，美国每年搬运有形货币的费用高达 60 亿美元，英国则需 2 亿英镑，而网络支付采用信息化手段，其中电子货币使用方便、易管理且维护开销小。

（4）网络支付具有较高的安全性和一致性。网络支付系统和现实交易情况基本一致，网络支付采用了先进的加密、数字签名、证书认证等多种方式保护支付结算行为，从而避免了传统支付方式的易于伪造、丢失、欺诈等缺点。

（5）网络支付简化了银行等金融机构的业务流程，提高了工作效率，为银行等金融机构节约了大量的人力、物力和财力。例如，美国每年开出的各类支票高达数百亿张，处理这些纸质的支票需要耗费极大的人力、物力和财力。同时，采取网络支付方式便于监管机构进行事后的监督与统计，因为经过计算机处理的每笔交易都有记录，即使交易后也可以追查，并可用于宏观分析。

（6）银行提供网络支付的支持使客户的满意度与忠诚度上升，这为银行与开展电子商务的商家实现良好的客户关系管理提供了支持。

就目前而言，网络支付还存在安全性、支付环境、管理规范等问题，这些在传统支付中也存在。随着网络支付的不断成熟，上述问题会得到较好的解决。

2.2　网络支付的基本流程和基本模式

2.2.1　网络支付的基本流程

基于互联网平台的网络支付流程与传统的支付过程很类似，所以在处理网络支付时借鉴了很多传统支付方式的应用机制与过程。如果熟悉传统的支付方式，如纸质现金、纸质支票、POS机、信用卡等方式的支付过程，将有助于对网络支付流程的理解。

基于互联网平台的网络支付一般流程如图 2-2 所示。

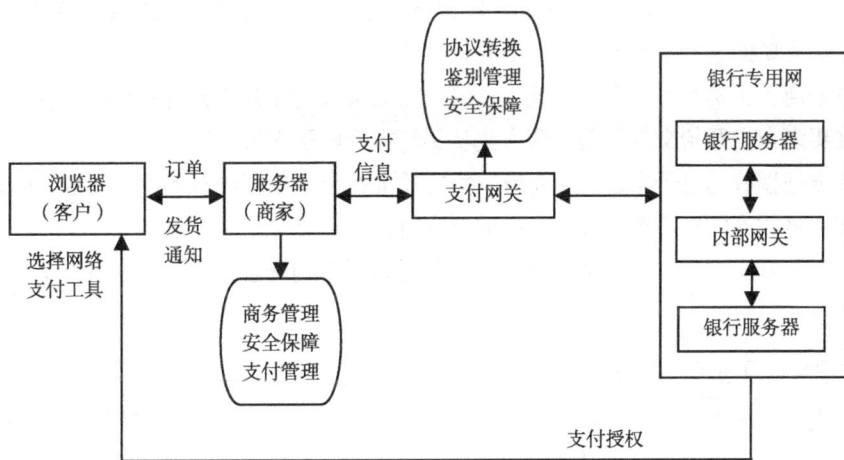

图 2-2　基于互联网平台的网络支付一般流程

（1）客户连接互联网，通过浏览器进行商品的浏览、选择和订购，填写网上订单，然后选择应用的网络支付工具，并且得到银行的授权使用，如信用卡、电子支票、电子钱包、电子现金或网络银行账号等。

（2）客户对相关订单信息，如支付信息进行加密，在网上提交订单。

（3）商家服务器对客户的订购信息进行检查、确认，并把相关的、经过加密的客户支付信息等转发给支付网关，直至银行专用网的银行后台业务服务器确认，以期从银行等电子货币发行机构验证得到支付资金的授权。

（4）银行验证确认后，通过建立起来的经由支付网关的加密通信通道，给商家服务器回送确认及支付信息，为进一步的安全，给客户发送支付授权请求（也可无）。

（5）银行得到客户传来的进一步授权支付信息后，把资金从客户账户转拨至开展电子商务的商家银行账户上，借助银行专用网进行结算，并分别给商家、客户发送支付成功信息。

（6）商家服务器收到银行发来的支付成功信息后，给客户发送网络付款成功信息和发货通知。至此，一次典型的网络支付流程结束。商家和客户可以分别借助网络查询自己的资金余额信息，以进一步核对。

2.2.2　网络支付的基本系统模式

网络支付的应用流程其实就是电子货币的流动过程。不同的电子货币，其应用流程是有区别的。根据电子货币的支付流程的差别，可以把网络支付的基本系统模式大体分为类支票电子货币支付系统模式和类现金电子货币支付系统模式两种。

1. 类支票电子货币支付系统模式

类支票电子货币支付系统模式是典型的基于电子支票、电子票证汇兑、信用卡、网络银行账号等方式的网络支付系统模型，它支持大、中、小额度的资金支付与结算，其类似传统的纸质支票应用系统模式。类支票电子货币支付系统模式主要涉及三个当事实体（买方、卖方和各自的开户行）。其中，银行开户行可为同一家银行或不同银行，此外，在网络平台上还涉及 CA 认证中心。类支票的基本应用流程可以简要描述为：

（1）电子商务买卖双方都有自己的银行账户，而买方应在开户行有一定的存款。

（2）在买卖双方开始交易以前，买方先从银行得到电子支付票证。

（3）买方把授权的电子票证交给卖方，卖方验证此电子票证的有效性后，继续交易过程。

（4）卖方将收到的电子票证转给自己的开户行，要求资金兑付。

（5）银行收到卖方的电子票证，验证确认后进行后台的资金清算工作，且给买卖双方回送支付成功消息。

2. 类现金电子货币支付系统模式

类支票电子货币支付，包括信用卡网络支付过程在内，虽然减少了材料费用、运输费用等，并且应用快捷方便，但每次支付结算都需要银行作为中介直接参与，时间上与成本上均存在一定的开销，而且不匿名，交易双方的身份不能被保护。对于微小数额的支付仍不方便。传统的纸质现金作为目前人们日常生活中最常用的一种支付工具，使用方便直观，支付成本低，且是匿名使用和不可追踪的。这可保证买卖双方的自由不受干涉，一定程度上保护了客户的隐私。正是借助纸质现金的优点，一些企业与研究机构推出类现金电子货币支付系统模式，以满足电子商务下网络支付的个性化需要。

类现金电子货币支付系统模式是一种新的网络支付模式。其主要的网络支付工具是类现金电子货币，较有代表性的是电子现金。类现金同样主要涉及三个当事实体，即买方、卖方和各自的开户行。其中，银行开户行可为同一家银行或不同银行，此外，在网络平台上还涉及 CA 认证中心。类现金的基本应用流程可以简要描述为：

（1）电子商务中的买方先在开户银行中有一定的存款，且对应其类现金账号。

（2）在买卖双方开始交易以前，买方先从银行通过银行存款请求兑换类现金，就像到银行从资金账号中提取纸质现金一样。

（3）银行根据买方的请求把相应的类现金发送至买方的计算机中，即可随便使用。

（4）买方根据付款数额把相应数目的类现金发送给卖方的计算机，卖方验证此类现金的有效性后，继续交易过程。

（5）卖方可把收到的类现金暂时存储起来，也可发送相应银行，银行清算后增加卖方账号的对应资金数额，卖方还可以把收到的那份现金发送给自己的另一个商务伙伴，如供应商进行网络支付。

应用案例　出境游带张电子旅行支票挺方便

暑期是出境游高峰。近年来，随着出境游人数持续高速增长，享受安全、快捷、便利的支付环境成为大家关注的话题，也催生了多种支付方式，包括信用卡、现金和旅行支票都是旅游者常用的支付方式。

现金由于安全性差，往往最不受出境旅游的市民欢迎，更加普遍被接受的支付方式就是信用卡了。但浦发银行大连分行相关工作人员表示，对中国游客来说，电子旅行支票其实更合算。电子旅行支票类似于充值预付卡，在国内充值后，在境外刷卡消费，或在 ATM 机上提现，像信用卡一样便利，但比信用卡更安全、费用更低、更便捷且额度不受限制，尤其在国外大额消费时，电子旅行支票可能最合适。

目前在工商银行、浦发银行、光大银行等多家银行都可以办理电子旅行支票，如美国运通的易世通电子旅行支票，可通过相关银行购买。最近有银行与美国运通联合推出的墨尔本之旅，还为使用美国运通易世通旅行支票者提供当地酒店优惠服务。

海外旅游免不了购物，办理电子旅行支票可能还有额外购物折扣。

不过需要注意的是，电子旅行支票在使用时也有一些不同的收费和成本项目。如在购买电子旅行支票时需要收取 0.5%~0.75% 的手续费，不同的代理销售机构所收取的费用是不一样的。

（资料来源：大连日报，2014 年 7 月 23 日 08:55，http://dl.sina.com.cn/news/finance/2014-07-23/ 0855 31942.html）

2.3 网络支付的方式

2.3.1 按开展电子商务的实体性质分类

电子商务的主流分类方式就是按照开展电子商务的实体性质分类的，即分为 B to B、B to C、C to C、B to G、C to G 等类型的电子商务。目前，客户在进行电子商务交易时通常会按照开展的电子商务类型不同，选择使用不同的网络支付方式。考虑到这些不同类型的电子商务实体的实力、商务的资金流量大小、一般支付习惯等因素，可以按开展电子商务的实体性质把当前网络支付方式分为 B to C 型网络支付方式和 B to B 型网络支付方式两类。

1. B to C 型网络支付方式

这是企业与个人、政府部门与个人、个人与个人进行网络交易时采用的网络支付方式，比如信用卡网络支付、IC 卡网络支付、电子现金支付、电子钱包支付以及个人网络银行支付等。这些方式的特点就是适用于不是很大金额的网络交易支付，应用起来较为方便灵活，实施较为简单，风险也不大。

2. B to B 型网络支付方式

这是企业与企业、企业与政府部门进行网络交易时采用的网络支付方式，比如电子支票网络支付、电子汇兑系统、国际电子支付系统 SWIFT 与 CHIPS、中国国家现代化支付系统（CNAPS）、金融 EDI 以及企业网络银行服务等。这种支付方式的特点是适用于较大金额的网络交易支付结算。

2.3.2 按支付数据流的内容性质分类

根据电子商务流程中用于网络支付的支付数据流内容性质不同，即传递的是指令还是具有一般等价物性质的电子货币本身，可以将网络支付方式分为如下两类。

1. 指令传递型网络支付方式

支付指令是指启动支付的口头或书面命令，网络支付的支付指令是指启动支付的电子化命令，即一串指令数据流。支付指令的用户从不真正拥有货币，而是由他指示银行等金融中介机构替他转拨货币，完成转账业务。指令传递型网络支付系统是现有电子支付基础设施和手段（如 ACH 系统和信用卡支付等）的改进与加强。

指令传递型网络支付方式主要有银行网络转拨指令方式（EFT、CHIPS 与 SWIFT、电子支票、网络银行、FEDI 等）、信用卡支付方式等。

知识链接

FEDI（金融电子数据交换）是一种以标准化的格式在银行与银行计算机之间、银行与银行的企业客户计算机之间交换金融信息的方式。因此，FEDI 可以较好地应用在 B to B 电子商务交易的支付结算中。

2. 电子现金传递型网络支付方式

电子现金传递型网络支付是指客户进行网络支付时在网络平台上传递的是具有等价物性质的电子货币本身，即电子现金的支付结算机制。其主要原理是，用户可从银行账户中提取一定数量的电子现金，且把电子资金保存在一张卡（如智能卡）或者用户计算机中的某部分（如一台个人计算机或个人数字助理的电子钱包）。这时，消费者拥有真正的"电子货币"，他就能在互联网上直接把这些电子现金按相应支付数额转拨给另一方，如消费者、银行或供应商。

2.3.3 按网络支付金额的规模分类

电子商务由于基于互联网平台进行，运作成本较低，对大中小型企业、政府机构以及个体消费者均比较适用。不同规模的企业及个体消费者的消费能力、网络上商品与服务的价格也是不同的，大到几十万元的汽车，小到 0.1 元的短信息服务，因此同一个商务实体针对这些不同规模的资金支付，也可能采用不同的支付结算方式。

根据电子商务中进行网络支付金额的规模大小来划分，可以将网络支付方式分为如下三类。

1. 微支付

微支付（Micro-Payment）是指那些款额特别小的电子商务交易，即低值支付，价值大约在 5 美元以下（中国相应为 5 元人民币以下），如支付一次电话费、发送一条手机短信息、浏览一个收费网页、在线收听一首付费歌曲等。微支付技术要求便利而且快速，主要用在特别小的网络交易中。比较典型的微支付系统如 IBM 的 Micropayments 系统、Millicent 钱包、Cybercoin、NetBill、Electronic Commerce Project、MPTP 等。

2. 消费者级支付

消费者级支付（Consumer Payment）是指满足个体消费者和商业（包括企业）或政府部门在经济交往中的一般性支付需要的网络支付服务系统，也称小额零售系统。价值在 5~500 美元的交易（中国相应为 5~1 000 元人民币的交易），消费者级付款是由信用卡、智能卡、电子钱包交易来执行的，如买一束鲜花、购买学习资料、下载收费软件等。

3. 商业级支付

商业级支付（Business Payment）是指满足一般企业（包括企业、政府）部门间的电子商务业务支付需要的网络支付服务系统，也称中大额资金转账系统。价值大约在 500 欧元或美元的交易（中国相应为 1 000 元人民币以上的交易），它适用于直接借记或电子账单解决，如传统的 EFT、E-Check、FEDI、CNAPS、企业网络银行服务等。

2.4 网络支付的技术支撑平台

包括网络支付在内的电子支付是一种通信频次大、数据量不定、实时性要求较高、分布面很广的电子通信行为，因此电子支付的网络平台通常是交换型、通信时间较短、安全保密性好的且稳定可靠的通信平台，它必须面向全社会，对所有公众开放。电子支付的常见网络平台有电话交换网 PSTN、公用数据网、专用数据网、EDI 专用网络平台以及互联网等。最早的电子支付网络平台主要有 PSTN、X.25 和 X.400 网络等，后来出现了 X.435、X.500 等网络平台。随着网络时代的到来，这些网络的普及面及速度都明显跟不上业务发展的需要。

目前，网络支付的技术支撑网络平台主要有两类，一类是传统成熟的 EDI 专用网络支付平台，另一类是大众化网络平台互联网，它们各有优缺点和应用环境。随着互联网在全社会各行各业的大规模普及应用，加上其方便快捷、多媒体、互动性强以及经济的应用特点，大众化网络平台互联网已成为网络支付平台的发展趋势。

2.4.1 传统成熟的 EDI 专用网络支付平台

EDI（Electronic Data Interchange，电子数据交换）最早于 20 世纪 60 年代末出现在美国，最早应用于物流企业的贸易服务，之后成为国际贸易的主要模式之一，广泛应用于各行各业。EDI 是一种在贸易企业之间借助通信网络，以标准格式传输订货单、发货通知单、运货单、装箱单、收据发票、保险单、进出口申报单、报税单、缴款单等贸易作业文件的电子文本，可以快速交换贸易双方或多方之间的商务信息，从而保证商务快速、准确、有序并且安全进行。EDI 业务代表了电子商务真正的开端，只不过使用的网络平台是 EDI 专用增值网，而非价格低廉的互联网。在 EDI 系统中交易的信息需要根据国际标准协议进行格式化，形成标准电子版本，通过计算机通信网络对这些数据进行交换和自动化处理，从而有机地将商业贸易过程的各个环节（包括海关、运输、银行、商检、税务等部门）连接起来，实现包括电子支付在内的全部业务，在效率上较传统手工或传真商务有很大的优越性。EDI 系统具有一整套的成熟的安全技术体系，能够有效防止信息的丢失、泄密、篡改、假冒、商务抵赖和拒绝服务等。

从广义上讲，EDI 业务属于 B to B 电子商务的范畴，所以 EDI 专用网络平台是现在很多企业开展这种 EDI 式电子商务的成熟平台。但是，毕竟 EDI 专用网络平台与互联网不同，不能有效支持所有出现的电子商务拓展领域，如网上大学、网络图书馆、个人网上购物、网络收费游戏、网络银行等，所以 EDI 专用网络平台作为电子商务的依托平台是有局限性的。随着互联网的进一步发展，目前 EDI 与互联网有相互结合的发展趋势，即 Web-EDI 的出现。Web-EDI 把 EDI 系统建立在互联网平台上，而不是原来的专用网络，EDI 运作规则与标准基本不变。这样，Web-EDI 就能大大减少中小企业实现 EDI 的费用，允许中小企业只需要通过 Web 浏览器和互联网连接来执行 EDI 信息交换，大大拓展了 EDI 的应用范围。

2.4.2 大众化互联网网络支付平台

在传统通信网和专用网络上开展网络支付业务，由于终端和网络本身的技术难以适应电子商务业务量的急剧上涨等一些局限性因素，使用面很难扩大，且使用户、商家和银行承受昂贵的通信费。因此，寻求成本低、易于使用且对大中小型企业与普通消费者都能适用的大众化平台，成为当务之急，而飞速发展的互联网正好满足上述需求。

大众化互联网网络支付平台主要由互联网、支付网关、银行内部专用网组成。其中支付网关是置于互联网和银行专用网之间的一组专用服务器，目的是通过支付网关安全地连接互联网和银行专用网，完成两者之间的通信、通信协议转换和进行相关支付数据的加密、解密，将不安全的开放的互联网上的交易信息传给内部封闭的安全的银行专用网，起到隔离和保护银行内部网的作用。

2.5　中国的金融电子化建设状况

2.5.1　中国金融电子化的发展

我国金融电子化产生于 20 世纪 80 年代，90 年代开始应用于金融业的生产实践中，金融电子化的起步较晚，但发展较快。在 30 多年的建设过程中，金融电子化趋势越来越显著。金融电子化指的是采用现代的通信技术、网络技术、计算机技术等现代的技术手段，降低金融业的经营成本，提高工作效率，实现业务的自动化处理、信息化管理和决策的科学化，为客户提供便捷的服务，增强金融业的市场竞争。

中国金融电子化大致可分为四个阶段：

（1）1970—1980 年，银行的储蓄、对公等业务以计算机处理代替手工操作。

（2）1980—1996 年，逐步完成了银行业务的联网处理。

（3）1996—2000 年，实现了全国范围的银行计算机处理联网，互联互通。

（4）从 2000 年开始，各行开始进行业务的集中处理，利用互联网技术与环境，加快金融创新，逐步开拓网上金融服务，包括网络银行、网络支付、手机银行等。全国银行营业网点业务处理实现计算机化和网络化。

2.5.2　中国已建成的电子支付结算系统

目前中国已经建成如下几类电子支付结算系统，这些系统相互配合与应用不但形成了中国的现代化电子支付与电子银行体系，而且基本上也能直接或间接地为基于互联网平台的电子商务提供支付结算服务，这也是中国目前发展网络支付方式的基础。

1．同城清算所

同城清算又称"同城结算"，是"异地结算"的对称，指在同一县、市（或城镇）范围内，各单位之间经济往来的转账结算。我国的结算管理体制规定，同城结算办法由各省、直辖市、自治区的银行根据统一的结算原则和要求，结合各地的具体情况制定。目前各单位结算方式有现金支票、转账支票、定额支票、定额银行本票和不定额银行本票等方式。同城结算方式均规定金额起点，不足起点的收付，银行不予受理，由各单位使用现金结算。对电话费、水费、电费可根据情况降低金额起点。对各级财政部门、财政金库拨付款项签发的支款凭证可不受金额起点的限制。中国人民银行同城清算业务遵循的基本原则是"先付后收，收妥抵用，差额清算，银行不垫款"。

所有同城跨行支付和大部分行内支付交易是通过同城清算所进行交换和结算的。另外，异地跨行支付在送交商业银行内联行系统处理之前，首先经同城清算所进行跨行交换和结算。人民银行拥有和运行同城清算所，对参与票据交换的成员进行监督和提供结算服务。在支付业务量大的地方，一天进行两次交换，一般每天上午交换一次。余额结算采取净额方式，资金次日抵用。

2. 全国电子联行系统

全国电子联行系统（EIS）是中国人民银行在实现支付系统现代化建设中的第一次尝试。其主要设计思想是克服由于纸票据传递迟缓和清算流程过分烦琐造成的大量在途资金，从而加速资金周转，减少支付风险。全国电子联行系统于1989年开始建设，针对当时中国通信设施的特殊情况，采用VSAT卫星通信技术，建立了人民银行专用的卫星通信网，在位于北京的全国总中心主站和各地人民银行分/支行的小站之间传递支付指令，于1991年正式投入使用。目前，全国电子联行系统只办理该系统参与者之间的贷记转账，这包括全部异地跨行支付、商业银行行内大额支付以及人民银行各分支机构之间资金划拨。全国电子联行系统是一个分散式处理系统，所有账务活动（账户的贷记和借记）都发生在人民银行分/支行，即发报行和收报行，全国总中心主要作为报文信息交换站。

3. 电子汇兑系统

电子汇兑系统主要是商业银行面向行内机构采用电子化方式进行资金汇兑业务处理的系统。自1996年年底起，工商银行、农业银行、中国银行、建设银行都用电子资金汇兑系统逐步取代了原来的全国手工联行业务。各商业银行的电子资金汇兑系统具有大致相同的框架结构，业务处理流程也基本相同。当然，在网络结构、技术平台等方面各系统不尽相同。与原来的手工联行系统相比，电子支付指令经各级处理中心进行交换，取代了在发起行和接收行之间直接交换纸质票据的环节，因而支付清算速度大大加快。净额资金结算依然和手工联行时一样，定期经人民银行系统办理。显然，这是因为商业银行分/支行的清算账户开设在人民银行分/支行的缘故。

电子汇兑系统具有多级结构。一般情况下，该系统有全国处理中心、几十个省级处理中心、数百个城市处理中心和上千个县级处理中心。一家分行必须在每级处理中心开设单独的账户，各级分行接受纸质凭证支付项目，将纸质票据截留后以电子方式发往相应的处理中心，处理中心在当天或第二天营业前将净额结算头寸通告分支机构。电子汇兑系统除了提供支付清算服务以外，还要被用来收集有关信息，以加强银行管理。

4. 银行卡支付系统

银行卡支付系统是由银行卡跨行支付系统以及发卡行内银行卡支付系统组成的专门处理银行卡跨行的信息转接和交易清算业务的信息系统，由中国银联建设和运营，具有借记卡和信用卡、密码方式和签名方式共享等特点。2004年银行卡跨行支付系统成功接入中国人民银行大额实时支付系统，实现了银行卡跨行支付的实时清算。中央银行和商业银行是支付服务的主要提供者。银行体系包括四家大的国有商业银行（分别是中国农业银行、中国工商银行、中国银行、中国建设银行）、十几家小型商业银行、数目众多的城市信用合作社和农村信用合作社、合资银行及外国银行的分行和办事机构。三家政策性银行也提供某些支付服务。

5．邮政储蓄和邮政电子汇兑系统

邮政局开办邮政储蓄业务，消费者可以从其邮政储蓄账户汇出（或汇入）资金。邮政局提供信汇和电报汇款，主要面向消费者个人客户。国家邮政总局邮政电子汇兑系统是邮政汇兑业务的计算机实现，是邮政综合网的一个应用系统，也是邮政电子化支局系统的一个子系统。该系统的实现从整体上改变了传统汇兑业务在时效性、便捷性和安全性方面存在的缺陷，实现个人电子汇款，部分有条件地区实现电子汇款通兑等新型业务，提高邮政竞争力。同时，会计核算子系统和资金清算子系统也将改变传统的作业模式，实现电子化，缩短资金调度时间，减少利息负担，增加效益，改变因传统资金清算方式的陈旧而引起的资金调度严重滞后现状，并为用户提供更快、更好的服务。

6．中国国家现代化支付系统

中国国家现代化支付系统（CNAPS）是中国人民银行按照我国支付清算需要，并利用现代计算机技术和通信网络自主开发建设的，能够高效、安全处理各银行办理的异地、同城各种支付业务及其资金清算和货币市场交易的资金清算的应用系统。它是各银行和货币市场的公共支付清算平台，是人民银行发挥其金融服务职能的重要的核心支持系统。中国人民银行通过建设现代化支付系统，将逐步形成一个以中国现代化支付系统为核心，商业银行行内系统为基础，各地同城票据交换所并存，支撑多种支付工具的应用和满足社会各种经济活动支付需要的中国支付清算体系。

中国国家现代化支付系统建有两级处理中心，即国家处理中心（NPC）和全国省会及深圳城市处理中心（CCPC）。国家处理中心分别与各城市处理中心连接，其通信网络采用专用网络，以地面通信为主，卫星通信备份。

政策性银行和商业银行是支付系统的重要参与者。各政策性银行、商业银行可利用行内系统通过省会（首府）城市的分支行与所在地的支付系统 CCPC 连接，也可由其总行与所在地的支付系统 CCPC 连接。同时，为解决中小金融机构结算和通汇难问题，允许农村信用合作社自建通汇系统，比照商业银行与支付系统的连接方式处理；城市商业银行银行汇票业务的处理，由其按照支付系统的要求自行开发城市商业银行汇票处理中心，依托支付系统办理其银行汇票资金的移存和兑付的资金清算。

中央银行会计核算系统（ABS）是现代化支付系统运行的重要基础。为有效支持支付系统的建设和运行，并有利于加强会计管理，提高会计核算质量和效率，中央银行会计核算也将逐步集中，首先将县支行的会计核算集中到地市中心支行，并由地市中心支行的会计集中核算系统与支付系统 CCPC 远程连接。地市级（含）以上国库部门的国库核算系统（TBS）可以直接接入 CCPC，通过支付系统办理国库业务资金的汇划。

为有效支持公开市场操作、债券发行及兑付、债券交易的资金清算，公开市场操作系统、债券发行系统、中央债券簿记系统在物理上通过一个接口与支付系统 NPC 连接，处理其交易的人民币资金清算。为保障外汇交易资金的及时清算，外汇交易中心与支付系统上海 CCPC 连接，处理外汇交易人民币资金清算，并下载全国银行间资金拆借和归还业务数据，供中央银行对同业拆借业务的配对管理。

为适应各类支付业务处理的需要，正在建设的现代化支付系统由大额支付系统（HVPS）和小额批量支付系统（HEPS）两个应用系统组成。

大额支付系统实行逐笔实时处理，全额清算资金。建设大额支付系统的目的就是给各银行和广大企业单位以及金融市场提供快速、高效、安全、可靠的支付清算服务，防范支付风险。同时，该系统对中央银行更加灵活、有效地实施货币政策具有重要作用。该系统处理同城和异地、商业银行跨行之间和行内的大额贷记及紧急的小额贷记支付业务，处理人民银行系统的贷记支付业务。

小额批量支付系统在一定时间内对多笔支付业务进行轧差处理，净额清算资金。建设小额批量支付系统的目的是为社会提供低成本、大业务量的支付清算服务，支撑各种支付业务的使用，满足社会各种经济活动的需要。该系统处理同城和异地纸凭证截留的商业银行跨行之间的定期借记和定期贷记支付业务，中央银行会计和国库部门办理的借记支付业务，以及每笔金额在规定起点以下的小额贷记支付业务。小额批量支付系统采取批量发送支付指令，轧差净额清算资金。

7. 各商业银行的网络银行系统

随着互联网的快速发展和电子商务的兴起，中国的银行在原有电子银行体系基础上开始建设网络银行系统，为客户提供基于互联网平台的网络支付和其他网络银行服务。银行通过互联网将客户的计算机终端接至银行，借助 Web 页面访问机制实现将银行服务功能直接提供到客户办公室或客户家中的计算机上。目前，网络银行除了可向客户提供开户、销户、资金查询、对账、行内转账、跨行转账、信贷、网上证券、投资理财等传统服务项目外，还可提供电子商务下网络支付服务。

网络银行系统拉近了客户和银行的距离，突破空间和实物媒介的限制，使客户不再受限于银行的地理位置、上班时间，可以足不出户享受全天候的个性化网上金融服务。这是传统的手工银行或电子银行很不容易做到的，可以说，网络银行代表了银行业全新的业务模式和未来的发展方向。所以，利用网络银行进行支付是到目前为止最新的也可能是最有发展潜力的网络支付方式。招商银行、中国银行、中国建设银行和中国工商银行等银行先后建立了自己的网络银行系统，为客户提供网络支付服务和网络银行服务。这方面与发达国家银行基本是同步的，这正说明中国的银行业完全可以利用互联网与电子商务带来的发展机遇实现跨越式发展。

2.5.3　未来中国金融电子化与信息化的发展

进入 21 世纪后，全球经济一体化和金融一体化的进程明显加快，人类逐渐步入数字经济时代与网络经济时代。经济的发展、社会的进步，特别是电子商务的发展，对银行提出越来越高的要求，全球的金融业都将面临新的挑战。中国金融业必须不断提高电子化和信息化水平，以迎接各自挑战。下面就未来中国金融电子化与信息化的发展方向、发展策略和发展目标做简单探讨。

1. 坚持以互联网为代表的网络技术和传统金融业务紧密结合的发展方向

目前，不同金融机构如银行所提供的金融产品和服务的差异性将日益缩小，它体现了现代社会的"产品同质化"趋势特点，而客户成为银行争夺的目标。以客户需求为主导将是金融企业设计开发产品的原则。以互联网为代表的网络最大特点就是可以十分方便、快捷、跨区域地交互传递各种电子信息，而金融产品又多表现为金融信息形式，这在技术应用上使金融业成为最适应网络时代的产业之一。随着网络经济的深化，经济金融的网络依存度将越来越高，货币、资金、金融机构正朝着虚拟化方向大步迈进。未来金融业的发展将与信息技术的发展紧密结合，以互联网为代表的网络将成为金融业实现多渠道营销和改善内部管理的工具，对信息技术的掌握和运用程度将是决定金融企业生存与发展的关键。随时间的推移，物理网点的数量将会逐渐减少，分布将有所调整，服务方式也会发生变化，做到"鼠标+水泥"的有效结合。

2. 确立与网络经济、电子商务相适应的发展策略

金融信息化的根本目的是推动金融业的发展。银行等传统金融业应及时把握网络经济时代里电子商务发展带来的巨大机遇，在日益激烈的市场中给自己重新定位，重塑与客户的良好关系，采取积极措施，实施业务流程重组（BPR），在进一步巩固和强化传统优势的同时，借助于信息科技以崭新的功能和形态在网络经济时代实现稳健发展，再创辉煌。面对新形势，银行等传统金融业需要从外部环境和内部业务处理两个方面进行革新与努力，才能适应电子商务时代的要求，推进金融电子化更上一层楼。

3. 制定有效解决电子商务中的网络支付等核心问题的发展目标

电子商务发展的核心问题之一是如何安全、快捷、可靠地解决网络支付问题，而良好的网络支付手段的大规模应用完全取决于银行的电子化和信息化程度。因此，当前形势下中国的银行业必须加大数字化、信息化建设的力度，建立健全现代化的网络支付体系，全面推动电子商务、网络银行、网上证券、网上保险等网络金融服务的发展，努力进行内容创新来提高信息增值服务水平，缩小与发达国家金融业在信息技术应用上的差距，这将为网络时代里中国电子商务的快速发展起到决定性作用。

中国各商业银行将依托网络技术、信息技术、计算机技术的应用，推动银行业务流程、功能和经营管理模式的再造，从而全面提高服务水平、经营管理水平、业务运行效率和虚拟化程度，并且降低运行成本。中国人民银行作为中国的中央银行，将在内联网和外联网建设的基础上，建立统一的数据采集系统和集中的金融信息数据库，采用相关的信息技术全面提高中央银行的统计、会计、稽核和监管水平，提高全国甚至国际网络支付的能力，提高金融风险检测、预警和防范能力，提高清算服务、货币政策的决策和实施能力。这些目标的实现，特别是良好的网络支付工具的完善，将极大地推进中国电子商务的发展，也为中国银行等金融业带来显著的经济与社会效益。

扩展阅读　大额支付系统

1. 什么是大额实时支付系统

大额实时支付系统（简称大额支付系统）是中国人民银行按照我国支付清算需要，利用现代计算机技术和通信网络开发建设，处理同城和异地跨行之间和行内的大额贷记及紧急小额贷

记支付业务，人民银行系统的贷记支付业务以及即时转账业务等的应用系统。

2. 大额支付系统的目的

建立大额支付系统的目的是给银行和广大企事业单位以及金融市场提供快速、高效、安全的支付清算服务，防范支付风险。

3. 大额支付系统的业务范围

大额支付系统业务范围包括一般大额支付业务、即时转账支付业务和城市商业银行银行汇票业务。

（1）一般大额支付业务：由发起行发起，逐笔实时发往国家处理中心，国家处理中心清算资金后，实时转发接收行的业务。包括汇兑、委托收款划回、托收承付划回、中央银行和国库部门办理的资金汇划等。

（2）即时转账支付业务：由与支付系统国家处理中心直接连接的特许参与者（第三方）发起，通过国家处理中心实时清算资金后，通知被借记行和被贷记行的业务。目前主要由中央债券综合业务系统发起。

（3）城市商业银行银行汇票业务：支付系统为支持中小金融机构结算和通汇而专门设计的支持城市商业银行银行汇票资金的移存和兑付的资金清算的业务。

4. "大额支付系统"的"大额"标准

"大额支付系统"的"大额"是指规定金额起点以上的业务。目前"大额支付系统"规定的金额起点是 0 元，也就是说，所有的贷记支付业务都可以通过大额支付系统处理。

5. 大额支付系统的业务处理周期

在系统正常运行情况下，一笔支付业务从支付系统发起到支付系统接收行的时间为实时到达。如收款客户的开户行应用大额支付系统，付款客户在营业日当日下午 17:00 前办理的大额支付业务都可实现实时到达收款行。实现了全国支付清算资金的每日零在途，彻底改变了电子联行系统"天上三秒，地上三天"的状况。

6. 大额支付系统的运行时间

大额支付系统按照国家法定工作日运行。8:00 至 17:00 为日间业务处理时间。

7. 大额支付系统的处理方式

大额支付系统采用支付指令实时传输、逐笔实时处理、全额清算资金的处理方式。

8. 办理异地汇划的条件

（1）在银行机构开立单位结算账户、个人结算账户及个人客户。

（2）单位结算账户的余额足够支付汇出款项或个人交存现金。

（3）付款人按照有关规定，以现金或转账的形式缴纳汇款手续费和邮电费。

（资料来源：中国人民银行淮安市中心支行，2015 年 9 月，http://rh.huaian.gov.cn/jsp/content/content.jsp?articleId=2700628）

自测题

一、关键概念

支付结算　　网络支付　　微支付　　支付网关　　电子汇兑系统

二、判断题

1. 电子支付不需要经过银行专用网。（　　）

2. 金融专用网是银行内部及银行间进行通信的网络，具有较高的安全性。（　　）

3. 支付网关是公用网和金融专用网之间的接口。（　　）

4. 支付与结算可以直接理解为支付结算或支付。（　　）

5. 电子支付是网上支付的更高级形式。（　　）

6. 票据和结算凭证是办理支付结算的工具。（　　）

三、单选题

1. 电子支付是以（　　）为基础，并通过计算机网络系统以电子信息传递形式实现流通和支付。

A. 金融电子化网络　　　　　　　　　B. 商用电子化机具

C. 计算机技术　　　　　　　　　　　D. 通信技术

2. 网络支付的应用流程其实就是（　　）的流动过程。

A. 电子现金　　　　B. 电子货币　　　　C. 电子支票　　　　D. 电子票证

3. 支付结算制度中规定，托收凭证第三联应加盖（　　）。

A. 业务公章　　　　B. 结算专用章　　　C. 转讫章　　　　　D. 汇票专用章

4. 支付系统用户口令应当具有一定的复杂性，至少（　　）更换一次。

A. 每周　　　　　　B. 每月　　　　　　C. 每季　　　　　　D. 每年

5. 按支付数据流的内容性质分类，网络支付方式分为（　　）。

A. 指令传递型网络支付方式和类现金传递型网络支付方式

B. 命令传递型网络支付方式和类现金传递型网络支付方式

C. 指令传递型网络支付方式和电子现金传递型网络支付方式

D. 命令传递型网络支付方式和电子现金传递型网络支付方式

四、多选题

1. 电子支付的特点有（　　）。

A. 以计算机技术为支撑，进行储存、支付和流通

B. 集储蓄、信贷和非现金结算等多种功能为一体

C. 可广泛应用于生产、交换、分配和消费领域

D. 电子支付不需要经过银行专用网

2. 电子商务发展的社会基础主要包括（　　）等。

A．信息化建设受到世界各国政府的高度重视

B．计算机的普及率迅速增加

C．互联网用户呈几何级数增长

D．新的经济消费观正在逐步形成

3．网络支付的基本系统模式大体分为（　　　）。

A．类支票电子货币支付系统模式　　　B．类现金电子货币支付系统模式

C．完全 SET 模式　　　D．单纯 SSL 模式

4．按照网络支付金额的规模大小，可以将网络支付方式分为（　　　）。

A．微支付　　　B．消费者级支付

C．商业级付款　　　D．大额付款

5．支付结算的原则是（　　　）。

A．恪守信用、履约付款　　　B．谁的钱进谁的账，由谁支配

C．银行不垫款　　　D．快速、保密

五、简答题

1．简述网络支付的概念与特征。

2．简述网络支付体系的基本构成及其基本功能。

3．简述网络支付的基本流程和基本模式。

4．试分析网络支付与电子商务发展的关系。

5．请就中国金融电子化和信息化的发展方向、发展策略和发展目标做简要分析。

第3章 网络支付安全

本章导读

作为一种支付手段，网络支付应该具有消费者所需要的安全需求。网络支付安全是整个电子商务安全的子集，它必须包含诸多对安全问题方面的考虑因素。目前，随着互联网的发展，电子商务日益成为一种重要的商业模式。然而，网上银行的诸多安全隐患限制了电子商务的进一步发展。与理想的电子商务状态相比，其中一个最大的问题就是如何保证网络支付过程中各个环节的安全性。人们对安全问题的担忧极大地制约了网络支付的发展，使得安全性成为网络支付发展的一大瓶颈。

本章学习要求

◉ 了解网络支付安全面临的安全隐患、安全需求；

◉ 了解网络支付安全策略的制定；

◉ 掌握防火墙技术、加密技术；

◉ 了解数字信封、数字摘要、数字签名；

◉ 了解认证中心及数字证书；

◉ 了解安全网络支付的协议机制。

引导案例　信息泄露考问网络支付安全

国内知名第三方电子商务研究机构中国电子商务研究中心近日发布《2013—2014 年度中国电子商务法律报告》，该报告是目前国内首部电子商务法律报告。报告发布了 2013—2014 年度十大电商法律涉案热点领域，分别为行业垄断、信息泄露、网络打假、网店征税、毒快递、网络传销、海外代购、微信购物诈骗、网络虚假宣传、不正当竞争。

据悉，报告涉及的电商/互联网企业包括天猫/淘宝网、当当网、大众点评网、亚马逊中国、窝窝团、酒仙网、也买酒、乐蜂网、百度、携程网、艺龙网、优酷、金山网络、铁友网、酷讯、快播等。

信息泄露作为 2013—2014 年度屡屡被曝的问题，成为十大电商法律涉案热点领域之一。支付宝用户信息泄露成为近年来国内罕见的大型电子商务在线支付用户信息泄露事件，用户泄露的信息包括转账付款姓名、账户信息、付款金额、付款账户、付款说明等，数量超过 2 000 条。很多网友担心自己的信息和资金安全，表示"再也不通过支付宝转账了"。

对此，中国电子商务研究中心特约研究员、北京志霖律师事务所赵占领律师认为，"支付宝事件"是一起比较严重的个人信息泄露事件。与以往不同的是，泄露的内容直接涉及大量敏感信息，泄露之后更容易给不法分子提供可乘之机，给用户带来重大的财产安全隐患。

专家表示，如果是由于支付宝安全漏洞导致的信息泄露，支付宝应该承担法律责任，赔偿给用户造成的损失。

另一起引起轰动的是携程网被曝系统存技术漏洞，可导致用户个人信息、银行卡信息等泄露，漏洞泄露信息包括用户姓名、身份证号、银行卡类别、银行卡卡号、银行卡 CVV 码（卡号、有效期和服务约束代码生成的 3 位或 4 位数字）等，上述信息可能被黑客读取。

中国电子商务研究中心高级特约研究员、浙江金道律师事务所张延来律师表示，非法收集用户信息并导致泄密的或将面临行政处罚。法律要求网站收集和使用用户信息应当遵循"合法、正当、必要"三原则，对收集到的用户信息应当采取安全保护措施，一旦发生泄密，必须及时采取补救措施，否则可能面临行政处罚或者用户的诉讼。

网络支付安全与效率历来是"鱼和熊掌，不可兼得"，网购时要小心个人信息泄露，建议网络用户在进行电子支付时一定要遵循"安全第一"的原则，选择安全措施较多的支付方式；小额支付如果考虑到快捷的需要应当尽可能在一些比较知名的网站上完成或选择第三方支付。

（资料来源：中国质量报，2014 年 7 月 11 日 09:44，http://finance.ifeng.com/a/20140711/12699928_0. shtml）

网络支付安全是人们在互联网上进行交易时考虑和担忧的首要因素。几千年来，人们在经济生活中形成的"一手交钱，一手交货"的购买习俗，在延伸到网上交易时就遇到心理上的障碍。凡是未在网上从事过交易和支付的人，总认为网络支付由于看不到实在货币的付出过程，操作和点击就完成了资金的给付是不安全的。又由于媒体报道信用卡密码被盗、支付金额被篡改、收款抵赖等事件，让人们觉得网络支付极不安全。其实，安全技术是信息网络技术中较为尖端的技术，只要运用得当，配合相应的安全管理措施，是能够保证电子商务中网络支付的安全的。安全是个相对的概念，世界上任何事物从来没有绝对的安全。电子商务中偶尔出现信用卡密码被盗、收款抵赖等情况也属正常，正如这些类似情况也发生在传统支付中的现金被盗、收款抵赖一样。

本章首先对网络支付面临的安全隐患、网络支付的安全需求进行分析，制定出相应的网络支付安全策略，接着对防火墙、加密技术、数字信封、数字摘要、数字签名等安全技术逐一介绍，对认证中心和数字证书进行详细讲解，最后列出目前采用的网络支付安全协议机制。

3.1　网络支付安全概述

3.1.1　网络支付面临的安全隐患

在网络支付中，资金支付结算体系问题是电子商务中主要的安全隐患发生点。"网银大盗"、"网络钓鱼"、"虚假银行网站"等有关银行信息安全的事件层出不穷，使得安全问题已经成为制约网络支付发展的重要因素。基于互联网平台的电子商务必然涉及客户、商家、银行及相关管理认证部门等多方机构，以及它们之间可能的资金划拨，使得客户和商家必须充分考虑支付体系是否安全。

目前电子商务下网络支付中存在的安全隐患有以下几个方面。

1．来自互联网的风险

网络支付系统都是通过互联网与银行发生关联的。如果银行系统网络与互联网直接或间接互联，那么由于互联网自身的广泛性、自由性等特点，像银行这样的金融系统自然会被恶意的入侵者列入其攻击目标的前列。

2．来自银行以外单位的风险

目前银行系统不断增加中间业务，以增强服务功能，获取更多利润，如代收电话费、水电费、保险费、证券转账等业务。因此，银行系统就会与通信公司、保险公司、证券交易所等单位的网络互联。但是，由于银行与这些单位之间不可能是完全信任的关系，因此，它们之间的互联也使得银行系统网络存在着来自外单位的安全威胁。

3．来自不信任区域的风险

现在大部分银行系统都已经发展到全国联网的程度，系统分布在全国各地，范围很广，而且各级银行也都是独立核算单位。因此，对每个区域银行来说，其他区域银行都可以说是不信任的，同样会存在安全风险。

4．来自内部网的风险

据调查统计，在已发生的网络安全事件中，70%的攻击来自内部，因此内部网的安全风险更为严重。内部员工对自身企业的网络结构、应用比较熟悉，自己攻击或泄露重要信息来内外勾结，这些都将可能成为导致系统受到攻击的最致命的安全威胁。

5．来自管理安全的风险

企业员工的安全意识薄弱，企业的安全管理机制不健全也是网络存在安全风险的重要因素之一。健全的安全管理体制是一个企业网络安全得以保障及维系的关键因素。

应用案例　认真审核签约身份信息　防范网银风险

近日，银行工作人员屡次发现客户电子银行产品被关闭重开或更换了电话号码，幸好及时发现，才未造成任何损失。随着互联网金融进程的加快，使用电子银行进行转账汇款、投资理财等业务的客户也随之增多。电子银行可以在没有卡、折等介质的情况下进行资金的转移，因此，电子银行业务的签约、修改和关闭的合规性也显得尤为重要。身为银行工作人员，尤其是一线柜面员工，需要提高警惕，增强合规操作意识，有效防范电子银行风险。

首先，认真审核身份资料的真实性。柜面人员在接到客户的业务申请后，需进行实名制审查，将身份证置于鉴别仪，核对身份信息。对于本人与照片不相像的客户，可要求其提供辅助证件，如驾照、户口簿等，以进一步确认身份信息的真实；还可观察客户的神情，是否有紧张躲闪行为。

其次，认真核对客户信息的准确性。在 CCBS 系统中，在"6128　身份证核查维护"里对身份证有效期进行核对，若实际有效期小于系统有效期，可要求开户人提供新有效期的证件或辅助证件。除此之外，审核银行卡所属的客户编号与客户出示身份证是否一致。

最后，核对手机号码的正确性。一是在 CCBS 系统"6101 客户信息查询"中，查看客户之前的预留手机号码，询问客户现用手机号，如不一致，需拨通系统内手机号，看是否处于停机、空号状态或被他人使用；二是对于客户主动要求开立电子产品的，尤其是关闭重开的，需核对"2551 电子产品签约"中预留的手机号码，提示客户出示需签约或修改的手机，并当场拨通，以确认客户携带在身。

随着犯罪技术手段越来越高明，银行工作人员需时刻保持警惕，强化身份信息的审核，有效防范电子银行的风险。

（资料来源：金融网，2014 年 8 月 7 日 10:11，http://aq.cebnet.com.cn/2014/0807/280513.shtml）

3.1.2 网络支付的安全需求

1. 安全的网络支付环境必须满足的需求

（1）信息的保密性。只有合法的接收者才能解读信息，防止非授权客户获得并使用该数据。在网络支付中，支付账号和密码等隐私信息在网络的传送过程中要防止被窃取或盗用。除此之外，若订货和付款的信息被竞争对手获悉，就可能丧失商机等。因此在电子商务的信息传递中一般均有加密的要求。

（2）信息的真实性和完整性。信息由合法的发送者发出，且未被非法修改和删除，确保网络上的数据在传输过程中没有被篡改。在网络支付中，要防止支付金额或其他支付信息被更改，目前有许多不法商家和个人正是利用某些网站在这方面的技术缺陷进行各种网络诈骗。

（3）信息的不可否认性。发送者对自己所发送的信息不可否认。因为在实际交易过程中有可能存在抵赖现象，所以在网络支付中，这种现象也需要防范。由于商情的千变万化，交易一旦达成是不能被否认的，否则必然会损害一方的利益。例如，订购黄金，订货时金价较低，但收到订单后，金价已上涨，如收单方否认收到订单的实际时间，甚至否认收到订单的事实，则订货方就会蒙受巨大损失。因此，网上交易通信过程的各个环节都必须是不可否认的。简单来说，信息的不可否认性就是要做到以下两个方面，即消息发送者不能否认曾传送过某消息，消息接收者也不能否认曾接收过某消息。

（4）身份验证。对网络上的另一端进行验证，证实对方的身份。要使网上交易成功首先就是要能确认对方的身份，对商家而言就是要考虑客户端不能是骗子，而客户也会担心网上的商店是不是一个玩弄欺诈的黑店。因此，能方便而可靠地确认对方身份是交易的前提。为了实现商家和客户的相互认证，就必须杜绝攻击者假冒他人身份、账号进行欺诈，同时又要防止不法组织冒充合法商家骗取他人金融账号的活动等。

（5）授权访问。控制到底谁能够访问网络上的特定信息，并且限定其能够对这些信息进行何种操作。

2. 网络支付环境的安全需要

要满足以上这些安全需求，一般来说网络支付环境的安全就需要从以下几个方面考虑。

（1）物理安全。保证计算机信息系统各种设备的物理安全是保障整个网络安全的前提。物理安全就是保证计算机网络设备、设施等免遭地震、水灾、火灾等环境事故或人为操作失误，以及各种计算机犯罪行为导致的破坏。

（2）系统安全。

1）操作系统安全。目前大多数操作系统都存在一些安全漏洞，而这些漏洞往往又会被入侵者利用来加以攻击，因此对操作系统必须进行安全配置。同时，系统管理员或使用人员对复杂的操作系统和其自身的安全机制了解不够、配置不当也会造成安全隐患。为此，对操作系统还需要功能全面、智能化的检测，以帮助网络管理员高效地完成定期检测和修复操作系统安全漏洞的工作。而且，可利用相应的扫描软件对其进行安全扫描评估，检测其存在的安全漏洞，分析系统的安全性，提出补救措施。管理人员必须加强身份认证机制及认证强度。

2）应用系统安全。应用系统一般都是针对某些应用而开发的。但由于它的通用性，其所提供的服务并不是每个具体客户所必需的。因此，对应用系统的安全性也应该进行安全配置，尽量做到只开放必须使用的服务，确保客户使用的合法性，严格限制登录者的操作权限，将其完成的操作限制在最小的范围内。同时，充分利用应用系统本身的日志功能，对客户所访问的信息做记录，为事后审查提供依据。

（3）网络安全。

1）网络结构安全。网络结构布局的合理与否，也影响着网络的安全性。对支付系统业务网、与外单位互联的接口网络之间必须按各自的应用范围、安全保密程度进行合理分布，以免局部安全性较弱的网络造成的威胁传播到整个网络系统。

2）加强访问控制。具体内容如下：① 如果银行系统有连接互联网的需求，那么从安全性角度考虑，银行业务系统网络必须与互联网物理隔离。解决方法可以是将两个网络之间完全断开，或者通过物理安全隔离卡实现。② 内部网结构合理分布后，在内部网可以通过交换机划分虚拟局域网，来实现不同部门、不同级别客户之间简单的访问控制。利用虚拟局域网可以将局域网从逻辑上划分（不是从物理上划分）成一个个网段，从而实现虚拟工作组的数据交换技术。③ 内部局域网与外单位网络、内部局域网与不信任域网之间可以通过配备防火墙来实现隔离与访问控制。④ 根据企业具体应用，也可以配备应用层的访问控制软件系统，针对局域网具体的应用进行更细致的访问控制。⑤ 对于远程拨号客户，可以利用防火墙的一次性口令认证机制，对远程拨号客户进行身份认证，从而实现远程客户的安全访问。

3）安全检测。由于防火墙等安全控制系统都属于静态防护安全体系，它们对于一些允许通过防火墙的访问而导致的攻击行为，以及内部网的攻击行为是无能为力的。因此，还必须配备入侵检测系统，它的功能是实时分析进出网络的数据流，对网络违规事件进行跟踪、实时报警、阻断连接并做日志。它既可以应对内部人员的攻击，也可应对来自外部网络的攻击行为。

4）网络安全评估。在黑客攻击成功的案例中，大多数都是利用网络或系统存在的安全漏洞实现攻击的。网络安全性扫描分析系统通过扫描分析网络系统，检查并报告系统存在的弱点和漏洞，提出建议补救措施和安全策略。根据扫描结果来配置或修改网络系统，可以达到增强网络安全性的目的。

（4）安全认证。支付系统在解决网络安全问题时大多会使用加密技术，而加密行为就必然会涉及密钥，密钥的产生、颁发与管理同样存在安全性要求。密钥的发放一般都是通过发放证书来实现的。证书的发送者与接收者如何确认对方证书的真实性？因此，可引入第三方来发放证书，即通过构建一个权威认证机构——认证中心（CA）来进行真实性的认证。支付系统可以联合各专业银行一同构建一个支付系统的 CA 系统，实现本系统内证书的发放与业务的安全交易。随着网络经济的发展，支付系统还可以慢慢升级为与其他 CA 系统进行交叉认证。

（5）病毒防护。防范病毒的入侵，应该根据具体的系统类型，配置相应的、最新的防病毒系统，从单机到网络实现全网的病毒安全防护体系。要做到病毒无论从外部网络还是从内部网络中的某台主机进入网络系统，都能够通过防病毒软件的实时检测功能，将病毒扼杀在发起处，从而防止病毒的扩散。

（6）加密传输。要保护数据在传输过程中不被泄露，保证客户数据的机密性，必须对数据进行加密。因此，对普通业务系统，建议采用网络层加密设备来保护数据在网上传输的安全性。对于网上银行、网上交易等业务系统则可以采用应用层加密机制来加密，以保护数据在网上传输的机密性。

（7）信息鉴别。为了保证数据的完整性，必须采用信息鉴别技术。一般的信息鉴别技术实现过程如下：原始数据包达到网络设备时，用 Hash 函数对数据进行 Hash 运算，进而产生信息摘要，对原始数据包进行加密，并与信息摘要一同发出。数据包到达目的方的网络加密设备后，先用解密的密钥对数据包进行解密，然后用 Hash 函数对解密后的数据进行 Hash 运算，也产生信息摘要，把这个信息摘要与收到的信息摘要进行对比。由于进行 Hash 运算后产生的信息摘要可以被认为具有唯一性，因此，如果这两个信息摘要完全相同，则说明解密的数据是完整的原始数据，否则就说明数据在传输过程中已经被修改过，失去完整性。

（8）信息存储。对支付系统而言，这个方面主要是确保数据库的安全。由于各地银行系统都是采用客户/服务器或者浏览器/服务器模式，数据都集中存储在一个大型数据库系统中，因此，数据库的安全尤其重要。保护数据库最安全、最有效的方法就是采用备份与恢复系统。备份系统可以保存完整的数据库信息，在运行数据库主机发生意外事故时，通过恢复系统可以用备份的数据库系统在最短的时间内恢复正常工作状态，保证业务支付系统提供服务的及时性、连续性。

（9）应用开发。支付系统由于职能的特殊性，可能会存在特殊的应用，而要保护其应用的安全性，并不是市场上的那些通用产品就能满足的。对各种支付系统，必须进行详细的了解与分析，有针对性地开发、量体裁衣，才能切实让客户用得放心。

（10）管理安全。网络安全的实现并不完全取决于技术手段，管理安全是网络安全真正得以维系的重要保证。管理安全包括银行系统安全制度的制定，国家法律、法规的宣传以及提高企业人员的整体网络安全意识。

（11）安全服务。网络安全是动态的、整体的，并不是简单的安全产品集成就能解决问题。随着时间推移，新的安全风险又将产生。因此，一个完整的安全解决方案还必须包括长期的、与项目相关的信息安全服务。安全服务包括全方位的安全咨询、培训、静态的网络安全风险评估、特别事件应急响应等。

3.1.3　网络支付安全策略的制定

针对网络支付的相关安全需求，开展电子商务的商家和后台的支撑银行必须相互配合，建立一套相应的安全策略，在实践中完善，以保证电子商务下网络支付的顺利进行。

所谓电子商务的安全策略，是一个组织机构在从事电子商务事务中关于安全方面的纲要性条例。它用书面形式明确描述所需要保护的资产、保护的原因、谁负责进行保护、哪些行为可接受、哪些行为不可接受、依照的法律法规、各种安全防护方法与工具的应用等。为了保护以网络支付系统等为代表的电子商务（包括电子政务）资产，所有组织，包括企业与政府部门，都要有一个明确的安全策略。网络支付的安全策略是整个电子商务安全策略最重要的一个子集。

一般来说，一个相对成熟有效的网络支付安全策略内容包括需要定义保护的资源、保护的风险，需要吃透、遵循、利用有关电子商务安全与网络支付安全的法律法规，最后建立一套网络支付安全防护机制。在网络支付体系中涉及商务的相关多方，每方都必须制定一个安全策略以满足自身的安全需要。

3.1.4　网络支付平台的安全

保证网络支付的安全首先就要保证支撑网络支付的网络平台的安全。

1．公共通信通道互联网的安全威胁

具体结合网络支付流程，对作为公共通信通道的互联网的攻击或安全威胁主要有以下四种类型。

（1）截断堵塞：破坏客户所需的网络支付服务，截断相关支付信息的流动，如切断通信线路、毁坏硬件、病毒瘫痪软件系统、冗余信息堵塞支付网关通道等。

（2）伪造：伪造客户或商家的相关支付信息，假冒身份以骗取财物。

（3）篡改：为达到某种目的的某方对相关网络支付信息进行未经许可的篡改。

（4）介入：利用特殊软件工具提取互联网上通信的资金流数据，以期破解信息；或者进行信息流量分析，对信息的流动情况进行分析，如信息传送的方向、发送地点等，得到间接情报，为其他目的服务；或者非法进入系统或数据库，进行破坏或非法复制等。

2．内联网的最基本安全需求

在互联网平台系统中作为节点的内联网所面临的安全威胁与互联网略有不同，这主要是因为内联网有一个边界确定、结构严谨、控制严格的环境，并且可在企业（商家等）中实现强制性的集中的安全控制。

（1）网络边界的安全：由于内联网和互联网是相连的，要保证内联网的边界安全，防止来自内外的黑客和病毒攻击，从而保证内部网络的安全。

（2）内部网络的安全：不仅要保证网络系统安全，还要保证企业数据安全。

（3）身份验证：建立通行的身份识别系统，实现企业内各地跨区域用户的统一集中管理。

（4）授权管理：实现统一的资源授权管理，通过访问控制表来控制谁能访问网络上的信息，以及他能对数据进行何种操作。

（5）信息传输时实现数据的保密性和完整性：可以采用数据加密和校验技术实现。

（6）建立一套完整的审计、记录、备份机制，以便分析处理。

　　只有充分考虑互联网平台系统中各个组成部分所面临的安全隐患，企业才能制定相应的安全措施，以保证网络平台的安全，进而保证网络支付的安全。

3.2　防火墙技术

　　随着网络技术的发展，互联网在网络支付系统中已经非常普及，目前保护内部网免遭外部入侵的比较有效的方法就是防火墙技术。防火墙的应用是安全措施中的一个主要手段，是保证整个电子商务和网络支付平台安全的第一道保护，也是比较关键的安全防护环节。

　　防火墙（Firewall）是一个借用词，其本意是"网络门"，好像两个网络之间的一道安全门，只让符合规定的实体通过，而阻止"非法"实体的流通。

　　防火墙是一种由计算机软件和硬件组成的隔离系统设备，在安全的内联网和大众的、不安全的互联网之间构筑一道防护屏障，能按预先设置的条件对进出信息进行区分监控，实现内外有别。其主要目标是保护内联网中的信息、资源等不受来自互联网中非法用户的侵犯，控制内联网与互联网之间所有数据流量，控制和防止内联网中的有价值数据如每个客户的资金账号及金额等数据流入互联网，也控制和防止来自互联网的无用垃圾和有害数据，如越来越多的垃圾邮件与骚扰邮件等流入内联网，如图 3-1 所示。防火墙总的安全思想不是对企业内部网内的每台计算机分别进行保护，而是让所有外部对内部网计算机的信息访问都通过某个点，即防火墙保护这个点，实现内部网络的整体防护。

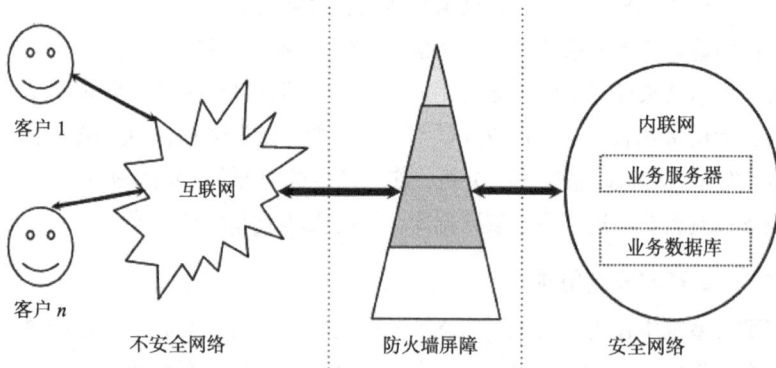

图 3-1　防火墙应用示意图

3.2.1　防火墙的功能

　　防火墙技术是保证各使用单位局域网或子网防止非法信息入侵的一种防卫技术。总的来说，防火墙具有如下四大基本功能。

1．防火墙是网络安全的屏障

防火墙能极大地提高一个内部网络的安全性，并通过过滤不安全的服务而降低风险。由于只有经过精心选择的应用协议才能通过防火墙，因此网络环境变得更安全。例如，防火墙可以禁止不安全的网络文件系统（NFS）协议进出受保护网络，这样外部攻击者就不可能利用这些脆弱的协议来攻击内部网络。同时，防火墙可以保护网络免受基于路由的攻击，如 IP 选项中的源路由攻击和互联网控制消息协议（ICMP）重定向中的重定向路径。防火墙可以拒绝以上类型攻击的报文并通知防火墙管理员。

2．防火墙可以强化网络安全策略

通过以防火墙为中心的安全方案配置，能够将所有安全软件（如口令、加密、身份认证、审计等）配置在防火墙上。与将网络安全问题分散到各个主机上相比，防火墙的集中安全管理更为经济。例如，在访问网络时，口令系统和其他的身份认证系统就可以不必分散在各个主机上，而是集中安装在防火墙上，这样会极大降低整个系统的费用。

3．对网络存取和访问进行监控审计

如果所有的访问都经过防火墙，那么防火墙就能记录下这些访问并做日志记录，同时也能提供网络使用情况的统计数据。当发生可疑动作时，防火墙能进行适当的报警，并提供网络是否受到监测和攻击的详细信息。

另外，收集网络的使用和误用情况也是非常重要的。它可以用于分析防火墙是否能够抵挡攻击者的探测和攻击，以及防火墙的控制是否充足。网络使用情况的统计信息对网络需求分析和威胁分析等也是非常重要的。

4．防止内部信息的外泄

利用防火墙对内部网络进行划分，可以实现对内部网中重点网段的隔离，从而限制了局部重点或敏感网络的安全问题对全局网络造成的影响。再者，隐私是内部网络非常关心的问题，一个内部网络中不引人注意的细节可能包含了有关安全的线索而引起外部攻击者的兴趣，甚至因此而暴露了内部网络的某些安全漏洞。使用防火墙，就可以隐蔽那些透露内部细节的服务，如 Finger、DNS 等。

知识链接

Finger 服务是 Finger 服务器提供的一项查询本地或远程主机客户公开信息的服务。它会显示出主机的所有客户的注册名、真名、最后登录时间和使用 Shell（文字操作系统与外部最主要接口）类型等。

3.2.2　防火墙的类型

根据防火墙的分类标准不同，防火墙可以分为多种类型。常见的划分方式是根据网络体系结构来进行的分类。

1．包过滤防火墙

在互联网中，所有往来的信息都被分割成许多定长的信息包（或称分组），信息包中包含发

送者的 IP 地址和接收者的 IP 地址信息。当这些信息包被送上互联网时，路由器读取接收者的 IP 地址并且选择一条合适的物理线路发送出去，信息包可能经由不同的路线抵达目的地，当所有的包抵达目的地后重新组装还原。

包过滤防火墙，就是在信息包传输过程中检查所有通过的信息包中的 IP 地址，按照系统管理员给定的许多过滤规则进行过滤，这属于网络级防护。

包过滤防火墙的优点主要是在应用上，它对用户来说是透明的，并没有让用户明显感觉到有什么不便，处理速度快而且易于维护，通常作为第一道网络安全防线，进行网络级防护。包过滤防火墙也存在不足，它虽能阻挡别人进入内部网络，但不告诉用户什么人进入自己的系统，或者谁又从内部网络进入了互联网；不能在用户应用级别上进行过滤，即不能鉴别不同的用户和防止 IP 地址盗用，所以黑客常常利用"IP 地址欺骗"和"同步风暴"等方式攻击或欺骗包过滤防火墙。另外，包过滤防火墙还具有配置繁琐的缺点。因此单纯的包过滤防火墙提供的安全防护功能很有限。

2. 应用级防火墙（应用级网关）

应用级防火墙，就是经常提到的代理服务器，它运行着专业的代理服务软件，在应用级别上提供安全防护服务。应用级防火墙适用于特定的互联网服务，如电子商务活动中主要采用的 HTTP 及 FTP 服务等。代理服务器通常运行在两个网络之间，它对于客户来说像一台真服务器，而对于 Web 服务器来说，它又是一台客户机。

代理服务器的应用原理：当其接收用户对自己代理的某 Web 站点的访问请求后，就检查该请求是否符合规定；如果规则允许用户访问该站点时，代理服务器代理客户去那个站点取回所需要的信息，再转发给客户，体现"应用代理"的角色。配置两块网卡的双宿主主机代理服务器就是应用级防火墙的典型实例。

知识链接

双宿主主机即一台配有多个网络接口的主机，它可以用来在内部网络和外部网络之间进行寻径。如果在一台双宿主主机中寻径功能被禁止了，则这台主机可以隔离与它相连的内部网络和外部网络之间的通信，而与它相连的内部和外部网络都可以执行由它所提供的网络应用，如果这个应用允许的话，它们就可以共享数据。这样就保证内部网络和外部网络的某些节点之间可以通过双宿主主机上的共享数据传递信息，但内部网络与外部网络之间不能传递信息，从而达到保护内部网络的作用。它是外部网络用户进入内部网络的唯一通道，因此双宿主主机的安全至关重要，它的用户口令控制安全是一个关键。

应用级防火墙也存在一些不足：由于需要代理服务，使网络访问速度变慢；因为不允许用户直接访问网络，因而应用级网关需要对每个特定的互联网应用服务安装相应的代理服务软件，比较麻烦，且维护量大；用户不能使用未被服务器支持的网络服务，对每类应用服务需要使用特殊的客户端软件，同时还要进行一些相关设置，透明性较差。

3. 状态监测防火墙

状态监测防火墙就是使用一个在网关上执行网络安全策略的软件模块，称为监测引擎，它是第三代防火墙技术。状态监测防火墙的应用原理是用监测引擎软件在不影响网络正常运行的前提下，采取抽取有关数据的方法对网络通信的各层实施监测，抽取状态信息，并动态地保存起来，作为执行安全策略的参考。当用户访问请求到达网关的操作系统前时，由状态监视器抽取有关数据进行分析，然后结合网络的安全配置和安全规定做出接纳、拒绝、身份认证、报警或给该通信加密等处理动作。一旦某个网络访问违反安全规定，它就会拒绝该访问，并且报告有关状态并做日志记录。

由于状态监测防火墙的监测引擎支持多种协议和应用程序，且可很容易地实现应用和服务的扩充，因此这种防火墙具有非常好的安全特性。状态监测防火墙的另一优点是它会监测无连接状态的远程过程调用（RPC）和用户数据包（UDP）之类的端口信息，而包过滤防火墙和应用级防火墙都不支持此类应用。

状态监测防火墙会降低网络访问的速度，而且配置比较复杂。有关防火墙厂商已经注意到这一问题，最新的防火墙产品的安全策略规则是通过面向对象的图形界面（GUI）定义，以简化配置过程。

4. 个人防火墙

个人防火墙是一种能够保护个人计算机系统安全的软件，它可以直接在客户的计算机上运行，保护一台计算机免受攻击。通常这些防火墙是安装在计算机网络接口的较低级别上，使得它们可以监视传入传出网卡的所有网络通信。

一旦安装上个人防火墙，就可以把它设置成"学习模式"，对遇到的每种新的网络通信，个人防火墙都会提示客户一次，询问如何处理那种通信。然后个人防火墙便记住响应方式，并应用于以后遇到的所有相同种类网络通信。例如，如果客户已经安装了一台个人 Web 服务器，个人防火墙就可能将第一个传入的 Web 连接做上标记，并询问客户是否允许它通过。客户可能选择允许所有的 Web 连接或允许来自某些特定 IP 地址范围的连接等，然后个人防火墙就会把这些规则应用于所有传入的 Web 连接。

个人防火墙的优点很多，如增加了保护级别，又不需要额外的硬件资源，且价格便宜。如果只需要有限数量的许可，个人防火墙则是一个较为便宜的选择。不过，其缺点也很明显，如对公共网络只有一个物理接口。真正的防火墙应当监视并控制两个或更多的网络接口之间的通信，因此，个人防火墙本身可能会容易受到威胁。另外，集中管理比较困难，因为个人防火墙需要在每个客户端进行配置，这将会增加企业的管理开销。而且个人防火墙仅仅具有一些基本控制，其配置趋向于仅为静态数据包筛选和基于权限的应用程序阻止的组合。同时，在性能上也有限制，因为个人防火墙是为了保护单一个人计算机而设计的，在充当小型网络的路由器的个人计算机上使用它们将导致性能下降。

3.2.3　防火墙软件介绍

2015 年 8 月 25 日，ITbrand 第 56 次发布防火墙品牌排行榜（见图 3-2）。ITbrand 针对全球

IT 品牌采用专属的品牌价值评估方法计算品牌影响力，并据此定期发布"最佳 IT 品牌排行榜"。该评估方法影响 IT 品牌排名的因素包括产品曝光度、企业创新竞争力、产品关注度、产品销量、售后服务评价。

排名	品牌	趋势	指数	最新产品
1	天融信	↑	224	天融信 NGFW4000-UF
2	启明星辰	↑	159	天清汉马USG-FW-8000D
3	梭子鱼	↑	107	NGFW F900
4	网御星云	↑	101	KingGuard 8000
5	山石网科	↑	77	SG-6000-X6150
6	锐捷网络	↓	50	RG-WALL1600
7	WatchGuard	↑	49	NGFW XTM 2050
8	NETGEAR	↓	48	SRX5308

图 3-2　ITbrand 防火墙品牌排行榜

知识链接

ITbrand 是 eNet 硅谷动力旗下品牌，是国内领先的 IT 品牌调研机构。ITbrand 以帮助消费者选购产品为宗旨，深入调研 IT 品牌实况，精准点评 IT 品牌优劣，确保品牌排行榜榜的公正性、准确性，因而获得业内外广泛认同。同时，也帮助了品牌主有效地创造、认知和管理品牌。该榜单每月发布一次，是中国 IT 品牌的风向标。

3.3　加密技术

简单地说，加密在网络支付上的作用就是，防止银行业务信息在网络上被拦截和窃取。一个最常见的例子就是网上银行客户卡号和密码的传输。因为卡号和密码极为重要，许多安全防护体系都是基于卡号和密码，如果卡号和密码泄露，就意味着安全体系的全面崩溃。通过网络进行登录时，所键入的密码如果以明文形式传输到服务器，那么很有可能造成密码泄露。因此，加密技术就成为网络支付中非常关键的技术。

加密包括两个元素，加密算法和密钥。加密算法是将普通的文本与一串字符串即密钥相结合，产生不可理解的密文的步骤。密钥（Keyword），是在计算机上实现的数据加密，其加密或解密变换是由密钥控制实现的。密钥是借助一种数学算法生成的，它通常是一个随机字符串，是控制明文和密文变换的唯一关键参数。密钥和加密算法对加密同等重要。

目前电子商务通信中常用的加密方法有两种：对称密钥加密（私有密钥加密）和非对称密

钥加密（公开密钥加密）。

知识链接

　　明文，指没有经过加密的数据。密文，指对明文施加某种伪装或变换后的输出，也可理解为不可直接理解的字符或比特集，但可通过算法还原的被打乱的消息，与明文相对。

3.3.1　对称密钥加密

1．对称密钥加密的定义

　　对称密钥加密（Secret Key Cryptography，私有密钥加密），指信息的发送者和接收者采用双方共享的专用密钥去加密和解密数据，或者说加密密钥能够从解密密钥中推算出来，反过来也成立。在大多数对称算法中，加/解密密钥是相同的，即使有少数不同，也很容易由其中任意一个导出另一个。

2．对称密钥加密的使用过程

　　具体到电子商务的网络支付，很多环节要用到对称密钥加密算法，例如，在两个商务实体或两个银行之间进行资金的支付结算时，涉及大量的资金流信息的传输与交换。这里以发送方A银行与接收方B银行的一次资金信息传输为例，描述对称密钥加密算法的使用过程，如图3-3所示。

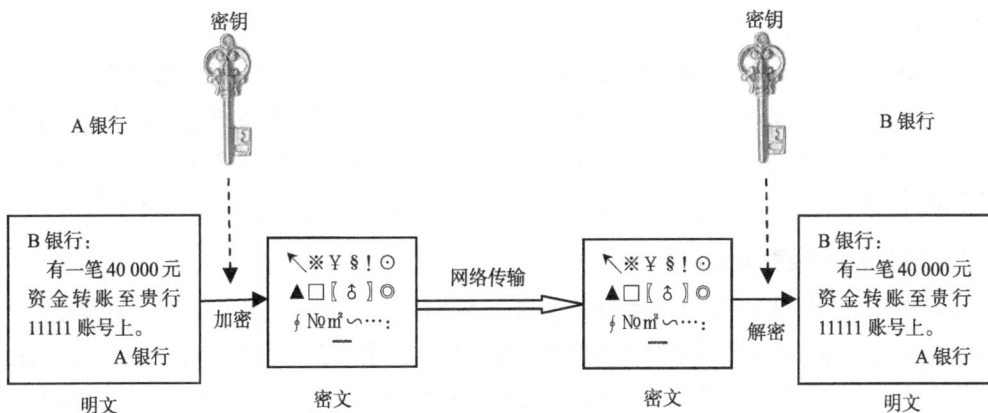

图 3-3　对称密钥加密的使用过程

　　（1）A银行借助专业对称密钥加密算法生成私有密钥，并且复制一份密钥借助一个安全可靠通道（如采用后面将介绍的数字信封）秘密传递给B银行。

　　（2）A银行在本地利用密钥把信息明文加密成信息密文。

　　（3）A银行把信息密文借助于网络通道传输给B银行。

　　（4）B银行接收信息密文。

　　（5）B银行在本地利用一样的密钥把信息密文解密成信息明文。这样B银行就知道A银行的资金转账通知单的内容，结束通信。

3．对称密钥加密的常用算法

发展至今，世界上一些专业组织机构研发了许多种对称密钥加密算法，比较著名的有 DES、3-DES、IDEA、RC4、RC5、RC6 及 AES 等。

（1）DES 算法（Data Encryption Standard，数据加密标准）是 IBM 在 20 世纪 70 年代晚期开发的，此期间 NSA 也有很多参与。DES 是一种分组密码，它使用长度为 64 位的分组。DES 密钥的长度固定为 56 位。DES 已经存在了很长时间，而且可以看到它被大量地用在密码解决方案中，但是因为计算机的计算能力在不断增长，DES 的 56 位密钥对于强力穷举攻击已经显得强度不够了。3-DES 是三重 DES 的缩写。因为人们越来越多地担心 DES 太脆弱，因此发展了许多不同的技术来增加 DES 的强度，像对数据加密三次，或者组合三种基于 DES 的加密操作来增加有效的密钥长度。

（2）IDEA（International Data Encryption Algorithm，国际数据加密算法）是瑞士学者 X.J Lai 与 James Massey 联合提出的。它在 1990 年正式公布并在以后得到增强。这种算法是在 DES 算法的基础上发展出来的，类似于三重 DES。发展 IDEA 也是因为感到 DES 具有密钥太短等缺点。IDEA 的密钥为 128 位，数据块大小为 64 位。从理论上讲，IDEA 属于"强"加密算法，至今还没有出现对该算法的有效攻击算法，在欧洲应用较多。IDEA 加密标准由 PGP 系统使用。

（3）RC4 是 RSA 数据安全公司的私有密钥加密专利算法。RC4 不同于 DES，采用的是可变密钥长度的算法。通过规定不同的密钥长度，RC4 能够按不同需求动态提高或降低安全的程度。目前，一些电子邮件产品（如 IBM 的 Lotus Notes 和苹果的 Open Collaboration Environment）已采用了这些算法。

（4）AES（Advanced Encryption Standard）是美国联邦政府采用的一种区块加密标准。这个标准用来替代原先的 DES，已经被多方分析且广为全世界所使用。AES 的基本要求是，采用对称分组密码体制，密钥长度的最少支持为 128、192、256，分组长度 128 位，算法应易于各种硬件和软件实现。

4．对称密钥加密的优缺点

对称密钥加密的最大优点是加解密速度快，适合对大数据量进行加密，但密钥管理困难。此技术存在着在通信的参与者之间确保密钥安全交换的问题。它要求通信双方事先交换密钥，当系统客户较多时，例如，在网上购物的环境中，商家需要与成千上万的购物者进行交易，如果采用简单的对称密钥加密技术，商家需要管理成千上万的密钥来与不同的对象通信。对此，除了存储开销之外，密钥管理几乎是一个不可能解决的问题。另外，双方如何交换密钥？通过传统手段还是互联网？无论采用哪种方式都会遇到密钥传送的安全性问题。此外，在实际环境中，密钥通常会经常更换，更为极端的是在每次传送中都使用不同的密钥。很明显，这时对称技术的密钥管理和发布都是远远无法满足使用要求的。对称密钥加密技术存在的另一个问题是无法鉴别通信发起方或通信最终方。因为通信双方共享同一把专用密钥，通信双方的任何信息都是通过这把密钥加密后传送给对方的。

为了克服对称密钥加密体制的上述缺点，以解决信息公开传送和密钥管理问题的非对称密钥加密体制便应运而生。

3.3.2　非对称密钥加密

1．非对称密钥加密的定义

非对称密钥加密（Public Key Cryptography，公开密钥加密），指的是对信息加密和解密所使用的密钥是不同的，从一个难以推导出另一个，这样就可以将加密和解密能力分开。非对称密钥加密方法需要使用一对密钥来分别完成加密和解密操作，其中一个公开发布，称为公开密钥（Public Key，公钥），另一个由用户自己秘密保存，称为私有密钥（Private Key，私钥）。信息发送者用公开密钥去加密，而信息接收者则用私有密钥去解密。此方法之所以叫公开密钥方法，就是因为其中的加密密钥能够公开，即陌生者能用加密密钥加密信息，但只有用相应的解密密钥才能解密信息。用作加密的密钥不同于用作解密的密钥，而且解密密钥不能根据加密密钥计算出来。

2．非对称密钥加密的使用过程

具体到电子商务的网络支付，很多环节用到非对称密钥加密算法。例如，在网络银行客户与银行进行资金的支付结算操作时，涉及大量的资金流信息的安全传输与交换。这里以 A 客户与 B 银行的资金信息传输为例，描述非对称密钥加密在两种情况下的使用过程。

预备工作是，B 银行通过非对称密钥加密算法的密钥生产程序，生成自己的私有密钥 X 和公开密钥 Y，私有密钥 X 由 B 银行自己独自保存，而公开密钥 Y 通过网络某种应用形式（如数字证书）分发给网络银行的众多客户，当然 A 客户也拥有一把 B 银行的公开密钥 Y。

（1）A 客户传送一"支付通知"给 B 银行，要求"支付通知"在传送中是密文，并且只能由 B 银行解密知晓，从而实现定点保密通信。为实现上述应用目的，应用非对称密钥加密算法的过程如图 3-4 所示。

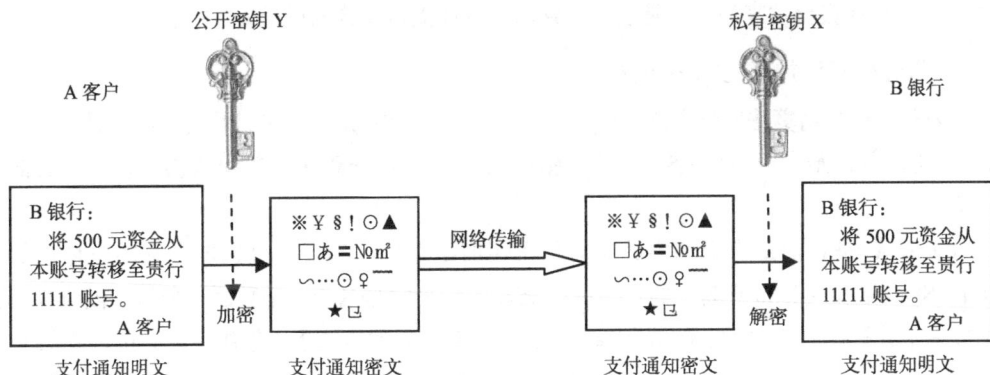

图 3-4　非对称密钥加密的使用过程（1）

1）A 客户利用获得的公开密钥 Y 在本地对"支付通知"明文进行加密，形成"支付通知"密文，通过网络将密文传输给 B 银行。

2）B 银行收到"支付通知"密文后，发现只能用自己的私有密钥 X 进行解密形成"支付通知"明文，断定只有自己知晓"支付通知"的内容，的确是发给自己的。

（2）B 银行在按照收到的"支付通知"指令完成支付转账服务后，必须回送 A 客户"支付确认"，A 客户在收到"支付确认"后，断定只能是 B 银行发来的，而不是别人假冒的，将来可作支付凭证，从而实现对网络银行业务行为的认证，网络银行不能随意否认或抵赖。为实现上述应用目的，应用非对称密钥加密算法的过程如图 3-5 所示。

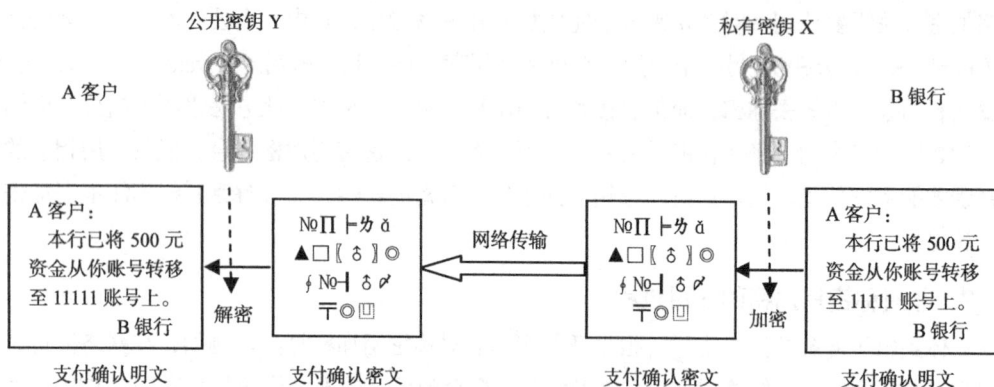

图 3-5　非对称密钥加密的使用过程（2）

1）B 银行在按照 A 客户的要求完成相关资金转账后，准备一个"支付确认"明文，在本地利用自己的私有密钥 X 对"支付确认"明文进行加密，形成"支付确认"密文，通过网络将密文传输给 A 客户。

2）A 客户收到"支付确认"密文后，虽然自己拥有许多密钥，有自己的，也有别人的，却发现只能用获得的 B 银行的公开密钥 Y 进行解密，形成"支付确认"明文，由于公开密钥 Y 只能解密由私有密钥 X 加密的密文，而私有密钥 X 只有 B 银行所有，因此 A 客户断定这个"支付确认"是由 B 银行发来的，不是别人假冒的，可作支付完成的凭证。

3．非对称密钥加密的常用算法

自公开密钥加密算法问世以来，学者们提出了多种加密算法，它们的安全性都是基于复杂的数学难题。使用最广泛的是 RSA 算法，除此外，还有 ElGamal、ECC、DSA、背包算法、Rabin、D-H 等。

（1）RSA 是目前最有影响力的非对称密钥加密算法，其名称分别取自它的三位创始人 Rivest、Shamir 和 Adelman 名字的首字母。RSA 的安全性是基于大整数因子分解的困难性，而大整数因子分解问题是数学上的著名难题，至今没有有效的方法予以解决，因此可以确保 RSA 算法的安全性。目前电子商务中大多数使用非对称密钥加密算法进行加密、解密和数字签名的产品和标准使用的都是 RSA 算法。RSA 的密钥长度是可变的，现在一般推荐使用 1024 位，随着保密级别的升高，可以选取更长的密钥，如 2 048 位、3 072 位等。

（2）ElGamal 算法，是一种较为常见的加密算法，它是基于 1984 年提出的公钥密码体制和椭圆曲线加密体系。它既能用于数据加密也能用于数字签名，其安全性依赖于计算有限域上离散对数这一难题。在加密过程中，生成的密文长度是明文的两倍，且每次加密后都会在密文中生成一个随机数 K，在密码中主要应用离散对数问题的几个性质：求解离散对数（可能）是困难的，而其逆运算指数运算可以应用平方–乘的方法有效地计算。

（3）ECC（Elliptic Curve Cryptography，椭圆曲线密码算法）是基于椭圆曲线数学的一种公钥密码的方法。椭圆曲线在密码学中的使用是在 1985 年由 Neal Koblitz 和 Victor Miller 分别独立提出的。ECC 的主要优势是在某些情况下它比其他的方法（比如 RSA）使用更小的密钥提供相当的或更高等级的安全。ECC 的另一个优势是可以定义群之间的双线性映射，基于 Weil 对或 Tate 对；双线性映射已经在密码学中发现了大量的应用，如基于身份的加密。不过其缺点是加密和解密操作的实现比其他机制花费的时间长。

（4）DSA（Digital Signature Algorithm）是 Schnorr 和 ElGamal 签名算法的变种，基于整数有限域离散对数难题，其安全性与 RSA 相比差不多。DSA 的一个重要特点是两个素数公开，这样，当使用别人的 p 和 q 时，即使不知道密钥，也能确认它们是否是随机产生的，还是做了手脚。RSA 算法却做不到。其中 p 为 L 位长的素数，L 是 64 的倍数，范围是 512~1 024；q 是 160 位长的素数，且为 p–1 的因子。

4．非对称密钥加密的优缺点

非对称加密具有的优点：密码数量足够大，可以适应网络的开放性要求；密钥的分配和管理比较容易。用户仅需保存自己的私有密钥即可，所以当 n 个人相互通信时，仅需产生 n 对密钥就能满足需要；对互不相识的人也可以提供通信的保密性；可以实现数字签名和数据鉴别。

缺点：由于非对称密钥加密体制的密钥长度比对称密钥的长度更长，算法也复杂得多，所以它的运行效率是比较低的。一般来说，非对称密钥加密算法适用于对少量数据加密。

3.4　数字信封

为了充分发挥对称密钥加密和非对称密钥加密的作用，优势互补，在电子商务的一些通信服务，如 SET 安全协议中，对信息的加密采用融合上述两种算法优点的数字信封技术。

3.4.1　数字信封的定义和应用原理

数字信封（Digital Envelope）的功能类似于普通信封，普通信封在法律的约束下保证只有收信人才能阅读信的内容，数字信封则采用密码技术保证了只有规定的接收人才能阅读信息的内容。数字信封中采用了对称密钥加密体制和非对称密钥加密体制，在加解密明文方面提高了处理速度和运算效率，并且利用非对称密钥加密技术加强了密钥管理和分配的方便性。采用数字信封技术后，即使加密文件被他人非法截获，因为截获者无法得到发送者的通信密钥，就不可能对文件进行解密。其应用原理如图 3-6 所示。

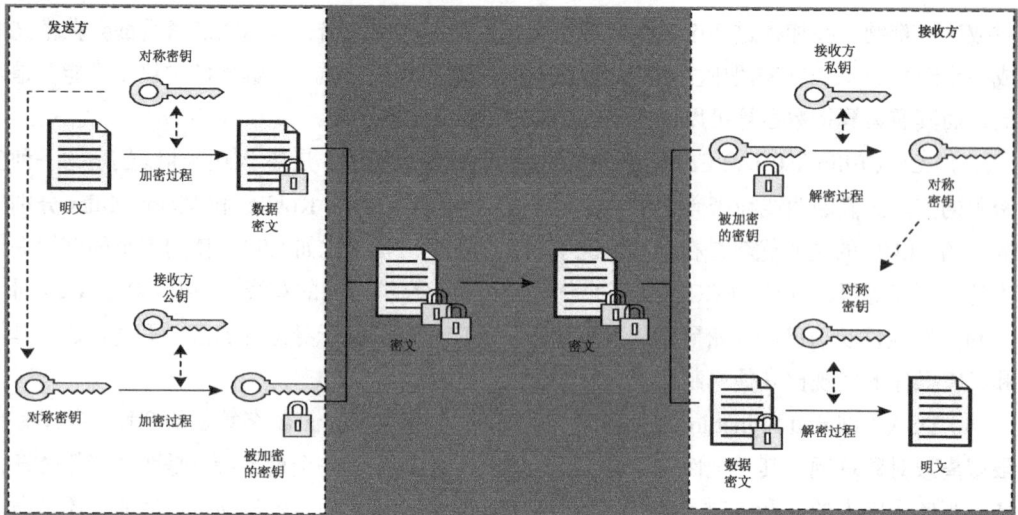

图 3-6　数字信封应用原理

（1）对需要传送的较长信息（如电子合同、支付通知单）的文件的加密采用速度较快的对称密钥加密算法（其密钥 P 在加密前由发送方随机产生，并用 P 对要传送的信息明文进行加密）形成密文 M，然后传送给接收方。

（2）借用对称密钥加密算法，利用接收方的公开密钥将刚才生成的较短密钥 P 进行加密，形成 P 的密文，定点发送给接收方，可以断定只有接收方才能解密。

（3）接收方收到发送方传输来的 P 的密文后，用自己的私有密钥解密，取出密钥 P。

（4）接收方用刚才取得的 P 对原先收到的信息密文 M 进行解密，得到信息明文（如电子合同、支付通知单）的内容。完成这次加密通信。

在上述流程中利用接收方公开密钥对加密信息原文的密钥 P 进行加密后再定点传送，这就好比用一个安全的"信封"把 P 封装起来，所以称作数字信封。

3.4.2　数字信封的优点

数字信封技术结合了对称密钥加密和非对称密钥加密的长处，而又避免了各自的不足，其优点可以总结为如下几点。

（1）加密和解密速度较快，可以满足实用特别是网络支付中的即时处理需要。因为较长的信息明文采用对称密钥加密算法如 DES 进行加解密，而只有对签名信息和 DES 密钥这样很短的信息才采用非对称密钥加密算法如 RSA，所以加解密的速度快，接近 DES 算法的速度。

（2）通信双方在传输的密文中携带用 RSA 公钥加密的 DES 密钥，不用为交换 DES 密钥而费尽周折，减少了 DES 密钥在传输过程中泄密的危险。

（3）具有数字签名和认证的功能。由于采用 RSA 算法，通信双方可以将自己的数字签名信息互相发给对方，供保留和认证。

（4）密钥管理方便。虽然采用了 DES 算法，由于解决了交换 DES 密钥的问题，并不需要为每次通信都保密管理相应的 DES 密钥，只需保密管理自己的 RSA 私有密钥就行。

（5）保证通信的安全。信息发送方使用随机 DES 密码对信息明文进行加密，保证了只有具有 DES 密钥规定的收信人借助解密才能阅读信的内容。

3.5　数字摘要

数据完整性指接收方收到的数据与原始定义的数据严格相同，即数据不能被非授权地修改或删除，而且在数据受损的情况下应当能够通过数据的备份完全恢复。它包括数据的正确性、一致性及有效性。

为了保证网络支付中一些隐私数据的完整性，如果需要在互联网中传输这些数据，常常可以考虑采用数字摘要、数字签名、加盖数字时间戳与验证等新技术手段来保证传输数据的完整性。

3.5.1　数字摘要的定义和应用原理

数字摘要（Digital Digest），又称数字指纹或数字手印，是发送者对被传送的一个信息报文（如支付通知单）根据某种数学算法算出一个信息报文的摘要值，并将此摘要值与原始信息报文一起通过网络传送给接收者，接收者应用此摘要值检验信息报文在网络传送过程中有没有发生改变，以此判断信息报文的真实与否。一般，数字摘要是由哈希（Hash）算法计算得到的，所以也称哈希值，哈希算法是一个单向不可逆的数学算法。

数字摘要的应用原理归纳为：

（1）发送者对被发送文件用 Hash 算法（如 SHA 等）产生若干位的数字摘要。

（2）发送者将文件与摘要同时传送给接收者。

（3）接收者对收到的文件用同样的 Hash 算法生成另一数字摘要。

（4）接收者将新生成的摘要与发送者发来的摘要进行比较，如果两者一致，则说明传送过程中信息没有被破坏或篡改过，否则不然。

3.5.2　数字摘要的常用算法

典型的算法有 RSA 公司提出的 MD5、SHA1 算法等，都是以 Hash 函数算法为基础的，所以这些算法也称 Hash 编码法。

（1）MD5（Message Digest Algorithm 5）的作用是让大容量信息被"压缩"成一种保密的格式。该编码法采用单向 Hash 函数将需加密的明文"摘要"成 128 位的密文，这一串密文就称作数字指纹，不同的明文"摘要"成密文，其结果总是不同，而同样的明文其摘要必定一致。

（2）SHA1（Secure Hash Algorithm 1）主要适用于数字签名标准（Digital Signature Standard DSS）里面定义的数字签名算法（Digital Signature Algorithm DSA）。对于长度小于 2^{64} 位的信息，SHA1 会产生一个 160 位的信息摘要。当接收到信息的时候，这个信息摘要可以用来验证数据的完整性。在传输的过程中，数据很可能会发生变化，那么这时候就会产生不同的信息摘要。SHA1 有如下特性：不可以从信息摘要中复原信息；两个不同的信息不会产生同样的信息摘要。

SET 安全协议中采用的 Hash 算法产生的也是 160 位的数字摘要，在 160 位长的情况下，两条不同的信息原文产生同一数字摘要的机会为 $1/10^{48}$，比人的指纹的几百万分之一可靠得多。

3.5.3 数字摘要的优缺点

数字摘要可以保证信息原文的真实性，可在一定程度上防伪、防篡改，类似于签名的真实性检验，所以数字摘要也是数字签名技术之一。数字摘要技术本身并不能保证数据的完整性，还必须与其他密钥加密技术结合起来使用才行。因为哈希算法是公开的，如果某人改变了传送的信息报文的明文，可以很容易地同时改变由哈希算法生成的数字摘要。所以单用数字摘要显然无法保证数据的完整性，而必须将数字摘要保护起来，使别人无法伪造才行。

3.6 数字签名

一般在政治、军事、外交等活动中签署文件、商业上签订契约和合同、日常生活中在书信和从银行取款等事务中所用到的签字，传统上都是采用手写签名或印鉴。这个签名通常有两个作用：可以证明信件是由签名者发送并认可的（不可抵赖）；保证信件的真实性（非伪造、非篡改）。随着信息时代的来临，人们希望通过数字通信网络进行远距离的贸易合同签名，数字签名则应运而生，并开始运用在商业通信系统中。在电子商务安全保密系统中，数字签名技术有着特别重要的地位。在电子商务安全服务中的源鉴别、完整性服务、不可否认服务中，都要用到数字签名技术。

3.6.1 数字签名的定义与应用原理

数字签名（Digital Signature），也叫电子签名，指在利用电子信息加密技术实现在网络传输信息报文时，附加一个特殊的唯一代表发送者个人身份的标记，起到传统上手书签名或印章的作用，表示确认、负责、经手、真实等。数字签名是非对称密钥加密技术与数字摘要技术的应用。

采用数字签名，可以确认以下两点：信息确实是由签名者发送的，即确认对方的身份，具有防抵赖的作用；信息自签发后到收到为止的传输过程中未曾做过任何修改，即具有保证信息的完整和防篡改的作用。

数字签名必须保证以下三点：①接收方能够核实发送者对报文的签名；②发送方事后不能抵赖对报文的签名；③接收方不能伪造对报文的签名。

数字签名技术广泛应用于鉴别发送方不可否认服务中，接收方不可否认服务也需结合数字签名技术加以实现。

数字签名的基础是密码技术，目前较多使用公钥加密体制实现数字签名。利用公钥加密体制进行数字签名的原理如图 3-7 所示。将数字签名用发送方的私有密钥进行加密，会同密文一起送给接收方；接收方用发送方的公开密钥对数字签名进行解密，若解密出的数字签名与其计算出的相同，则可确定发送方身份的真实性。这样只要拥有发送方的公开密钥的人都能够验证数字签名的正确性，而只有真正的发送方才能发送这一数字签名。这也就完成了对发送方身份的鉴别，形成了签名的唯一性、不可仿冒性和不可否认性三大特征。目前，用于数字签名的公开密钥密码算法一般选用 RSA 算法。

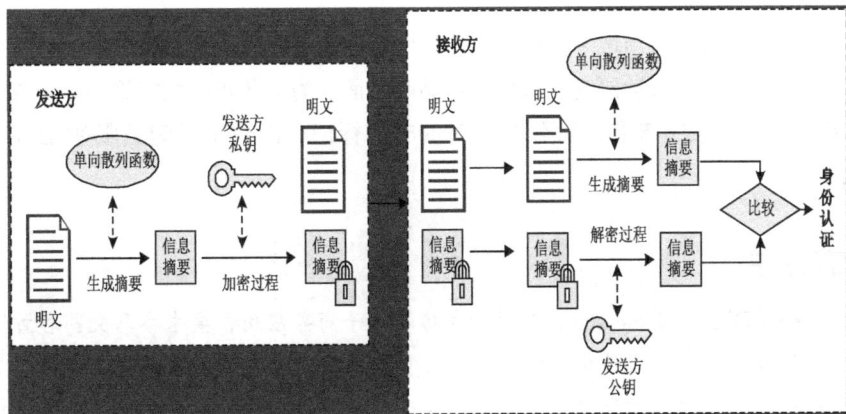

图 3-7　利用公钥加密体制进行数字签名的原理

3.6.2　数字签名的算法

数字签名算法主要由两部分组成：签名算法和验证算法。目前已有大量的数字签名算法，如 RSA 数字签名算法、ElGamal 数字签名算法、Fiat-Shamir 数字签名算法、Guillou-Quisquarter 数字签名算法、Schnorr 数字签名算法、Ong-Schnorr-Shamir 数字签名算法、美国的数字签名标准/算法（DSS/DSA）、椭圆曲线数字签名算法和有限自动机数字签名算法等。

3.6.3　数字签名的优缺点

数字签名技术为人们在网络上用电子的方式签署并且加密文件提供了一个安全和便利的方法。有了能鉴别身份真伪的安全保证，在互联网上进行信息和交易的处理时就不必担心泄密和欺诈行为。总之，数字签名可以解决下述网络支付中的安全鉴别问题。

（1）接收者伪造。接收者伪造一份文件，并声称这是发送者发送的等。

（2）发送者或接收者否认。发送者或接收者事后不承认自己曾经发送或接收过某文件。

（3）第三方冒充。网上的第三方客户冒充发送或接收消息，如信用卡密码。

（4）接收者篡改。接收者对收到的信息进行改动。

但是，数字签名的实现仍具有一定的局限性，在引入过程中不可避免地会带来一些新问题，需要进一步加以解决，这包括：

（1）需要立法机构对数字签名技术有足够的重视，迅速制定有关法律，以充分实现数字签名具有的特殊鉴别作用，有力推动电子商务以及其他网上事务的发展。

（2）如果发送者的信息已经进行了数字签名，那么接收者就一定要有数字签名的软件，这就要求软件具有很高的普及性。

（3）假设某人发送信息后脱离某个组织，被取消了原有数字签名的权限，以往发送的数字签名在鉴定时只能在取消确认列表中找到原有确认信息，所以，这需要鉴定中心结合时间信息进行鉴定。

（4）基础设施（鉴定中心、在线存取数据库等）的费用高低会对这项技术的全面推广有较大的影响。

目前，数字签名的应用领域十分广泛，包括电子商务、企业信息系统、网上政府采购、财会、保险、金融、教育、科学研究、医药、食品等方面。为了防止把数字签名和带数字签名的信息报文多次重用，数字签名还常包括当时的时间标记，即数字时间戳服务 DTS（Digital Time-stamp Service）。

知识链接

数字时间戳（Digital Time-stamp）对于成功的电子商务应用，要求参与交易各方不能否认其行为。在各种政务和商务文件中，时间是十分重要的信息。在书面合同中，文件签署的日期和签名一样均是十分重要的防止文件被伪造和篡改的关键性内容。在电子文件中，同样需对文件的日期和时间信息采取安全措施，而数字时间戳服务 DTS（Digital Time-stamp Service）就能提供电子文件发表时间的安全保护。一般来说，数字时间戳的产生过程为：用户首先将需要加时间戳的文件用 Hash 算法运算形成摘要，然后将该摘要发送到 DTS；DTS 在加入了收到文件摘要的日期和事件信息后再对该文件加密（数字签名），然后送达用户。它包括三个部分：① 需加时间戳的文件的摘要；② DTS 收到文件的日期和时间；③ DTS 的数字签名。

3.6.4　双重签名

从上面的讨论可以看出，使用数字签名技术能够确保数据完整性和不可否认性。但是在电子商务活动中经常会出现以下情形：客户向商家发送订单和支付通知单，但是他不愿让商家看到支付通知单，同时也不愿让银行等第三方看到订单。在这种情况下就需要使用双重签名技术。

双重签名就是消息发送方对发给不同接收方的两条信息报文分别进行 Hash 运算，得到各自的数字摘要，然后将这两条数字摘要连接起来，再进行 Hash 运算，生成新的数字摘要，即双重数字摘要，最后用发送方的私人密钥对新的双重数字摘要加密，得到一个基于两条数字摘要基础上的数字签名。在应用上，发送方将双重签名、对应的一条信息报文（为保证机密，可以用接收方的公钥加密）和另一条信息报文的数字摘要三个部分合在一起发给对应的消息接收方；接收方将收到的信息报文（私钥解密）进行同样的 Hash 运算后得到一个新的数字摘要；然后将新的数字摘要与收到的另一条信息报文的数字摘要相连接，再使用 Hash 运算，最终得到一个双重数字摘要，以此与接收到的双重签名用发送方公钥解密得到的双重数字摘要相比较，如一致，是发送方发的。

双重签名技术是一种为了保证在事务处理过程中三方安全地传输信息的技术，可用于三方通信时的身份认证和信息完整性、交易防抵赖的保护，同时能够有效地保护客户的隐私信息，也是双重签名的一大特点。

3.7　数字证书及认证中心

在传统商务与电子商务中都存在对贸易伙伴身份的确定与认证问题,特别是在电子商务中,由于它基于非面对面的网上交易,贸易双方几乎不见面,那么验证贸易双方的身份(如在网络支付中对收款人、付款人的身份认证)是非常必要的。

传统的个人身份证明一般是通过检验"物理物品"的有效性来确认持有者的身份,如身份证、护照、驾驶执照、信用卡等,上面往往含有与个人真实身份相关的易于识别的照片、指纹、视网膜、DNA 等,并具有权威机构(如公安机关等发证机构)的盖章。企业的身份,在中国工商局会颁发营业证书、产品质量检验证书、印章等。

为了能确认双方的身份,必须由网上双方都信任的第三方机构发行一个特殊证书来进行认证。在电子商务中,通常是把传统的身份证改用数字形式,由双方都信任的第三方机构发行和管理,以便在网络中使用,进行身份认证,数字证书由此产生。

3.7.1　数字证书

1. 数字证书的定义

数字证书(Digital Certification)又称数字身份证,数字 ID,是指由认证中心发放的,利用电子信息技术手段,确认、鉴定、认证互联网上信息交流参与者的身份或服务器的身份,是一个担保个人、计算机系统或组织(企业或政府部门)的身份,并且发布加密算法类别、公开密钥及其所有权的电子文档。

2. 数字证书的工作原理

接收者在网上收到发送者的业务信息的同时,还会收到发送者的数字证书,通过对其数字证书的验证,从而确认发送者的身份。在交换数字证书的同时,双方都得到了对方的公开密钥,由于公开密钥是包含在数字证书中的,可以确信收到的公开密钥肯定是对方的,从而完成数据传送中的加解密工作。

3. 数字证书的内容

数字证书由两部分组成:证书数据和发行证书的认证中心签名与签名算法。证书数据包含版本信息、证书序列号、认证中心所使用的签名算法、发行证书的认证中心的名称、证书的有效期限、证书主体名称、被证明的公钥信息。发行证书的认证中心签名与签名算法包括发行证书的认证中心机构的数字签名和用来生成数字签名的签名算法。

3.7.2　认证中心

在网上进行电子商务活动时,需要建立一个具有权威性和公正性的第三方认证中心机构,负责颁发数字证书和检验网上商家身份真实的工作。这个就是网上认证中心。

1．认证中心的定义和主要功能

认证中心（Certification Authority，CA），也称数字证书认证中心，是基于互联网平台建立的一个公正的、有权威性的、独立的（第三方的）、广受信赖的组织机构，主要负责数字证书的发行、管理及认证服务，以保证网上业务安全可靠地进行。

认证中心在整个非对称密钥加密体制以及安全的网络支付过程中的地位至关重要。其主要的功能为：生成密钥对及认证中心证书；验证申请人身份；颁发数字证书；证书以及持有者身份认证查询；证书管理及更新；吊销证书；制定相关政策；有能力保护数字证书服务器的安全。

2．认证中心的技术基础

认证中心的技术基础是 PKI（Public Key Infrastructure，公钥基础设施）体系。PKI 是遵循既定标准的利用非对称密钥加密技术为电子商务的开展提供一套安全基础平台的技术和规范。PKI 技术是信息安全技术的核心，也是电子商务交易与网络支付的关键和基础技术。PKI 的基础技术包括加密、数字摘要、数字签名、数字信封、双重签名等。一个完整的 PKI 体系的基本构成包括权威的认证中心、数字证书库、密钥备份及恢复系统、证书作废系统、应用接口（API）等。其中，认证中心作为数字证书的签发与管理机构，非对称密钥的承载者，是 PKI 的核心部分。

认证中心认证数字证书采用一种树形验证结构。在双方通信时，通过出示某个认证中心签发的证书证明自己的身份。认证中心也拥有一个数字证书（内含公钥）和私钥。网上的用户通过验证认证中心的签名从而信任认证中心，任何人都可以得到认证中心的数字证书（含公钥），用以验证它所签发的证书。

3．认证中心的构成

认证中心主要由两大部分构成：证书服务中心（CA，注：与认证中心简称同）和审核受理处（RA）。由证书服务中心完成接收证书请求及发证的工作，而由审核受理处完成身份认定工作，证书服务中心与审核受理处之间一般通过专线连接。审核受理处一般由能够认定用户身份的单位来担任（如持卡人审核受理处由发卡银行担任，商家的审核受理处由收单银行担任）。证书服务中心收到用户的证书请求后，向审核受理处要求证明用户的合法与真实性；得到证明后，证书服务中心向用户颁发证书。也可让用户先到审核受理处当面申请填表，审核受理处批准后，将信息传送到证书服务中心；证书服务中心在收到用户的证书请求后，就能立即给予答复。证书服务中心再进一步分为证书业务受理中心（RS）与证书制作中心（CP）两部分。由证书业务受理中心接收用户的证书申请、发放等与用户打交道的工作，证书制作中心进行证书的制作、记录等内部工作。用户为获得数字证书，必须访问证书服务中心站点，实际就是访问证书业务受理中心站点，向证书业务受理中心申请证书；证书业务受理中心与用户对话后，可以获得用户的申请信息，然后传送给证书制作中心；证书制作中心与审核受理处进行联系，并从审核受理处获得用户的身份认证信息后，由证书制作中心为用户制作证书，交给证书业务受理中心；当用户再上网要求获取证书时，证书业务受理中心将制作好的证书传送给用户。

4．数字证书的申请流程

（1）用户携带相关证明到证书业务受理中心申请证书。

（2）用户在线填写证书申请表和证书申请协议书。

（3）证书业务受理中心业务人员取得用户申请数据后，与审核受理处中心联系，要求用户身份认证。

（4）审核受理处下属的业务受理点审核员通过离线的方式（面对面）审核申请者的身份、能力和信誉等。

（5）审核通过后，审核受理处向证书服务中心转发证书的申请要求。

（6）证书服务中心响应审核受理处的证书请求，通过证书制作中心为该用户制作、签发证书，并交给证书受理中心。

（7）当用户再次上网要求获取证书时，证书受理中心将制作好的证书传给用户；如果证书是 IC 卡方式，则证书受理中心业务人员打印好相关密码信封传递给用户，通知用户到相关业务受理点领取。

（8）用户根据收到的用户应用指南，使用相关的证书业务。

3.7.3　国内外知名认证中心

1．国外知名认证中心

世界上最著名的数字认证中心是美国的 Verisign 公司，该公司成立于 1995 年，为全球多个国家提供数字认证服务。世界 500 强的绝大多数企业的网上业务都使用 Verisign 的认证服务业务。Verisign 于 2000 年年初以 5.76 亿美元完成收购 Thawte，又于 2006 年 9 月以 1.25 亿美元完成收购 GeoTrust。VeriSign 通过与中国内地数字认证服务商天威诚信合作共同推进数字证书业务在国内的发展，提供包括服务器证书、代码签名证书、邮件证书等各类安全数字证书。国内众多网上银行、证券金融机构、购物网站均采用先进的数字认证技术保障网站信息的安全。2010年，Verisign 将其认证业务以 12.8 亿美元的价格出售给赛门铁克公司，其中包括 SSL 认证服务、公钥基础设施（PKI）服务、Verisign 信任印章，以及 Verisign 身份保护（VIP）认证服务。

2．国内知名的数字认证中心

（1）中国金融认证中心（China Financial Certification Authority，CFCA）是经中国人民银行和国家信息安全管理机构批准成立的国家级权威安全认证机构，是国家重要的金融信息安全基础设施之一。在《中华人民共和国电子签名法》颁布后，CFCA 成为首批获得电子认证服务许可的电子认证服务机构。自 2000 年挂牌成立以来，CFCA 一直致力于全方位网络信任体系的构建，历经十多年发展，已经成为国内最大的电子认证服务机构。自 2009 年启动战略转型以来，已逐步由单一的电子认证服务机构转变为综合的信息安全服务提供商。目前公司业务涵盖五大业务板块，即电子认证服务、互联网安全支付、信息安全产品、信息安全服务、互联网媒体及互联网金融产品。截至目前，全国已开通网上银行服务并使用数字证书的银行中，有 97% 的银行使用了 CFCA 提供的电子认证服务。

CFCA 作为国内一流水平的电子认证服务机构和信息安全综合解决方案提供商，一直致力于创建高水准的基础设施条件和管理体系，竭诚为广大客户提供高质量的产品和一流服务，为营造可信的网络环境、构建稳固的网络信任体系而不断努力，以推动我国的信息安全事业繁荣发展。网址：http://www.cfca.com.cn。

（2）北京数字证书认证中心（BJCA）于 2001 年 2 月在北京成立，旨在提供高品质信息安全服务，帮助用户创造安全可信的网络空间。BJCA 是首批获得工业与信息化部电子认证服务许可资质的电子认证服务商，是具有国家涉密集成资质和北京市信息安全服务能力一级资质的信息安全服务商。作为权威、公正的第三方电子认证服务机构，BJCA 遵照《中华人民共和国电子签名法》的要求和相关管理规定，向广大客户提供"政务通"、"信天行"等系列品牌的数字证书服务。BJCA 通过以客户为中心的新型电子认证服务体系、自主知识产权的应用软件产品和专业定制的安全解决方案，为电子政务、电子商务、企业信息化发展等领域的客户构建了安全、可靠的信任环境。作为专业信息安全服务商，2004 年荣获北京市信息安全服务能力一级证书，2006 年获得涉及国家秘密的计算机信息系统集成资质。网址：http://www.bjca.org.cn。

（3）其他认证中心。

1）上海数字证书认证中心（SHECA），1998 年上海市政府批准成立。专门从事信息安全技术认证和安全信任服务以及相关产品的研发和整合。网址：http://www.sheca.com。

2）中国电子邮政安全证书管理中心，保证电子邮政安全的基础设施。它负责电子证书的申请、签发、制作、废止、认证和管理，提供网上客户身份认证、数字签名、电子公证、安全电子邮件等业务。网址：http://www.chinapost.com.cn/ca/index.htm。

3）中国数字认证网，为广大客户提供数字认证服务，可用于安全电子邮件、服务器身份认证、客户身份认证、代码签名等服务。网址：http://www.ca365.com。

3.8 安全网络支付的协议机制

如何将电子商务网络支付的各参与方与上述先进的信息网络安全技术充分地结合起来，以保证安全、有序、快捷地完成网络支付流程，需要一个协议来规范各方的行为与各种技术的运用，这个协议就是安全的网络支付协议，目前国际上比较有代表性的是 SSL 协议和 SET 协议，除了这两种之外，还有 3D Secure 协议、HTTPS 协议和 TLS 协议等。

3.8.1 SSL 协议

SSL（Secure Socket Layer，安全套接层）协议是国际上最早应用于电子商务的一种网络安全协议，最初是由 Netscape 开发出来的一种在持有证书的浏览器软件（如 IE、Netscape Navigator）和 WWW 服务器（如 Netscape Enterprise Server、IIS 等，这里具体为电子商务服务器或银行网络支付结算服务器）之间构造的安全通道中传输的协议，运行在 TCP/IP 层之上、应用层之下。目前，SSL 协议已经成为互联网上保密通信的工业标准，现行的 Web 浏览器都普遍将 HTTP 与 SSL 相结合来实现安全通信。

SSL 协议主要包括两个子协议：SSL 记录协议和 SSL 握手协议。SSL 记录协议涉及应用程序提供的信息的分段、压缩、数据认证和加密，在 SSL 3.0 版本中提供对数据认证用的 MD5 和 SHA 以及数据加密用的 DES 和 RC4 等的支持，对要发送的数据加密的会话秘钥可以通过 SSL 的握手协议来协商。SSL 握手协议用来交换版本号、加密算法、身份认证（可能只有服务器认证）并且产生交换会话密钥。SSL 握手协议主要用来实现在客户端验证服务器证书，允许客户端和服务器选择双方都支持的数据加密算法并且产生会话密钥；在服务器端验证客户（可选），用非对称密钥加密算法与数字摘要安全交换会话密钥，最后建立加密的 SSL 连接等功能。

1．SSL 协议的支付流程

（1）客户端向服务器发送客户端的 SSL 版本号、加密算法设置、随机产生的数据和服务器需要用于与客户端通信的其他数据。

（2）服务器向客户端发送服务器的 SSL 版本号、加密算法设置、随机产生的数据和客户端需要用于与服务器通信的其他数据。另外，服务器还要发送自己的证书和加密公钥，如果客户端正在请求需要认证的信息，那么服务器同时也要请求获得客户端证书。

（3）客户端用服务器发送的信息验证服务器身份。如果认证不成功，客户就将得到一个警告，然后加密数据连接将无法建立。如果成功，则继续下一步。

（4）客户端用 SSL 握手协议产生的数据创建连接所用的前置主密钥，用服务器的公钥加密，然后传送给服务器。

（5）如果服务器也请求客户端验证，那么客户端将对另外一份不同于上次用于建立加密连接使用的数据进行签名。在这种情况下，客户端会把这次产生的加密数据和自己的证书同时传给服务器用来产生前置主密钥。

（6）服务器试图验证客户端身份时，如果客户端不能获得认证，连接将被终止。如果被成功认证，服务器则用自己的私钥加密前置主密钥，然后执行一系列步骤产生主密钥。

（7）服务器和客户端同时产生会话密钥，之后的所有数据传输都用对称密钥加密算法来交流数据。

（8）客户端向服务器发送信息，说明以后的所有信息都将用会话密钥加密。至此，它会传送一个单独的信息标示客户端的握手部分已经宣告结束。

（9）服务器也向客户端发送信息，说明以后的所有信息都将用会话密钥加密。至此，它也会传送一个单独的信息标示服务器端的握手部分已经宣告结束。

（10）SSL 握手过程成功结束，一个 SSL 数据传送过程建立。客户端和服务器开始用会话密钥加解密双方交互的所有数据。

接下来的通信中，SSL 协议采用该密钥来保证数据的保密性和完整性。这就是 SSL 协议提供的安全连接。到此，一个 SSL 协议交易过程结束。

2．SSL 协议提供的基本安全服务

（1）机密性。SSL 客户端和服务器之间通过密码算法与密钥的协商，建立起一个安全通道，加密数据以便隐藏被传送的数据。

（2）完整性。SSL 利用密码算法和 Hash 函数，确保要传输的信息全部到达目的地，可以避免服务器和客户端之间的信息内容受到破坏，维护数据的完整性，确保数据在传输过程中不被改变。

（3）认证性。SSL 要求数字证书持有者在握手时，双方通过相互交换数字证书来验证和保证对方身份的合法性，认证客户和服务器，使得它们能够确信数据将被发送到正确的客户端和

服务器上。

3．SSL 协议的特点和应用

严格来说，SSL 在网络支付中的业务参与方主要涉及两个：一个是支付方的客户端如浏览器等，另一个就是银行的服务器端如 Web 服务器和应用服务器。当然，它也间接地与商家服务器、认证中心有一定关联。

SSL 协议用到对称密钥加密、非对称密钥加密、数字签名和数字证书等安全保障手段，几乎所有操作平台上的 Web 浏览器以及流行的 Web 服务器都支持 SSL 协议。这使得使用 SSL 协议既便宜，开发成本又小，应用简单（无须客户端专门软件），且安全性能相当不错。因此，国内外很多信用卡网络支付、网络银行服务等构建在 SSL 之上。中国的招商银行、工商银行北京分行等信用卡网络支付采用了 SSL 协议机制。许多世界知名企业的互联网和内联网网络产品均支持 SSL 协议，其中包括 Netscape、Microsoft、IBM、Open Market 等公司提供的支持 SSL 的客户机和服务器产品，如 IE 和 Netscape 浏览器、IIS、Domino Go Web Server、Netscape Enterprise Server 和 Apache 等。

SSL 协议的关键是 SSL 握手协议，虽然不能保证其在所有的情况下逻辑上都是正确的，但总的来说，SSL 协议的安全性能是好的，而且随着 SSL 协议的不断改进，更好的加密算法将被采用，逻辑上的缺陷也被弥补，SSL 协议的安全性能也将会不断加强。但 SSL 协议还是存在漏洞，存在一定的信息泄露问题。在网络支付中，为了保护商家、客户等参与方的隐私信息及各方的真实身份，一个更安全的网上交易协议被开发并应用，这就是 SET 协议。

3.8.2　SET 协议

为了克服 SSL 协议的缺点，1996 年 2 月 1 日，Visa 和 MasterCard 等国际信用卡组织会同一些计算机供应商，开发了 SET 协议，并于 1997 年 5 月 31 日正式推出协议的 1.0 版。这是一个为了在互联网上进行在线交易而设立的开放的、以电子货币为基础的电子付款系统规范。SET 在保留对客户信用卡认证的前提下，又增加了对商家身份的认证，这对于需要支付货币的交易来说是至关重要的。由于设计合理，SET 协议得到了 IBM、HP、Microsoft、VeriFone、GTE、Verisign 等许多大公司的支持，已经成为事实上的工业标准。

SET（Secure Electronic Transaction，安全电子交易）协议，是为使银行卡在互联网上安全地进行交易提出的一整套完整的安全解决方案。此方案包括通信协议在内，主要采用数字证书方式，用数字证书证实在网上开展商务活动的确是持卡人本人，以及向持卡人销售商品或服务并且收钱的参与各方，包括持卡人、商家、银行等的安全。

1．SET 协议的支付流程

（1）持卡人浏览并选择商品，填写并发送订单，然后选择 SET 支付方式，激活电子钱包，持卡人向商家发送购买初始化请求。

（2）商家产生初始应答及其数字摘要的数字签名，然后将上述内容与商家证书、网关证书一起发给持卡人，由于初始应答未被加密，因此不应包含机密信息。

（3）持卡人验证商家证书和网关证书，然后用商家证书中的公钥解密数字摘要，并用 Hash

算法重新计算出数字摘要，两者相比较以验证数字签名。接着生成订单信息和支付指令、双重签名；同时生成对称密钥 Key1 来加密支付指令，然后用网关的公钥加密 Key1 和信用卡号以生成支付信封。最后将持卡人证书、支付指令和订单信息密文、支付信封、双重签名以及订单信息和支付指令各自的数字摘要一起发给商家。

（4）商家验证持卡人证书和双重签名。生成授权请求（包含交易 ID 和金额）并进行签名，然后用对称密钥 Key2 加密，再用网关公钥加密形成数字信封。最后将商家证书和数字签名、支付指令密文、双重签名、订单信息摘要以及数字信封等发给支付网关。

（5）网关用私钥打开数字信封，验证商家证书，然后用密钥 Key2 解密商家的支付授权请求，并用 Hash 算法检查支付请求的完整性。接下来，检查持卡人证书，用网关的私钥打开数字信封，得到对称密钥 Key1 并用以解密支付指令。然后验证双重签名，接着检查授权请求中的 ID 与支付指令中的 ID 是否相符。如果合法，则向发卡银行发送授权请求。

（6）网关与银行间的业务在金融专用网上进行，SET 不做规定。网关接到银行的授权指令后，生成授权应答信息并且签名，用 Key3 加密授权应答，用商家的公钥加密 Key3，产生扣款令牌并签名，生成对称密钥 Key4 用来加密扣款令牌，用网关的公钥加密 Key4 生成网关信封。最后将支付应答密文、网关证书、数字信封一起传给商家。

（7）商家收到授权应答后，验证网关证书，打开数字信封得到 Key3，并用 Key3 解密授权应答，接着验证网关对授权应答的签名。保存加密的扣款令牌和网关信封以便于以后的扣款处理。商家生成购物应答并签名，然后将商家证书、购物应答和数字签名一起传送给持卡人。如果交易成功，则通过物流系统向持卡人发货。

（8）持卡人收到购物应答后，验证商家证书及其数字签名，并保存购物应答。当确认消费者收到商品时，商家通过支付网关向收单银行发出获款请求，银行进行划账和清算。

（9）商家产生扣款请求并进行数字签名。产生对称密钥 Key5 用来加密扣款请求，用网关的公钥加密 Key5，然后将商家证书、持卡人证书、加密的扣款请求和扣款令牌、数字信封一起发给网关。

（10）网关收到扣款请求后，验证商家证书，用网关私钥解密 Key4 和 Key5，再用 Key4 和 Key5 分别解密扣款令牌和扣款请求，验证商家对扣款请求的签名，比较扣款令牌和扣款请求。将扣款请求通过金融专用网发往发卡行，生成扣款应答信息并签名，用 Key6 加密扣款应答，再用商家的公钥加密 Key6，最后将加密的扣款应答、商家信封、网关证书与签名一起传给商家。

（11）商家收到来自网关的扣款应答后，验证网关证书，用商家私钥解密 Key6，用 Key6 解密扣款应答，验证网关签名。至此，一个完整的 SET 交易结束。（注：上述交易流程并不是一成不变的。）

在处理过程中，通信协议、请求信息的格式、数据类型的定义等，SET 都有明确的规定。在操作的每一步，消费者、在线商店、支付网关都通过认证中心来验证通信主体的身份，以确保通信的对方不是冒名顶替。所以也可以简单地认为，SET 规范充分发挥了认证中心的作用，以维护在任何开放网络上的电子商务参与者所提供信息的真实性和保密性。

2．SET 协议提供的基本安全服务

（1）机密性。保护有关支付等敏感信息在互联网上的安全传输，保证网上传输的数据不被窃听。

（2）保护隐私。对客户的订单信息和敏感的支付信息（如信用卡号、密码等）将进行隔离。在将包括消费者支付账号信息的订单送到商家时，商家只能看到订货信息，看不到消费者的账户信息；反过来，银行只看到相关支付信息，看不到订货信息。

（3）完整性。SET 应用目前已有的密钥加密算法和产生数字摘要的 Hash 算法，借助数字信封技术，保证传输信息的完整性。

（4）多方认证性。通过客户与商家的相互认证，以确定通信双方的身份，一般由第三方认证中心机构负责为在线的通信双方提供信用担保与认证,对参与其中的支付网关也要进行认证，以防假冒。

（5）标准性。SET 协议机制的参与各方在交易流程中具有严格的标准可循，主要体现在要求软件遵循相同的协议和消息格式、加密算法的应用协商、数字证书信息和对象格式、订货信息和对象格式、认可信息和对象格式、资金划账信息和对象格式、对话实体之间消息的传输协议等。

3．SET 协议的特点和应用

在 SET 协议机制中，具体使用了对称密钥加密、非对称密钥加密、Hash 函数等提供数据加密、数字摘要、数字签名、双重签名、数字信封和数字证书等功能，给包括支付信息在内的信息报文在网络中的传输提供了十分可靠的安全性保证。在互联网上基于 SET 协议的信用卡网络支付涉及多个参与方，有持卡客户、网上商家、支付网关、收单行、发卡行和认证中心等，因此其开销、流程比 SSL 复杂。SET 协议机制制定了严密的安全策略与实施规范，在带来更强安全性的同时，使交易和支付速度变慢，建设成本增加。目前多用在客户装有信用卡的电子钱包的场合。另外，SET 协议保密性好，具有不可否认性，有一套严密的认证体系，可以保证 B to C 等方式的电子商务与相关的网络支付安全顺利地进行。因此，在安全性特别讲究的网络支付中，可选择 SET 协议机制。

SET 协议自发布以来,许多计算机软件开发商纷纷按照 SET 协议进行电子商务软件的开发。到目前为止，已有 IBM、HP/VERIFONE、Microsoft 等近几十家知名厂商开发出符合 SET 协议标准的安全电子商务产品。随着宽带的接入，国内外很多网络支付系统都已采用 SET 协议标准，如中国银行的借记卡网络支付系统和工商银行上海分行的牡丹信用卡电子钱包系统等。总体上说，由于 SET 系统的复杂性与高成本性，应用 SET 系统支持网络支付的银行与商家还是较少。

3.8.3 其他安全协议

1．3D Secure 协议

3D 验证是信用卡公司为客户安全地进行网上购物所提供的一项免费服务。即完成发卡行、收单行和商户之间的网上收单验证系统，以确保交易安全正常地进行。在持卡人进行网上购物时，必须输入个人密码，以避免信用卡被盗用，就如在使用自动柜员机输入密码一样。另外持

卡人登记验证时，需要设定一个个人确认信息。此后，在每次网上付款时，持卡人可核对此个人确认信息以保证使用正确的 3D 验证服务。

2002 年，Visa 国际组织在全世界范围内积极推进新一代的 3D Secure（Three Domain Secure）协议，3D 协议和 SET 协议都被应用于 B2C 模式中，是 PKI 框架下基于可信第三方的开放规范，它们的主要目的是为网上信用卡支付提高强大的安全性，从而提高消费者在网上消费的信心。2003 年 Visa 又发布了 3D Secure 协议的增强版。在国际上，Visa、万事达、JCB 和美国运通都已经加入了这个新的 3D Secure 安全协议平台。从 2005 年 4 月开始，国际上有关条例规定，如果发卡行没有加入这个新的 3D Secure 安全协议平台，而商户已经加入的话，发卡行需要承担这个责任。

2. HTTPS 协议

HTTPS（Secure Hyper Text Transfer Protocol，安全超文本传输协议）由 Netscape 开发并内置于其浏览器中，用于对数据进行压缩和解压操作，并返回网络上传送回的结果。HTTPS 实际上应用了 Netscape 的安全套接层（SSL）作为 HTTP 应用层的子层（HTTPS 使用端口 443，而不是像 HTTP 那样使用端口 80 来和 TCP/IP 进行通信）。SSL 使用 40 位关键字作为 RC4 流加密算法，这对于商业信息的加密是合适的。HTTPS 和 SSL 支持使用 X.509 数字证书，如果需要的话，用户可以确认发送者是谁。

HTTPS 是以安全为目标的 HTTP 通道，简单讲是 HTTP 的安全版。即 HTTP 下加入 SSL 层，HTTPS 的安全基础是 SSL。它是一个 URI Schema（抽象标识符体系），句法类同 http:体系，用于安全的 HTTP 数据传输。https：URL 表明它使用了 HTTP，但 HTTPS 存在不同于 HTTP 的默认端口及一个加密/身份验证层（在 HTTP 与 TCP 之间）。HTTPS 的安全保护依赖浏览器的正确实现及服务器软件、实际加密算法的支持。这个系统的最初研发由 Netscape 公司进行，提供了身份验证与加密通信方法，现在它被广泛用于万维网上安全敏感的通信，如交易支付方面。

3. TLS 协议

TLS（Transport Layer Security，传输层安全）协议是在互联网上提供保密安全信道的加密协议，为诸如网站、电子邮件、网上传真等数据传输进行保密。SSL 3.0 和 TLS 1.0 有些差别，但两种规范其实大致相同。TLS 协议包括两个协议组：TLS 记录协议和 TLS 握手协议。TLS 记录协议是一种分层协议，每一层中的信息可能包含长度、描述和内容等字段。记录协议支持信息传输、将数据分段到可处理块、压缩数据、应用 MAC、加密及传输结果等。对接收到的数据进行解密、校验、解压缩、重组等，然后将它们传送到高层客户机。TLS 记录层从高层接收任意大小无空块的连续数据。TLS 握手协议由三个子协议组构成，允许对等双方在记录层的安全参数上达成一致、自我认证、例示协商安全参数、互相报告出错条件。

TLS 的最大优势在于 TLS 是独立于应用协议的。高层协议可以透明地分布在 TLS 协议上面。然而，TLS 标准并没有规定应用程序如何在 TLS 上增加安全性；它把如何启动 TLS 握手协议及如何解释交换的认证证书的决定权留给协议的设计者和实施者来判断。

扩展阅读 下一代防火墙方兴未艾 边界安全除旧布新

网络边界是一切信息系统进行业务交互的大门，保护网络边界安全的防火墙产品，常被形象地称为网络安全的"第一道防线"。随着互联网的广泛应用及电子商务的迅速发展，网络安全也越来越受到政府、企业及用户的重视。由于第一代防火墙已基本无法探测到僵尸网络、恶意软件、病毒等利用正常应用流量作为传输方法的威胁，下一代防火墙于 2009 年应运而生并保持着稳定快速增长。

近日，全球著名的企业增长咨询公司 Frost & Sullivan 首次就下一代防火墙市场增长情况进行分析调研并评选出"2014 中国区下一代防火墙市场增长领导奖"，国内最早推出下一代防火墙的网康科技凭借杰出的市场表现斩获此项殊荣。

1. 下一代防火墙成厂商新宠

Frost & Sullivan 报告显示，2013 年，中国下一代防火墙市场规模超 11 亿元人民币，同比增长 16.77%。随着其应用逐步铺开，预计未来 3 年市场规模将以稳定的速度增长，到 2016 年预计达到 17 亿元人民币（见图 3-8）。

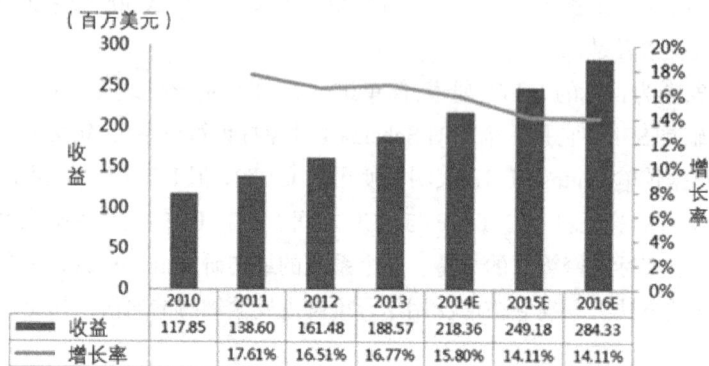

（百万美元）	2010	2011	2012	2013	2014E	2015E	2016E
收益	117.85	138.60	161.48	188.57	218.36	249.18	284.33
增长率		17.61%	16.51%	16.77%	15.80%	14.11%	14.11%

图 3-8 中国下一代防火墙市场状况及预测

（资料来源：Frost & Sullivan）

业内专家指出，随着信息安全被提升至国家战略高度，近两年国内安全厂商正加紧产品布局，积极迎接本土信息安全产业发展热潮。在众多网络安全提供商中，几乎所有的传统防火墙（Firewall）、统一威胁管理（UTM）厂商正纷纷高举"下一代"大旗，将主打产品转向下一代防火墙。

著名分析机构 Gartner 在 2014 年 4 月发布的《企业级防火墙魔力象限报告》中指出，防火墙市场领导厂商均已将"下一代"安全防护能力集成入各自的产品中，试图以此保持并扩大对同类产品的竞争优势。

据媒体报道，2012 年以来，网康、绿盟、启明星辰、山石、华为、网神等国内安全厂商均发布了各自的下一代防火墙产品，截至目前国内主流安全厂商已全部进入该领域，市场竞争愈发激烈。

据悉，下一代防火墙市场在国外的起步则更早，2009 年 Gartner 正式提出下一代防火墙定义之前，业界知名公司 Palo Alto Networks 便已发布了全球第一款下一代防火墙产品，并凭借优异的市场表现成功登陆资本市场，为广大传统防火墙厂商紧随产品更替潮流注入了强心针。

业内专家纷纷表示，下一代防火墙引发的边界安全技术升级热潮还将逐步深入，由于下一代防火墙融合了病毒防护、入侵防御、VPN 等高级防火墙功能，具备一体化的安全防护和复杂环境组网能力，有助于提升用户安全防御水平并降低管理成本，在未来必将逐渐吞噬传统防火墙、独立的入侵防御系统、VPN 甚至 URL 过滤等安全硬件产品的市场份额。

2. 安全升级促下一代渐成刚需

"一个市场的爆发，绝不会是厂商的单方面作用，用户的需求是刺激市场增长的主因"，网康科技产品市场经理熊瑛表示，就目前所了解到的防火墙采购项目中，将应用识别与控制、全网可视化、入侵防御、病毒防护、高性能等下一代防火墙提供的功能项作为"硬指标"的用户，已占到 90% 以上，甚至不乏一些行业用户在发布招标文件时，已将拟采购产品的品类明确为"下一代防火墙"、"应用层防火墙"或"新一代防火墙"等。

Frost & Sullivan 分析师认为，随着安全需求升级，用户一定会对边界安全提出越来越深入、细致的需求，而这些新需求必定需要采用以下一代防火墙为代表的创新技术产品实现。

随着国家建设网络强国战略及相关政策的出台，信息安全已在国内受到空前重视。对比过往，如今重视信息安全，以科学的方法保障信息安全的机构和企业越来越多，政府、运营商、能源、教育等行业用户的安全建设已不再单纯地将满足合规性要求作为唯一标准。

Frost & Sullivan 研究数据表明，从垂直行业应用规模来看，政府机构、运营商、能源和教育领域目前是中国下一代防火墙最主要的用户来源，分别占到 37.6%、15.8%、10.4% 和 9.2% 的比重（见图 3-9），主要是由于行业特性决定了用户对于数据及网络安全的要求更高，同时大型企业相对集中，会对 IT 系统和安全设备有更大的投入。Frost & Sullivan 分析师同时指出，随着信息化的发展和用户对网络安全的重视，未来下一代防火墙产品将会在诸如医疗、金融等行业持续渗透，这些应用领域的占比也会随之提升，并成为下一代防火墙产品新的市场需求来源。

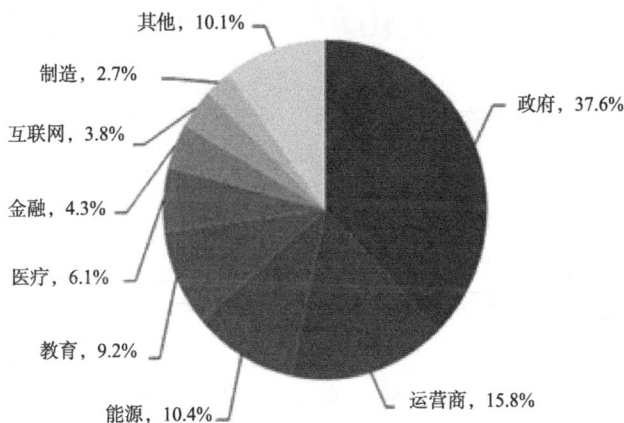

图 3-9　下一代防火墙应用行业渗透情况统计

（资料来源：Frost & Sullivan）

3. 专家观点：下一代防火墙升级建议

对于下一代防火墙的选择，网康科技产品专家建议，"防火墙产品部署位置关键，对网络联通性、应用交付质量均会有较大影响，其自身的稳定性和性能尤为重要，尤其是下一代防火墙定位应用层深度检测，较传统防火墙性能开销要高出很多，用户在选择下一代防火墙时应注意安全功能全开启后的性能表现。此外，应用识别和威胁检测的能力直接影响到设备应对应用层威胁的有效性，这些同样是下一代防火墙应具备的基本能力"。

还有专家指出，随着互联网思维的日益深入，传统IT产品已经进入体验为王的时代，对于安全产品亦是如此，其颠覆意义并不亚于技术的演进。技术创新可以帮助用户解决更多安全问题，使安全产品更加"有用"，但对于用户而言，一款好的产品还应解决"好用"的问题，尤其是对于安全防护类产品，日常操作的便捷、智能程度将直接影响到用户安全管理的效率，甚至关乎安全管理工作是否能够切实落地。

当然，网络安全在当今仍然属于技术门槛较高的领域，未来的安全将是高度依赖于专业服务的一种产品形态，通过服务能够在空间维度上将厂商与用户真正连接起来，并在时间维度上帮助用户更迅速地跟上威胁形式的新变化，厂商是否具备健全的产品销售和技术服务渠道体系显得尤为重要。

"总体而言，从市场表现和用户需求两方面来看，市场已经向下一代防火墙释放出强烈的需求信号，边界安全设备除旧布新的大潮已至。用户在选择下一代防火墙时应重点关注其产品品质、用户口碑以及服务交付。对于安全厂商而言，这些同样是其产品迅速赢得市场并保持快步增长的核心条件，我们正是基于这些方面的考量，最终决定将本次大奖授予网康。" Frost & Sullivan分析师说。

（资料来源：泡泡网，2014年7月31日 15:26，http://www.pcpop.com/doc/1/1028/1028567.shtml）

■自测题

一、关键概念

防火墙　对称加密　非对称加密　数字信封　数字摘要　数字签名　双重签名　数字证书
CA　SSL　SET　TLS

二、判断题

1．SSL 比 SET 更安全。（　　　）

2．运行安全是指为保障系统功能的安全实现，提供一套安全措施来保护信息处理过程的安全。（　　　）

3．使用密码机制对文件进行加密解决了信息的完整性问题。（　　　）

4．SSL 协议机制是一种具有较高效率、较低成本、比较安全的网上信息交互机制，它大量应用于网络支付的实践中。（　　　）

5．使用 SET 协议进行信用卡支付需要在客户端安装客户端软件。（　　　）

三、单选题

1. 电子商务系统安全不包括（　　　）。

A. 实体安全　　　　　　　　　　　B. 运行安全

C. 信息安全　　　　　　　　　　　D. 风险安全

2. 支付网关通过采用（　　　），可以确保网络交易的安全性。

A. Hash 算法　　　　　　　　　　B. SSL 协议

C. RSA 公共密钥加密和 SET 协议　　D. 私有密钥

3. （　　　）是指交易过程中必须保证信息不被泄露。

A. 完整性　　　　　　　　　　　　B. 保密性

C. 可靠性　　　　　　　　　　　　D. 不可抵赖性

4. 数字信封是用（　　　）来保证只有规定的特定收信人才能阅读信的内容。

A. 防火墙技术　　B. 加密技术　　C. 入侵检测技术　　D. 安全协议

5. （　　　）不是信息的安全问题。

A. 冒名偷窃　　B. 篡改数据　　C. 信息丢失　　D. 信息传递

四、多选题

1. 银行使用支付网关可以实现（　　　）功能。

A. 配置和安装互联网支付能力

B. 避免对现有主机系统的修改

C. 采用直观的用户图形接口进行系统管理

D. 通过采用 SET 协议，确保网络交易的安全性和数据的完整性

2. 从整体上看，电子商务安全的主要内容包括（　　　）等几大类。

A. 人员管理安全　　　　　　　　　B. 计算机系统与网络通信安全

C. 交易的安全　　　　　　　　　　D. EDI 的安全

3. 网络支付安全策略必须包含对安全问题的多方面考虑因素。安全策略一般要包含（　　　）等内容。

A. 认证　　　　　B. 访问控制　　　C. 保密　　　　　D. 数据完整性

4. 防火墙的主要功能包括（　　　）等。

A. 保护数据的完整性　　　　　　　B. 保护网络的有效性

C. 保护数据的可靠性　　　　　　　D. 保护数据的机密性

五、简答题

1. 网络支付的安全需求有哪些？

2. 对称密钥加密和非对称密钥加密各有什么优缺点？

3. 网络支付的安全隐患有哪些？

4. 防火墙有几种类型？简述防火墙的优缺点。

5. 对比 SSL 与 SET 协议的优缺点。

第4章 电子银行与电子货币

本章导读

电子货币的出现与发展，体现了近年来国际上或国家金融的电子化与信息化进程。不管是金融电子化、电子货币还是网络支付，都离不开银行的参与，准确地说，都需要银行的电子化与信息化建设来支撑。银行电子化与信息化建设的结果，直接导致了电子银行和网络银行的出现。到 2009 年，中国各大商业银行都已经建立了较为完善的电子银行体系，并积极拓展网络银行服务，促进电子货币的应用创新。

本章学习要求

- ◉ 了解电子银行的基本概念、产生和发展；
- ◉ 了解电子银行的综合业务服务的体系结构；
- ◉ 了解我国银行电子化的进程与现状；
- ◉ 熟悉自助银行系统、电话银行、电视银行和金融 Call Center；
- ◉ 了解电子货币的产生和发展；
- ◉ 掌握电子货币的定义和分类；
- ◉ 了解电子货币的发展现状；
- ◉ 了解电子货币对金融业的影响。

引导案例 建行个人网银助民生服务之路全面提速

中国建设银行作为国有大型商业银行，始终把服务民生作为重要工作，建行个人网络银行服务亿万用户，历来受到建行高度重视。通过长期探索与实践，建行打造了服务覆盖全面、专业特色鲜明、社会责任凸显、安全保障有力的个人网络银行平台。借互联网之力，建行个人网银铺就的民生服务之路得以全面提速。

1. 全面服务细致贴心

建行个人网络银行为客户提供了包括账户管理、缴费支付、个人贷款等在内的民生服务，覆盖了百姓生活的方方面面。无论是账户查询、缴费，还是转账汇款、个人贷款，乃至挂号就医与查询公积金等业务，都可以通过个人网银实现。客户足不出户，即可轻松享受 7×24 小时的全天候专业金融服务。

以账户查询为例，通过建行个人网银，客户不仅可以查询账户余额、明细、消费积分，还能享受社保、企业年金、电子工资单、VIP 对账单等多种类信息查询服务。可查询的账户包括龙卡通账户、理财卡账户、财富卡、私人银行卡账户、定期一本通账户、活期一本通账户、信用卡账户、公积金账户、贷款账户、社保账户等，在信息种类与账户类型上实现了全覆盖。

而在缴费方面，客户可通过个人网银缴纳包括全国话费充值、中国移动易充值、水电煤气费、报名教育费、公共事业费、交通税收费、金融保险费、旅游票证费、商品购物费、通信服务费、物业管理费等在内的多种日常生活费用，并轻松查询缴费记录。其中的"中国移动易充值"提供中国移动手机号码充值缴费代扣功能。对于需要定期缴费的项目，客户可通过自定义"快速付费"避免重复设置，实现快速缴费，还可通过"预约缴费"实现定期自动缴费。对于多笔费用，客户也可"批量缴费"一次缴纳。

为满足客户日益增长的网络购物需求，建行在个人网银支付的基础上，率先推出了通过短信验证的账号支付及客户授权支付产品快捷付，并实现了跨行支付。依靠良好的客户体验，建行在支付宝、12306铁路客户服务中心等大型商户支付量居同业首位。

2．特色服务体现专业

作为传统金融行业的核心，专业性成为商业银行在互联网金融时代核心竞争力的体现，这一点也充分体现在建行个人网银提供的特色服务中。基于自身在金融服务方面的专业优势，充分利用互联网的技术优势，建行个人网银为客户提供了贴心的专业服务。

以个人贷款业务为例，在利用互联网技术优化查询、还款、贷款维护等传统服务的基础之上，建行个人网银还为客户提供商业贷款、公积金贷款及组合贷款的等额本金还款法、等额本息还款法的试算和比较服务。客户可根据试算结果结合自身情况选择合适的还款方式。上述服务针对广大客户急需的服务需求，专业而贴心，深受客户欢迎。

在医疗供需失衡的今天，共建和谐的医患关系，成为民生问题的焦点。建行个人网银为此推出了旨在简化患者就诊环节、减少等候时间、提高支付结算效率从而改善就诊体验的"银医服务"。

个人网银银医服务包括银医服务管理、预约挂号、查询预约、撤销预约、查询医疗报告等功能。建行个人网银签约客户可通过个人网银进入预约挂号流程，还可对挂号结果进行查询和撤销。银医服务还支持由医院提供的医疗报告详细信息查询以及下载等功能。

银医服务推出后，迅速在全国铺开。截至2014年6月底，建行个人网银银医服务已经接入全国15个省市的77家医院，其中包括中国人民解放军总医院（301医院）、协和医院等三甲医院。通过这项服务，建行个人网银在患者与医院之间架设了一座沟通的桥梁，此举为切实解决民生问题做出了一份贡献，也显现出建行作为国有银行所怀有的社会责任感。

3．多重保障安全放心

互联网技术的应用在促进金融服务渠道多元化的同时，也面临着安全的挑战。建行高度重视网络安全，针对当前日益严峻的安全形势，建行大力建设电子银行业务风险监控平台，通过及时升级网银盾、建立专业的全天候风控体系等手段，紧抓事前防范、事中监控、事后处理等各个环节，确保客户资金安全，提升客户满意度，有效增强了建行电子银行的核心竞争力，为电子银行服务民生提供更加可靠的安全保障。

（资料来源：中国建设银行个人电子银行，2015 年 9 月，http://ebank.ccb.com/cn/ebank/personal/news/newslist_1.html）

随着经济的发展，金融业已经成为一个国家的经济命脉，而金融业又以银行为主体。因此，国民经济的持续高速发展迫切要求银行业加快信息化进程。在国民经济整体信息化的进程中，银行电子化是其中的关键。因为只有银行业实现电子化，才能够为其他行业的生产和交换提供高效的支付手段，才可能有商业与服务业的真正信息化和现代化，才能够促进社会生活方式的进步。

实践表明，银行电子化大大促进了银行生产力的提高，拓宽了服务领域，提高了服务质量，同时还降低了服务成本，从而有利于行业竞争。随着电子化的进一步发展，银行已经不仅仅局限于使用电子化进程来辅助数据处理和工作流，银行更加希望将电子化带来的便利应用于各项金融服务。因此，银行计算机系统的应用还进一步渗透到银行业的相关管理和服务方面。

电子银行方面，本章首先介绍了电子银行的基本概念、产生和发展，并讲解了电子银行综合业务服务的体系结构，接着对银行电子化进行了概述，最后介绍了自助银行系统、电话银行、电视银行和金融 Call Center。电子货币方面，本章首先介绍了电子货币的概念，在此基础上对电子货币的产生和发展、分类、电子货币发展中的一些问题、电子货币的发展现状做了较详细的叙述，接着以中国建设银行的"龙卡系列"电子货币产品应用实例，以帮助读者对电子货币有一个整体了解，最后分析了电子货币对金融业的影响。

4.1　电子银行

随着银行电子化的发展，从 20 世纪 80 年代起发达国家中各银行建立的专用电子资金转账（EFT）系统已经开始相互连接与集成，成为地区性或全国性的金融共享网络，使得跨行、跨区域的电子支付与结算成为可能。银行的电子化不仅实现了相关业务的电子化，而且还实现了银行经营、管理与决策的全面电子化，并拓展了多种新颖的电子联网服务，如自动柜员机、POS、电话银行等，这就进入了电子银行时代，它是商业银行业务发展中的第二次飞跃。

4.1.1　电子银行的基本概念

电子银行（E-Bank）是商业银行将银行业务与电子化手段相结合，依托计算机、通信和信息技术，通过自助银行、电话银行、企业银行、网上银行等电子渠道为客户提供各种金融信息、金融交易及其衍生服务的业务经营渠道和相关产品的总称。它利用互联网及内联网技术，依托前台业务系统，为客户提供实时、全空间和全能的金融服务，人们可以利用电子和网络技术办理各种金融业务。

可以说，电子银行从根本上改变了传统银行的业务模式、管理模式和管理旧体制，建立了以信息为基础的自动化业务处理和客户关系管理为核心的科学管理新模式。电子银行用电子货币方式取代传统的现金交易和手工凭证的传递与交换，大大加快资金周转速度。以银行为主的金融业从单一的信用中介部门，发展成为一个全开放的、全天候的和多功能的现代化金融体系。可以说，现代的金融业是集金融交易服务和金融信息增值服务为一身的金融"超级市场"。银行的业务重点，从单纯的存、贷款和资金调拨，转向既提供金融交易服务也提供金融信息增值服务。银行的收入结构也因此发生根本性变化。

4.1.2　电子银行的产生和发展

电子银行是银行电子化发展到一定阶段，形成一个比较成熟的电子处理体系后，为了满足进一步的方便快捷的货币流动需求而产生的。

在基于电子支付结算的银行电子化初期，不少 EFT 系统是世界上各大银行自行开发和使用的专有金融系统，中小银行则受到资金和人才的限制，只能走联合开发共享的 EFT 系统的策略。在 EFT 系统发展的过程中，20 世纪 80 年代中期以前，各 EFT 系统面向单个银行产品进行开发和推广应用，它们之间是相互独立的。由于各个 EFT 系统在做资金转账过程中，都要进行财务处理。为了能为客户提供更好的服务，从 20 世纪 80 年代中期开始，工业化发达国家的许多 EFT 网络，逐步互联成各种地区性、全国性的庞大的金融共享网，即将这些银行的各种 EFT 系统进行集成，使各个 EFT 系统共用一个账务系统，促使各种 EFT 系统进行联动处理，银行因而能为客户提供综合业务服务，大大方便了客户。此外，银行能从统一的财务处理系统中掌握客户全部的业务活动，为银行提供信息增值服务打下了重要的基础。这个阶段主要实现各个银行以 EFT 为基础的电子化业务处理系统的互联互通、综合集成，使银行跨行、跨区域地能为客户提供方便快捷的基础金融业务，包括支付与结算业务在内。20 世纪 80 年代后期至 90 年代初期，银行业积极采用 IT，在以前银行电子化基础上推出综合金融业务服务，逐步建立起"以客户为中心"的管理体系和科学的金融监控体系。在这种背景下，银行的金融服务内容、形式与管理体系均有一个飞跃，表现为银行不仅实现电子化，还实现信息化；不仅使银行的基本业务处理如支付结算、存取款等实现电子化的自助处理，银行还能对客户提供诸如投资咨询、个人理财等金融信息增值服务，并使银行的经营管理和安全监控实现数字化和现代化。于是，银行 EFT 系统逐步发展成电子银行系统，银行也从手工操作的传统银行逐步发展成高度自动化和现代化的电子银行。

4.1.3　电子银行金融综合业务服务的体系结构

为保证金融业务的良好运行，现代电子银行体系里，必须包含三类系统，分别为：建立在联机的集中式（或分布式）业务数据库上的金融综合业务服务系统；建立在数据仓库上的以 IT 为核心技术的金融增值信息服务系统；金融安全监控与预警系统。其中，金融综合业务服务系统是银行对各类客户提供包括支付结算服务在内的各种传统金融业务的系统，是其他两类系统的基础，是电子银行的主要组成部分之一，也是目前国内商业银行正在建设完善的内容。

金融综合业务服务系统除向客户提供传统的金融业务服务如支付结算外，还提供新的自助银行劳务服务，如自动柜员机，自助银行终端等金融综合业务服务系统的推广应用，极大加强了银行的信用中介作用。不同的国家，根据经济规模、经济发展水平及公民文化素质等诸多不同，可以采用不同的综合业务服务系统体系架构。图 4-1 是目前国际银行业普遍采用的一种典型的电子银行金融综合业务服务系统的体系结构，可为中国的银行目前正进行的电子化建设提供很好的借鉴作用。

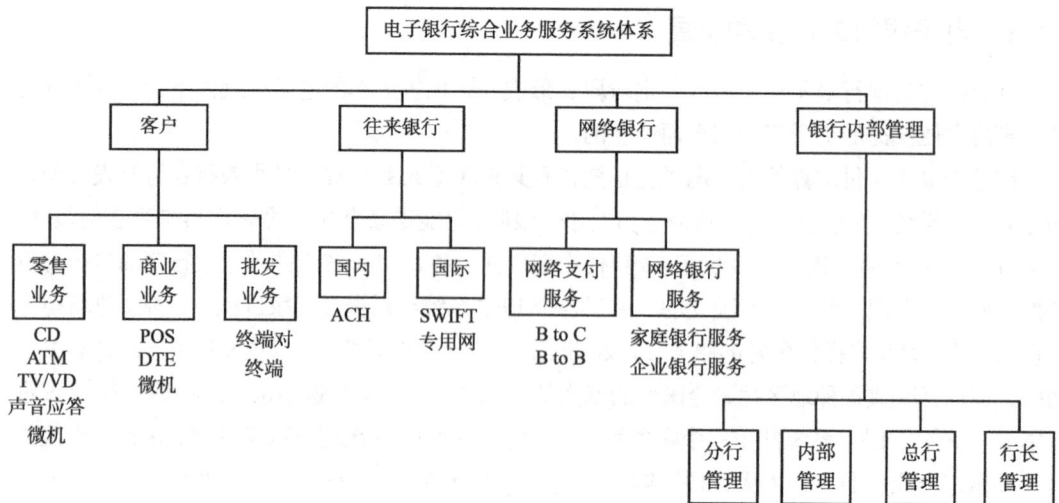

图 4-1　电子银行金融综合业务服务系统的体系结构

1．面向客户的业务系统

面向客户的业务系统负责银行的传统业务开展，又可细分为零售业务系统、商业业务系统和批发业务系统。

（1）零售业务系统包括联机柜员系统、自动取款机（CD）/自动柜员机（ATM）系统和家庭银行系统。银行大众可到银行柜台通过联机柜员系统进行金融交易，也可通过街头的 CD 和 ATM 系统进行存取款和转账交易，也可以在家里或办公室用电话和微机通过家庭银行系统进行金融交易。例如，大学校园内的 ATM 系统。

（2）商业业务系统主要表现为销售点电子资金转账（EFT-POS）系统。消费者在特约商店和其他消费场所的消费和购物，可以通过系统中的 POS 终端、数据终端或微机等设备，在销售点处实现电子转账，完成商务的支付与结算。例如，商场内的 POS 终端。

（3）批发业务系统主要是指有较大资金业务的企事业单位与银行联机的企业银行系统，相当于银行在企业的财务办公室里专门设置了银行办事处。企事业单位通过专门的财务联网终端方式或企业的财务服务器与银行主机联机的方式进行金融交易业务处理，完成资金的转账及查询业务。例如，工商银行北京分行新街口分理处在北交大思源主楼的财务处办公室设置了专门的财务业务处理终端。

2．面向往来银行的业务系统

该系统完成国内银行之间的金融交易，如结算业务。这个子系统主要通过自动清算所（ACH）系统和各种国内电子汇兑系统完成，同国外往来银行的金融交易则通过 SWIFT 专用网或其他专用金融网络进行。

3．网络银行系统

这是 20 世纪 90 年代中期基于互联网的普及应用才逐渐开始发展起来的网上金融交易服务系统，主要包括为电子商务提供的网络支付服务和为广大客户提供的网络银行服务，当然有的网络银行服务中也包括网络支付服务。网络支付服务主要包含 B2C 和 B2B 两类支付服务。网络银行服务主要通过互联网为客户提供家庭银行（或个人网络银行）服务和企业银行服务。

4．银行内部管理系统

银行内部管理系统主要包括行长管理系统、总行管理系统、内部管理系统和分行管理系统等。设置这部分的目的是，伴随银行业务处理的电子化与信息化进程，银行的业务领域与开展规模日益庞大、复杂，这必须由高效的、科学的、现代化的银行内部管理系统来保证银行各项业务的顺利、安全、可靠运转。因此，银行内部管理系统也是现代电子银行的重要组成部分。

4.1.4　银行电子化

银行电子化的发展基本上是紧跟计算机技术的发展而发展的，金融业是世界上除了军事部门之外应用计算机的第二大户。这首先体现在它是使用高性能计算机的最早客户，其次它也是计算机拥有量的大户。从应用领域来看，银行信息化几乎覆盖了银行业经营、管理的所有应用以及部分决策支持及金融产品的创新功能。

1．银行电子化的发展

银行电子化经历了以下四个发展阶段。

（1）银行的传统业务处理实现电子化。银行的传统业务一般是吸收存款、发放贷款、办理汇款结算等，这些交易处理是最平常也是量大面广的银行传统业务操作。这些日常银行业务主要是在分理处和储蓄所里进行。在银行电子化过程中，这些交易领域最早采用 C&C 技术实现数据通信，从而建立柜员联机电子系统，将银行包括对私人客户、公司客户和往来银行的交易电子化处理。

（2）提供自助银行服务。20 世纪 80 年代中后期，在国内不同银行之间的网络化金融服务系统基础上，形成了不同国家之间、不同银行之间的电子信息网络，进而形成了全球金融通信网络；并在此基础上出现了各种新型的电子网络服务，如自助方式为主的在线银行服务（PC 银行）、自动柜员机系统、销售终端系统等。

（3）提供信息增值服务。银行服务不仅包括金融业务服务，也包括金融信息服务。最丰富、最快捷的信息意味着最高的效率和最大的收益。因此，银行除了向客户提供传统的金融交易服务，以及前述新的自助银行劳务服务之外，电子化银行还能够借助信息技术，从各种金融交易数据中提取有用的信息，将信息转化成知识，再将知识转化为竞争优势，向各类客户提供具有高附加值的金融信息增值服务（如咨询投资、代客理财、用于各种辅助决策支持的信息咨询等）。与此同时，银行在提供电子支付服务的基础上，利用 IT 将经营管理过程数字化，建立各种经营管理系统，实现经营管理信息化和决策科学化。

（4）提供网络银行服务。伴随着互联网技术在经济领域的全面渗透，银行业也悄然兴起一场革命，经历从传统银行到电子化银行到网络银行的转变。从 20 世纪 90 年代中期开始，随着互联网和其他数据网络的爆炸性增长引发了全球性的商务革命与经营革命。电子商务是信息网络时代的必然趋势，它涵盖企业、商家、金融与政府有关部门和网络服务商，涉及面非常广。每个电子交易都要经过资金的支付与结算才能完成，因此，作为资金流负载者，银行的参与就至关重要了。所以，随着互联网的发展，网络银行服务就蓬勃发展起来。

在网络银行的世界里，银行的规模将不再以分行数、网点数和人员数来衡量，互联网的发展将会改变全球银行的排行榜，迟迟未能投入网络银行服务的银行将面临被迫出局的危险。

2. 银行电子化的意义

银行电子化是银行业具有革命性意义的创举，银行业将可以充分运用电子信息技术所提供的巨大生产力。将计算机技术和网络技术应用于银行的经营与管理之中，不但可以提高业务处理和资金周转的效率，而且还可以延伸银行的网点与柜台，创造新的金融品种，降低营运成本，提高自身的竞争能力。

中国的银行电子化建设将以中国国家现代化支付系统建设为中心，以建立全面共享的金融网络为重点，全面实现商业银行业务处理电子化、支付系统现代化、信息系统网络化、管理决策科学化的目标。银行实现电子化后，使银行逐渐从单一的信用中介部门（支付结算），发展成为多功能、全方位、全天候的金融服务体系，有力地推动电子商务的发展、国民经济的发展与信息化进程。

（1）使商业银行的业务发展实现三次飞跃。第一次飞跃，是使银行的手工操作实现电子化，并推出自助银行服务。这样就大大提高了银行的工作效率，强化了银行的信用中介作用。进入20世纪90年代之后，包括我国在内的许多国家纷纷建立无人银行。这些面向大街、有显著银行标志的无人银行设备完善，有信息查询机、ATM、存折打印机、自动存款机、外币兑换机和其他各种专用自助终端机，可以办理存取款、付账、转账、外币兑换、信息查询等所有传统银行业务。每台机器均有功能讲解，可为客户提供全天候服务。第二次飞跃，是使传统银行发展成电子银行。银行实现电子化后，在金融综合业务服务基础上，将银行的电子化与IT结合，有力推动了银行的信息化建设；同时又建立金融信息增值服务体系，开始为客户提供金融信息增值服务。该体系内包含的主要信息服务系统有客户信息与服务系统、信贷经营管理系统、帮助客户（特别是企业客户）理财的智能系统、金融企业内部管理信息系统、智能化的银行决策支持系统、金融监控与预警系统等。第三次飞跃，是使实体银行向虚拟的网络银行发展。电子商务和网络银行服务的发展使电子银行向更高层次的虚拟银行发展，从而使银行电子化和信息化建设又一次进入全新的发展时期。虚拟的网络银行无须设立分支机构，就可以将自己的银行业务服务推向全国以至全球。虚拟的网络银行产品是以最大化满足客户需求的个性化产品和信息增值服务为特色。

（2）增强中央银行的宏观调控作用。中央银行只有通过电子支付系统，才能实时掌握整个社会纷繁变化的资金运用状况和经济运行状况，并据此采取有效的宏观调控措施。中央银行还可以通过与各商业银行之间的电子支付与结算活动及时有效地控制信贷规模、监督商业银行的金融活动、办理政府财政业务、控制国家货币的发行和资金的储备，以加强中央银行的宏观调控作用，稳定货币，促进国民经济的持续、稳定、协调发展。如果中央银行不能及时、准确地掌握和处理全国的经济金融信息，就不能保证中央银行货币政策的科学性、正确可靠性和及时有效性，也难以实施有效的金融监管和高效的支付清算功能。因此，实现银行电子化和不断提高银行的信息水平，是包括我国在内的各国银行业推进银行体制改革、发展银行业的战略任务。

（3）促进国民经济的发展和信息化建设。我国国民经济持续高速度发展及电子商务的发展，迫切需要用 IT 改造传统产业，要求加快国民经济信息化进程，使国民经济实现跨越式发展。现代化的电子支付系统，是国民经济大动脉中的一个关键系统。只有银行实现电子化和信息化，才能够为整个社会的商品生产、流通和消费过程提供高效的支付手段；才能够推进商业和服务业的现代化；才能够减少社会的现金和纸质票据的流通量，加速企业的资金周转速度和资金利用率；才能够有效地推进国民经济的信息化水平，实现社会的合理资源配置和宏观经济调控，促进国民经济高效、安全、健康的发展。因此，银行的信息化是国民经济信息化的基础和必要先决条件。

4.1.5 自助银行

自助银行，又称"无人银行"，是一种由金融机构提供给客户自行操作的无人值守的营业网点，有效地集成了银行柜台提供的大部分功能，如存款、转账、账务信息查询等。它可以提供除新开户、销户、冻结账户等功能外几乎所有的银行柜台业务，是一个比较完善的银行零售业务系统，可以为客户提供全方位的理财服务。

它采用客户自己操作的方式，一方面可以充分尊重客户的意愿，提供优质的"距离式"服务，有效地提高服务品质；另一方面也有效把柜员从附加值低的机械劳动中解放出来，提高工作效率。自助银行是一种提高服务质量、增强窗体顶端窗体底端竞争力、提高客户的满意度、降低运营成本、提高银行形象非常好的解决方案。

随着银行努力降低各项营运成本，提高银行现代化水平，为客户提供快捷方便的服务，同时提高银行的影响力，银行需要越来越多的自助设备。银行自助设备可以给银行带来以下好处：

（1）增加营业灵活性。银行可根据业务需求灵活配置到车站、码头、商业繁华地段，保持24 小时营业，有很强的灵活性和可伸缩性，同各大银行营业网点的调整需求一致。

（2）显著降低营运成本。自助设备对营业场所要求不大，银行可以显著降低网点房产购置、租赁支出。客户面对设备就能完成各种金融交易（存、取款及各种中间业务），自助设备更可以显著降低人力成本支出。

（3）服务方式向集约、内涵型转变。当金融改革向深入发展时，随着高、新技术发展，银行已从依靠铺设网点，增加人员等粗放型、外沿型发展方式，向提高服务质量和服务手段、服务水平的集约型、内涵型方式转变。

正是银行主观上要求采用新技术提高服务的安全性和服务质量，而 ATM 日益普及，功能不断完善的形势下，自助银行作为一种新颖、高效的服务方式和概念成为银行关注的热点。自助银行也成为商业银行现代化水平的重要标志之一，树立了银行现代化形象。

4.1.6 电话银行

电话银行是近年来国内外日益兴起的一种高新技术，它是实现银行现代化经营与管理的基础，它通过电话这种现代化的通信工具把用户与银行紧密相连，使用户不必去银行，无论何时何地，只要通过拨通电话银行的电话号码，就能够得到电话银行提供的其他服务（往来交易查询、申请技术、利率查询等），当银行安装这种系统以后，可使银行提高服务质量，增加客户，为银行带来更好的经济效益。各家商业银行都能够开通电话银行，需到网点办理借记卡，在柜台申请开通电话银行。电话银行服务的密码由六位不全为零的阿拉伯数字组成，由用户自己设定，并可随时通过电话银行服务对自己的密码进行更改。

电话银行具有以下服务特点：

（1）操作简单，自动化管理，不需要人工干预。

（2）安全性高，系统内配有多级用户验证，保证客户银行信息安全。

（3）可实时查询，实现银行 24 小时服务。

（4）银行内线与外线任意配置。

（5）可配置传真接口。

（6）可实现强行拨号，而无须等待提示语音结束。

（7）线路的接口应该符合信息产业部的入网标准。

4.1.7　金融 Call Center

呼叫中心（Call Center，客户服务中心），是一种基于 CTI 技术，充分利用邮电部门有线通信网和计算机互联网络的多项功能集成，与企业连为一体的一个完整的综合信息服务系统，它通过电话系统，连接到某个信息数据库，并由计算机语音自动应答设备或人工坐席将用户要检索的信息传递给用户，使企业的业务系统最大限度地与用户建立联系，共享用户的需求等信息资源，从而能够最大限度地为用户服务。

Call Center 系统由若干成员组成，这些成员包括普通的人工坐席员和一些自动语音设备、语音信箱等。这些成员通过网络实现相互间的通信，不仅共享网络上的资源，并且实现与业务系统及办公自动化系统的互联。用户拨打服务电话后，通过语音的导引，转到某一个人工坐席员上，这个人工坐席员的显示屏上将会显示这个用户的所有资料，以及系统为这个用户的所有服务记录。这样，当坐席员为用户服务时，将会根据已经了解的用户资料，为用户定制服务，用户会倍感亲切。

将网络银行与呼叫中心整合在一起，可实现跨平台多种交易形式的全方位金融电子化服务；可方便进行网上交易资金的实时划转交割，还可向用户提供实时查询、财务管理、代理收费、银证转账等多项金融服务，实现用户与银行之间的互动服务。

总的来说，金融 Call Center 主要有以下表现形式。

1．银行业 Call Center

银行 Call Center 解决方案，可以实现 Call Center 与网络金融服务的集成，将极大地改变电子金融行业务运作体系和结构。用户电话、手机、短信 IP 电话、文本交互、E-mail、传真等一切互联网手段和功能，寻求自己需要的金融服务。

2．证券业 Call Center

证券业 Call Center 解决方案，集先进的网络通信技术和 CTI 技术为一体，通过多种通信手段（电话、传真、短信、E-mail 等）为客户提供 7×24 小时专业化的证券信息服务，集咨询、交易、投诉建议等于一体。

3．福彩中心 Call Center

福彩中心 Call Center 提供各种类型彩票（如体育彩票、福利彩票、足球彩票等）的自动查询和语音投注、短信投注。针对不同的彩票，用户可根据游戏规则选择单式投注、复式投注、基数投注等。该系统为消费者购买和查询彩票提供了极大的方便。

4．保险业 Call Center

保险业 Call Center，客户可以通过手机、固话、传真、网页等多渠道接入方式进入 Call Center 平台，可以随时查询保险知识、保险类别与险种，咨询投保流程，申请投保业务等。

4.1.8　电视银行

电视银行采用"家居银行"设计理念，通过双向数字电视网络为家庭成员提供方便、快捷的一体化金融服务。通过技术创新，增加浏览器软件二次加密技术，保证了客户信息的安全，解决了跨系统、跨网络的数据安全问题，使广大市民在欣赏电视节目的同时，足不出户就可以享受费用缴纳、电视购物、银行资金转账等现代金融服务。

中国邮政储蓄银行电视银行业务是指依托数字电视运营商的双向数字网，以有线电视机与机顶盒作为客户终端，遥控器作为操作工具，为客户提供各种银行服务的交易平台和服务渠道。邮政储蓄银行电视银行主要包括"登录"、"查询"、"转账"、"缴费"、"信用卡"、"设置"、"资讯"七项功能，目前已实现个人客户本币账户信息查询、转账（定活互转、行内转账）、电视支付、信用卡（还款、账单查询）、缴费、银行信息查询等功能；未来将实现个人客户外币通（定活互转、外币理财）、跨行转账、基金业务、理财业务、国债业务、保险业务、贵金属业务、个人贷款等功能，以全面满足客户多样化的业务需求。

电视银行可通过柜面注册、自助注册、网银注册开通。

知识链接

手机银行，也可称为移动银行，是利用移动通信网络及终端办理相关银行业务的简称。作为一种结合了货币电子化与移动通信的崭新服务，移动银行业务不仅可以使人们在任何时间、任何地点处理多种金融业务，而且极大地丰富了银行服务的内涵，使银行能以便利、高效而又较为安全的方式为客户提供传统和创新的服务。

微信银行是通过腾讯微信企业公共账号，为微信用户打造的专属移动金融和移动生活服务平台，既具有账户查询、理财超市、贷款、信用卡额度与账单查询、信用卡分期、信用卡还款、预约办卡和申请进度查询等丰富的移动金融功能，又创新推出了网点预约、精彩优惠、特惠商户、积分商城等便民实惠服务，指尖微微一动，贴心移动金融和移动生活随时畅享。

短信银行是指客户通过编辑发送特定格式短信到银行的短信服务号码，银行按照客户指令，为客户办理相关业务，并将交易结果以短信方式通知客户的电子银行业务。

4.2 电子货币

电子货币是电子商务活动的基础。只有在完整认识电子货币和建立可行的电子货币的基础上，才能真正开展电子商务活动。

4.2.1 电子货币的产生和发展

电子货币作为最新的货币形式，从 20 世纪 70 年代以来，其应用越来越广泛。

电子货币从面试到现在，虽然只有 40 多年的历史，但作为电子货币的运行载体和工具，银行卡和电子资金转账系统（EFT）很早就投入使用。世界上最早的银行卡是美国富兰克林国民银行于 1952 年发行的信用卡。此后，美洲银行从 1958 年开始发行"美洲银行信用卡"，并吸收中小银行参加联营，发展成为今天的 VISA 集团。美国西部各州银行组成联合银行卡协会，于 1966 年发行"万事达信用卡"，发展成为今天的万事达集团。我国首张银行信用卡是 1985 年出现的珠江卡（中国银行珠海分行——中银卡）。1986 年，中国银行北京分行开始发行"长城卡"。随后，中国工商银行、中国建设银行、中国农业银行等也相继发行了自己的银行卡。

美国早在 1981 年就建立了专用的资金传送网，后经过多次改进，于 1982 年组建了电子资金转账系统。随后英国和德国也相继研制了自己的电子资金转账系统，使非现金结算自动处理系统具有相当的规模。银行信用卡和电子资金转账系统是电子货币赖以生存的基础。随着无现金、无凭证结算的实现，电子货币在快速地发展。

电子货币是在传统货币基础上发展起来的，与传统货币的本质、职能及作用等方面存在着许多共同之处。电子货币与传统货币的本质都是固定充当一般等价物的特殊商品，这种特殊商品体现着一定的社会生产关系。二者同时具有价值尺度、流通手段、支付手段、储藏手段和世界货币五种职能。它们对商品的价值都有反映作用，对商品交换都有媒介作用，对商品流通都有调节作用。

电子货币与传统货币的产生背景不同，如社会背景、经济条件和科技水平等。其表现形式为：电子货币是用电子脉冲代替纸张传输和显示资金的，通过计算机处理和存储，没有传统货币的大小、重量和印记；电子货币只能在转账领域内流通，且流通速度远远大于传统货币；传统货币是国家发行并强制流通的，而电子货币是由银行发行的，其使用只能宣传引导，不能强迫命令，并且使用中要借助法定货币去反映和实现商品的价值，结清商品生产者之间的债权和债务关系；电子货币对社会的影响范围更广、程度更深。

电子货币在转账领域内流通，自始至终都离不开银行，从而避免了资金在银行体外循环。这样可以筹集信贷资金，支持商品生产和流通。电子货币通过电子脉冲传输结算资金，流通速度远远大于传统货币，可以加速资金周转，提高资金使用效率，促进商品经济发展。电子货币通过计算机转账系统处理各项业务，不需动用纸币，可以减少印刷开支，节约流通费用，节省社会劳动，增加营业收入，促进经济全面发展。电子货币通过银行卡使用，不仅简单方便，而且安全可靠，不受银行营业时间的限制，可以为客户提供更多的金融服务，从而促进商品交易的实现。

应用案例　壹钱包 2.0 版上线　中国平安电子货币包雏形初现

2014 年 5 月 12 日，中国平安旗下移动支付应用壹钱包 2.0 版正式上线，这是壹钱包面向用户的首个版本，具备金融增值（活钱宝、借钱宝）、消费支付（在线线下）、聊天（友钱）等功能。活钱宝领先同类的高收益率，让活钱"赚"更多；联合万里通积分平台，可在 300 多家主流电商、20 多万家线下门店消费；简单时尚、科技感十足的接口设计，令人耳目一新。壹钱包 2.0 版让满怀期待的用户跃跃欲试。

1. 活钱宝赚得更多，提现实时到账

依托中国平安综合金融优势，平安付联合平安大华基金，在壹钱包 2.0 上推出现金增值产品"活钱宝"。由于活钱宝收益率领先同类产品，一上线便吸引大量资金涌入。

为了让用户随时提现消费，活钱宝支持 T+0 赎回至银行卡，最快一分钟内到账，刷新货币基金转出到账时间记录。除享受较具竞争力的收益率及灵活管理现金外，活钱宝用户还将获得专属的优惠活动和投资权益。

壹钱包 2.0 推出的另一项特色增值服务是"借钱宝"，为用户提供"先消费后还款"的服务。一键申请即可获得信用支付额度，带来更灵活的支付体验。首期面向 8 000 万名平安客户开放。

2. 创新随机码，店面付安全便捷

壹钱包 2.0 的支付功能安全便捷，可以在壹钱包在线和线下的合作商户使用。线下支付命名为"店面付"，首批将在平安付数千家合作商户，进行小范围试点，有望成为打通在线和线下的新通路。

目前，壹钱包已和平安集团旗下的万里通积分平台打通，支持在万里通的 300 多家主流电商、20 多万家线下门店，进行积分组合消费支付。

除了消费支付外，壹钱包还创新了社交支付功能。用户可在壹钱包中加好友、建群组。在聊天的同时实现 AA 制付款、召集群活动、情景转账等，使朋友间的金钱往来更具人情味和趣味性。

3. 接口设计简单时尚、独具匠心

壹钱包 2.0 通过广征意见，接口设计简单时尚，平滑流畅。"拖拽"转账功能科技感十足，当使用者需要将资金在银行卡、活钱宝、个人钱包或借钱宝等不同管道转移时，轻轻一拖就可实现，交易信息和资金流向一目了然。另外，双指轻击接口空白处，还可在安全和隐私模式中自由切换，保护用户账户信息，颇具匠心。

壹钱包是由平安付开发推出，致力于为个人消费者及企业客户，提供互联网支付、移动支付等形式多样的第三方支付服务，希望通过一个电子货币包账户，给客户提供更多元化、个性化的支付体验及增值服务。

平安付表示，作为中国平安互联网金融战略五大门户之一，壹钱包将根据使用者回馈，不断优化体验，快速迭代，围绕人们"医食住行玩"的生活需求，继续丰富和拓展使用场景，创新线下支付形式，为消费者和商家提供各种金融增值、营销支付等一站式金融服务。

（资料来源：新民网，2014 年 5 月 12 日　16:50，http://finance.ifeng.com/a/20140512/12315585_0.shtml）

4.2.2　电子货币的概念

电子货币，简单来说就是在通信网络或金融网络中流通的"金钱"，有可能是"金钱"的电子形式的代币，也有可能是控制"金钱"流向的指令。电子货币是一种无形的价值等量信息。它是计算机介入货币流通领域后产生的，是现代商品经济高度发展，要求资金快速流通且基于成熟的计算机与通信技术应用的产物。

电子货币工具通常具有"储值"或"预付"的特性。

电子货币主要基于两种模式：一种为卡基，就是基于卡片技术，在卡片上植入微处理器，通常称作电子钱包。这种支付工具可以通过网络（包括有线和无线网络），利用计算机和特殊的终端设备进行交易，并且可以在计算机上安装特定的卡片装置，或利用特殊终端设备对卡片进行预充值和补充币值，典型产品有 Proton。另一种为数基，就是基于软件技术或计算机的存储器来存储和流通货币，这时货币币值表现为虚拟的数字流，通常称作虚拟电子钱包或数字现金。该支付工具可通过互联网进行交易，交易所进行的支付实际上是数字币值的传输，典型产品有 Digital cash。

电子货币具有普通货币的特性，但其也是一种无形的虚拟货币，不能重复使用。

4.2.3　电子货币的分类

按电子货币的支付方式进行分类，一般可以分以下四种。

1. 储值卡应用型电子货币

一般以磁卡或 IC 卡形式出现，其发行主体除了商业银行之外，还有电信部门（如电话卡）、商业零售企业（如加油卡等各类消费卡）、市政公用部门（如交通卡）和学校（如校园卡）等。这类卡的发行主体在预收客户资金后，发行等值储值卡，使储值卡成为独立于银行存款之外新的"存款账户"。同时，储值卡在客户消费时以扣减方式支付费用，也就相当于使用存款账户支付货币。由于储值卡中的存款目前尚未在中央银行征收存款准备金之列，因此储值卡可使现金或活期储蓄需求减少。

2. 信用卡应用型电子货币

它是指商业银行、信用卡公司等发行主体发起的贷记卡或准贷记卡。可在发行主体规定的信用额度内透支消费，之后在规定的时间内还款。需要注意的是，信用卡的普及使用能够扩大消费信贷，从而影响货币的供给量。

3. 存款利用型电子货币

这类电子货币主要有借记卡、电子支票、电子汇兑等，用于对银行中的存款以电子化方式支取现金、转账结算或者划拨资金。这类电子化支付方式的普及使用，能够使消费者避免往返于银行办理各种相关业务，因此非常方便。此外这类电子货币的使用，能够使现金需求大量减少，从而加快货币的流通速度。

4．现金模拟型电子货币

这类电子货币主要有两种形式，一种是基于互联网环境使用的，且将代表货币价值的二进制数据保存在计算机终端硬盘内的电子现金；另一种是将二进制数据保存在 IC 卡内并可脱离银行支付系统流通使用的电子钱包。该类电子货币具备现金的匿名性，可以用于个人间支付并可多次转手使用，是以替代实体现金为目的而开发的。该类电子货币的使用会影响货币的发行机制，减少中央银行的铸币税收入，并缩减中央银行的资产负债规模等。

在上述四种类型的电子货币中，现金模拟型电子货币可以看成支付手段的电子化，即这是对货币价值本身进行电子化，用二进制数据符号来替代日常生活中所使用的实际货币，这种电子货币本身是有价值的，可以理解为现实货币的电子等价物。储值卡应用型电子货币、信用卡应用型电子货币和存款利用型电子货币则可以看成支付方式的电子化，这是指在使用这些电子货币进行支付结算时，并不在网络上传递"现实货币的等价物"本身，而是使用电子化与网络化的方法，将"等价物"的转移指令传递给结算服务提供者（一般为银行），由结算服务提供者完成最终资金的划拨。

如果按照电子货币的流通形态来划分，电子货币还可以分为开环型电子货币和闭环型电子货币。开环型电子货币是指货币余额信息在个人或企业之间可以辗转不断地流通下去，信息的流通路径没有限定的终点（不构成闭合环路），其流通形态类似于现金可以无数次换手。闭环型电子货币是指用于一次支付后的余额信息必须返回到发行主体这种类型的电子货币，即支付的金额信息在"发行主体—客户—商店—发行主体"，这样的闭合环路中进行流动。闭环型电子货币是当前的主流，前面所讨论的储值卡应用型电子货币、信用卡应用型电子货币和存款利用型电子货币均为闭环型电子货币，只有 Mondex 电子现金等少数几种为开环型电子货币。Mondex是英国威斯敏斯特国家银行开发的随身携带的电子零钱，只要有一个电子阅读器，就可以用Mondex 卡进行付款。

4.2.4　电子货币发展中的一些问题

电子货币以其方便、安全、高效、低成本等特性，显示了无穷的发展潜力。电子钱包的离线操作使得其交易成本更为低廉，十分适合进行小额消费，像购买报纸、咖啡以及各种自动售货机上的物品，可以减少携带的零钱。另外，电子货币的使用成本比现金低，伪造的难度大。纸币和硬币的使用正变得越来越昂贵。在美国每年要花费 600 亿美元来转拨现金，而英国要花20 亿英镑。更重要的是，随着先进桌面排版和彩色印刷技术的日益普及化，纸币越来越容易被非法复制。同时电子货币的使用将加快货币流通速度，从而加快整个社会的资金周转，提高社会资金的使用效率。

但是，电子货币的稳健发展应当首先解决以下问题。

（1）安全性是任何电子货币系统的基础和保证。由于安全隐患的存在，电子货币发行者同样面临风险，其中诈骗是最大的一种风险。而支撑电子货币的硬件可能会出差错，给消费者和商家带来不便。

（2）标准化问题也至关重要。目前虽然世界上出现了多种电子货币，但基本上没有统一的适用于电子商务支付与结算的电子货币应用标准，各个国家或各个公司很大程度上是各自为战的。结果造成互联网上电子货币的大规模应用与推广受到限制，电子商务的效率、方便性受到限制，而且重复开发、资源严重浪费，增加了应用上的复杂性，运作成本也相应提高。

（3）电子商务中使用电子货币支付时可能遇到某些突发事件而造成损失，如计算机、网络互联设备、网络通信介质、数据库系统等。特别是互联网上没有一个总的责任机构，当电子货币在网络流通过程中因出现差错而导致的损失将由谁来负其经济和法律责任？目前在相关互联网的电子货币使用上，国际上没有一些大家均认可的相关法律来加强对电子货币的监管与责任细分，增加了进行电子货币网络支付结算的企业或商家甚至个人的商务风险。

（4）在互联网上，网络资源是共享的，但用户具有绝对的隐私权，利用电子货币易于跨区域地隐蔽转移资金，这会带来很多问题，如各种经济犯罪，以权谋私、贪污、出卖各种机密信息等问题在电子货币普及应用的时候难以管理；还有如何处理企业为了偷税漏税而利用网络转移大量资金、黑社会利用网络洗黑钱等问题。这种电子货币审计上的问题将是电子货币应用给政府相关管理部门带来的难题之一。

虽然电子货币还存在上述一些问题，但随着相关技术的不断改进、政策制度的不断加强，电子货币系统会逐渐完善起来。当前电子货币正处于快速发展阶段，其不断地完善，将实现全球金融系统的电子化、信息化和网络化，促进电子商务的快速发展。

4.3 我国电子货币的应用状况

4.3.1 电子货币的发展现状

1. 美日等发达国家电子货币的发展

美国、日本等发达国家在 20 世纪 80 年代就已经普及信用卡的应用，人均拥有数张银行卡，银行卡的结算交易额占总销售额的 70%以上，而运行成本不及柜员操作成本的 1/4。这些西方国家还建成了覆盖全国或欧美日联通的电子金融结算网络，如信用卡 POS 结算网络、美国的 FEDWIRE、国际上的 SWIFT 和 CHIPS 资金支付结算网络等，为电子货币的运用提供了良好的社会支撑，企业间的资金支付结算也多采用电子货币来进行。发展到现在，西方发达国家电子货币的运用基本普及到个人、企业与政府机构，完成了金融电子化阶段而进入信息化阶段，为信息网络时代电子商务的发展奠定了良好的基础，也占得了先机。

2. 中国电子货币的发展

自 20 世纪 90 年代以来，通过"三金工程"的积极实施，中国的金融电子化水平有了很大提高，其中之一就是以信用卡、IC 卡、电子转账单等为主的电子货币的逐步普及应用，发展很快。尽管"电子货币"的概念尚未深入每个人的心中，但电子货币确已渗透到人们的日常生活中，特别在城市。如今，各种 IC 卡、电话卡比比皆是，其他行业也在逐步效仿。

自 1985 年 3 月中国银行珠海分行发行第一张银行信用卡"中银卡"以来，银行信用卡开始成为各商业银行竞争的新式武器，如中国银行的"长城卡"、建设银行的"龙卡"、农业银行的

"金穗卡"、中国工商银行的 "牡丹卡" 等。据中国人民银行统计，截至 2014 年年末，全国累计发行银行卡 49.66 亿张，其中，借记卡累计发卡量 44.81 亿张，信用卡累计发卡量 4.55 亿张，全国人均持有银行卡 3.64 张，其中，人均持有信用卡 0.34 张。

当然，中国作为发展中国家，与西方发达国家比较，电子货币的普及应用率、应用水平还有一定差距，但发展的势头是强劲的。

4.3.2　中国电子货币的应用实例介绍

在中国发行的包括信用卡、储蓄卡、IC 卡在内的银行卡中，中国建设银行发行的 "龙卡系列银行卡" 是一个很好的电子货币研发、实施和应用实例。龙卡是中国建设银行向社会推出的银行卡产品，在大规模用于基于银行专线网络的 POS 支付结算与 ATM 自助银行应用时，也可用于基于互联网上电子商务的网络支付与结算。从 1990 年 5 月发卡至今，有 20 多年的发展历史。

1. 龙卡借记卡

（1）建行理财卡（见图 4-2）是建设银行专为个人 VIP 客户开发的多币种、多功能、标准化、高档次理财工具。此卡在整合个人理财相关产品、服务、渠道、网络等资源的基础上，通过专业的客户经理为客户提供便捷、高效、综合性、全方位、个性化、一站式服务，为客户提供 "轻轻松松理财、从容驾驭财富" 的理财体验。

图 4-2　建行理财卡的白金卡和金卡

（2）建行龙卡通。

1）龙卡通®。为实现大众客户对银行卡功能的期望，向客户提供更为优质、快捷、全面的金融服务，建设银行对原有产品 "龙卡储蓄卡" 的功能进行了全面升级，并与原理财卡银卡整合，推出面向大众客户的综合性借记卡产品—— "龙卡通®"，如图 4-3 所示。

2）生肖卡。1999 年 2 月，建设银行在龙卡储蓄卡的基础上面向青少年儿童发行 "兔管家" 生肖卡，是建设银行实施市场细分、针对不同客户群体推出不同个人金融产品的尝试，在以后的 12 年里，每年推出一款不同生肖的储蓄卡，卡面印制当年发行生肖属相的图案，如图 4-4 所示。

图 4-3　银联龙卡通®和 VISA 龙卡通®

图 4-4　2010 年度虎年生肖卡

（3）陆港通龙卡是专为经常往返、有资金往来中国内地及香港的人士及满足客户不需来港开户便可拥有两地互通账户的需求而推出的一款综合性银行卡产品。一张卡同时具有中国建设银行（以下简称"建行"）和中国建设银行（亚洲）[以下简称"建行（亚洲）"]银行账户。客户在香港时主要使用建行（亚洲）账户，在内地时主要使用建行账户；且在 ATM 取款和 POS 消费时若一方账户余额不足，可实现两地账户之间联动，方便客户使用，也为客户在两地之间提供了更加方便快捷的资金往来渠道，如图 4-5 所示。

图 4-5　建行陆港通龙卡

（4）联名借记卡。

1）支付宝龙卡是中国建设银行股份有限公司与阿里巴巴（中国）网络技术公司基于打造"快乐网购"而为网上购物一族专门量身定制的银行卡，也是国内首张真正专注于电子商务的联名借记卡。该卡除了具有银联龙卡通®的所有功能外，还能使持卡人享受到"龙卡支付宝卡通"的服务，如图 4-6 所示。

图 4-6 支付宝龙卡

2）国泰君安龙卡是建行与国泰君安合作发行的以银联龙卡通®为基准、以第三方存管模式为基础的联名借记卡，适用于在国泰君安开户的个人证券投资者以及其他自愿申请持有本联名卡的个人客户，如图 4-7 所示。

图 4-7 国泰君安龙卡金卡和国泰君安龙卡普卡

2. 龙卡准贷记卡

（1）龙卡准贷记卡是建设银行向社会公开发行的，具有消费支付、存取现金、转账结算、小额消费信贷等功能的支付结算工具，如图 4-8 和图 4-9 所示。

图 4-8 VISA 普卡和 VISA 金卡

图 4-9　MasterCard 普卡和 MasterCard 金卡

（2）结算通卡是为满足个人客户资金结算需求，建设银行以结算通卡为载体，为个人客户提供一系列安全、方便、快捷的人民币资金结算服务，如图 4-10 所示。

图 4-10　结算通卡

3. 建行金融 IC 卡

建行金融 IC 卡是建设银行采用 PBOC 标准 IC（集成电路）技术发行的新型银行卡，除具备消费、转账、存取现、一卡多户、代收代付等传统银行卡功能外，还可同时加载其他增值服务和行业管理功能，具有使用安全、应用广泛、支付便捷等特点。目前，建行金融 IC 卡包括龙卡通、理财卡、财富管理和私人银行卡、准贷记卡等多个卡种，在社保、医疗、交通、教育等公共服务领域均有广泛应用，同时还在金融 IC 卡基础上推出了移动支付等创新产品，如图 4-11所示。

图 4-11　龙卡通（IC 卡）

4．龙卡网络

龙卡网络系统是建设银行为改善龙卡用卡环境，提高龙卡授权速度和安全性，实现全行范围内龙卡交易的自动转接、实时处理而建设的面向全国的异地授权网络。

龙卡网络系统建成于 1997 年 7 月，2000 年 7 月与全国银行卡信息交换总中心联网。进入 21 世纪，内地与港澳间旅游、商务、贸易等往来日益密切，建设银行于 2004 年 1 月 18 日在香港顺利开通了龙卡人民币卡委托业务。成为首批开通此业务的内地银行。随后，建设银行又于 4 月 29 日开通了香港人民币卡在内地的代理业务，实现了与香港地区的双向互通。此后，通过中国银联的境外交易系统，截至 2008 年 7 月，建设银行又陆续开通了中国澳门、新加坡、韩国等 45 个国家和地区的银行卡业务。

建设银行龙卡网络系统秉承"以客户为中心"的设计理念，近年来适应市场和客户的需求进行了多次功能优化和系统升级，以其优越的网络环境、先进的系统设计、广阔的网络覆盖面和良好的服务质量，到 2008 年 6 月在为建设银行 2.4 亿多张龙卡持卡人提供着良好用卡环境，也促进了建设银行龙卡业务的迅猛发展。

建设银行龙卡网络系统具有交易迅速、账户安全、功能强大、覆盖面广、实时记账；成功率高、全天候服务等优点。

4.3.3　电子货币对金融业的影响

作为降低商品交易费用的一种货币制度安排，电子货币逐步取代传统货币已经成为一种不可逆转的世界性发展趋势。然而由于电子货币产生的目的在于替代交易支付中的现金，因此，它在给发行者带来巨大收益的同时，也激化了货币的内在矛盾，打破了现行货币管理制度的均衡，给传统的货币政策操作体系、传统的银行职能与作用、支付制度的安全性等方面带来深刻的影响。

1．货币划分层次的模糊

按照国际上通用的按金融资产流动性强弱的标准，中国人民银行将货币划分为三个层次：M0=流通中的现金，M1=M0+企业活期存款+机关团体部队存款+农村存款+个人持有的信用卡类存款，M2=M1+企业定期存款+城乡居民储蓄存款+外币存款+信托类存款。电子货币利用网络金融服务，客户通过电子指令，可以在瞬间实现现金与储蓄、定期与活期之间的转换，使货币各层次之间的界限日益缩小，货币划分层次模糊，货币政策中介目标中的总量目标的合理性和科学性下降，而以利率为代表的价格信号中介目标成为未来货币政策的选择主流。

2．货币乘数上升，预测货币乘数的变化量更加困难

在目前电子货币代替现金或存款而不需向央行缴纳准备金的前提下，电子货币的普及使用将使货币乘数上升。一方面，由于电子货币的发行主体多少需要有应付提现的准备，现金漏损、贷款需求有限性及贷款供给中的成本问题，故电子货币虽然可以产生货币创造，可能导致通货膨胀，但会受到制约而被限制在一定程度。另一方面，由于货币乘数变动的随机性增强，使预测货币乘数的变化量更加困难，通过基础货币控制货币供给量的难度增大。

3. 影响货币政策的传导机制

在货币政策的传导过程中，网络银行更容易捕捉到新的信息和变化，其先进的技术手段也可以使其做出迅速的反应。当央行制定政策而未预测到这种信息和变化，就有可能加大货币政策的最终目标的误差。当然，在货币政策有更好的适应性的前提下，网络银行也有可能使货币政策的传导更加有效，可以缩短政策传导过程中的时滞，更快地导致经济总量指标的变化。

4. 电子货币的发展使传统的货币理论体系受到了冲击

传统的货币理论体系将货币等同于商品或实物资产，所以货币有价格。其实，货币本身不能像其他商品那样具有唯一的价格，它的价格表现为与无穷种类的商品以及不同货币之间的兑换比率。此传统理论认为货币金融体制严格受法律限制和政府管理，货币是法律的产物。但在网络货币时代，电子货币不再具有商品或实物形态，它本身作为一种纯价值体，可与其他商品相交换，它的价格是它与无穷类商品之间的兑换比率，这使电子货币又回到了物质直接交换时期，但这不是历史的单纯复归，而是货币的一种更高形态，而且或许是终结形态。另外，由于电子货币是一种纯价值体，它发挥的作用是完全自发的，而不像现行的纸币制度，货币的发行流通必须依靠国家强制力。

5. 电子货币将促使货币结构和货币内涵有所改变

（1）电子货币部分替代流通中货币的作用，使传统的货币定义特别是基础货币的定义受到了挑战。电子货币的出现，使货币实物形态虚拟化，商业银行自己实现了部分货币发行这实质上弱化了中央银行垄断发行货币的特权。

（2）电子货币部分替代流通中货币的作用，使得传统意义的基础货币的作用受到影响。商业银行作为直接的货币供给，其进行创造存款货币的存贷活动、提供货币供给的数量，均建立在基础货币之上，基础货币及其增减变化直接决定着商业银行准备金的增减，从而决定着商业银行创造存款货币的数量。而电子货币部分替代流通中货币的作用使得这种能量减弱；再加上电子货币是商业银行自发地创造的，且具有快速的瞬息万变的特点和颇具信用风险，也使得电子货币创造货币的能力与传统的存款货币的能力不同。

6. 电子货币将对货币供给和货币需求产生重大影响

（1）电子货币部分替代流通中的通货（部分通货以数字化、虚拟化形式出现），而中央银行发行的用于流通的通货是整个货币供给的一部分，因此流通中通货会直接影响到货币供给。

（2）电子货币对货币需求方向的影响，主要表现在电子货币部分替代流通中的通货，加快了货币的流通速度，降低货币需求余额，缓解对流动性的制约，直接调整货币供给量，对制约流动性的金融政策起到削弱作用。例如，20世纪90年代后，在瑞士由于储值卡和信用卡在全社会的使用得到广泛普及，导致基础货币以及M1等狭义的货币的流通速度大幅上升。另外，电子货币中（如信用卡）还有信用创造的作用，使得对货币的需求处于不稳定状态，导致利率波动，利率的波动又反过来导致货币需求的不稳定。货币需求的波动加大，则会降低利率作为货币政策传导机制的传导作用。

扩展阅读　农行：组建网络金融部 电子银行收入同增 24.0%

中国电子银行网讯　根据农行在港交所公布的半年度报告显示，截至 6 月 30 日，该行总资产达到 16.01 万亿元，较 2013 年年末增长 9.9%；实现净利润 1 040.67 亿元，同比增长 12.6%。

农行行长张云在半年报的致辞中表示，该行积极推进互联网金融创新，7 月正式上线"磐云"互联网金融平台，电子渠道交易量同比增长 23.4%，实现电子银行业务收入 38.55 亿元。

据了解，农行电子银行业务收入较上年同期增加 7.47 亿元，增长 24.0%，主要是由于电子商务、消息通知服务及网上银行等业务收入增长较快。

1. 优化调整总部架构，组建网络金融部

上半年，农行加快推动电子银行创新发展战略和互联网金融创新工程的贯彻实施，为推进互联网金融发展，农行组建网络金融部，与电子银行部合署办公，重点推进金融与互联网技术的融合创新。此外，该行还成立互联网金融推进办公室，重点设计、研发互联网金融相关产品。

2. 电子渠道交易达 256 亿笔，企业个人网银交易大增

农行以电子银行业务和客户为基础，围绕"产品做强、体验做佳、市场做大、客户做活"的目标，打造"金融店+电商店+社交店"平台的金融生态圈，上半年电子渠道交易笔数达 256.26 亿笔，同比增长 23.4%；电子渠道金融性交易占全行交易笔数的 76.8%。

此外，农行升级推出企业网银 6.1 版，全面优化升级基金、电子商业汇票、超大批量代收付等功能，新增外币汇款、进出口信用证等国际金融产品，有效提升对公客户服务能力。截至 6 月 30 日，全行企业网银注册客户数达 292.3 万户，净增 36.9 万户。上半年企业网银交易金额达 38.6 万亿元，同比增长 17.4%。

上半年，农行在个人网银系统，先后推出网银结售汇、新版快捷转账、货币基金理财、跨行资金归集、聪明账等功能，完成用户名注册/登录功能的全新改版。截至 6 月 30 日，个人网银注册客户总数达 1.24 亿户，上半年个人网银交易金额达 49.88 万亿元，同比增长 16.5%。

3. 移动支付：推通用 K 宝，应用模式多样化

为进一步丰富掌上银行投资理财功能，贴近客户生活拓展各类增值服务应用，农行率先推出通用 K 宝，为客户提供更加安全、便捷的移动支付服务。

围绕金融普惠、服务民生，农行加快移动支付和移动电子商务创新试点，在公交、市政、商超、校园以及服务"三农"等领域，形成了丰富多样的移动支付应用模式；创新推出短信银行业务，进一步提升短信增值服务能力。

截至 6 月 30 日，掌上银行注册用户总数达 9 746 万户；上半年交易笔数 4.85 亿笔、交易金额 1.74 万亿元，同比分别增长 139% 和 233%。短信注册客户达 2.27 亿户。

4. 加快电商金融发展步伐，力推"E 商管家"

上半年，农行加快新一代全功能电子商务支付平台、跨境支付系统、银联在线支付等电子商务平台建设；全力推广"E 商管家"电子商务服务平台，为企业提供集供应链管理、多渠道支付结算、线上线下协同发展、云服务等于一体的定制化商务金融综合服务；继续推动智付通服务三农的渠道建设和跨行功能推广。截至 6 月底，全行电子商务累计交易金额为 5 445.96 亿

元，同比增长 49.4%。

5. 借记卡存量均首位，金融 IC 卡累计发 2.09 亿张

截至 2014 年 6 月 30 日，本行借记卡累计发卡 6.76 亿张，较上年末增加 0.39 亿张，存量居大型商业银行首位。IC 借记卡累计发卡 2.09 亿张，较上年末增加 0.72 亿张。农行为满足高端客户日益增长的个性化需求，还推出同卡号换卡、开卡选号等私人定制服务。

（资料来源：中国电子银行网，2014 年 8 月 29 日 08:31，http://www.cebnet.com.cn/2014/0829/289437.shtml）

自测题

一、关键概念

电子银行　电子货币　自助银行　电话银行　电视银行　金融 Call Center

二、判断题

1. 电子银行用电子货币方式取代传统的现金交易和手工凭证的传递与交换，大大加快资金周转速度。（　　）

2. 现代电子银行体系里，必须包含三类系统，分别为金融综合业务服务系统、金融增值信息服务系统和金融安全监控与预警系统。（　　）

3. 手机银行，也可称为移动银行，是利用移动通信网络及终端办理相关银行业务的简称。（　　）

4. 支付方法的电子化本质上传递的是支付结算的指令，而不是"等价物"本身。（　　）

5. 电子货币在转账领域内流通，自始至终都离不开银行。（　　）

三、单选题

1. 电话银行的特点包括（　　）。

A. 操作复杂，自动化管理　　　　　　　B. 需要人工干预

C. 安全性低　　　　　　　　　　　　　D. 可实时查询，实现银行 24 小时服务

2. 电子货币对金融业的影响包括（　　）。

A. 货币划分层次清晰　　　　　　　　　B. 货币乘数下降

C. 影响货币政策的传导机制　　　　　　D. 货币乘数不变

3. 金穗卡是（　　）发行的银行卡。

A. 中国工商银行　　　　　　　　　　　B. 中国农业银行

C. 中国银行　　　　　　　　　　　　　D. 中国建设银行

4. 以下（　　）是中国国家金融数据通信网。

A. CNAPS　　　　B. CNFN　　　　C. BEPS　　　　D. HVPS

5. 我国最早发行的银行信用卡是由（　　）于 1985 年发行的。

A. 中国工商银行　　　B. 中国农业银行　　C. 中国银行　　　D. 中国建设银行

四、多选题

1．银行电子化经历的发展阶段包括（　　）。

A．银行的传统业务处理实现电子化　　　　B．提供自助银行服务

C．提供信息增值服务　　　　　　　　　　D．提供网络银行服务

2．电子银行业务包括（　　）。

A．网络银行　　　B．电话银行　　　　C．手机银行　　　D．自助银行

3．银行自助设备给银行带来的好处包括（　　）。

A．存储容量大、安全性高　　　　　　　　B．增加营业灵活性

C．降低营运成本　　　　　　　　　　　　D．服务方式向集约、内涵型转变

4．金融 Call Center 的主要表现形式有（　　）。

A．银行业 Call Center　　　　　　　　　B．证券业 Call Center

C．保险业 Call Center　　　　　　　　　D．微信银行业 Call Center

5．电子货币按支付方式可分为（　　）。

A．储值卡应用型电子货币　　　　　　　　B．信用卡应用型电子货币

C．存款利用型电子货币　　　　　　　　　D．现金模拟型电子货币

五、简答题

1．简述银行电子化的重要意义。

2．金融 Call Center 的主要表现形式有哪几种？

3．简述电子货币的概念与分类。

4．简述电子货币发展中的问题。

5．简述电子货币对金融业的影响。

第 5 章　网络支付工具

本章导读

　　支付工具是用于资金清算和结算过程中的一种载体,可以是授权传递支付指令并能进入金融机构账户执行资金划转的证件,也可以是支付发起者合法签署的可用于清算和结算的金融机构认可的资金凭证。它是加快资金周转、提高资金使用效率的保障。支付工具在支付结算的环节中应具有方便、快捷和安全的特点。随着社会的进步和经济的发展,在商品流通和资金结算的过程中,为提高资金使用的效率,新的支付工具和方式在不断出现、发展和演变,因而金融服务的水平和质量也在不断提高,同时也促进了社会信用水平的发展。

本章学习要求

- ◉ 了解交易支付工具的演变及其演变过程;
- ◉ 了解网络支付工具的作用和我国网络支付工具的发展;
- ◉ 熟悉银行卡、电子现金、电子钱包、IC 卡、电子支票等网络支付工具的使用;
- ◉ 了解第三方支付工具的应用现状。

引导案例　建行与万事达联手推出新一代全球网络支付工具:龙卡电子钱包

　　3 月 21 日,中国建设银行与万事达卡国际组织携手推出龙卡电子钱包,使中国消费者成为亚洲地区首个使用这一全新跨境互联网支付工具的群体,感受崭新的全球购物体验,并将推动中国支付行业进入新的阶段。

　　龙卡电子钱包是依托万事达卡的 MasterPass 平台,针对具有跨境网络消费需求的"海淘"客户推出的跨境网络支付工具,持卡人注册龙卡电子钱包后,支付时只需登录龙卡电子钱包,通过点击已绑定的信用卡和配送地址,无须输入卡号和个人信息,即可实现"一键式支付"。客户可在任何带有 MasterPass 受理标识的全球跨境互联网商户进行在线购物并通过龙卡电子钱包完成支付。目前受理商户达 700 余家,遍布美国、加拿大、英国和澳大利亚等国,商户类型多样,商品丰富。

　　随着互联网金融和全球网络支付的快速发展,境内居民"海淘"成为时尚。促使我国跨境网络消费高速增长。2011 年至 2013 年,使用建设银行信用卡的跨境网络消费交易均出现两位数的快速增长。2013 年建设银行信用卡网络消费交易近千亿元。

　　为配合龙卡电子钱包上市,建设银行与万事达卡国际组织联合推出"用龙卡电子钱包,满200 美元返 20 美元"的促销活动,持卡人在 2014 年 5 月底前,通过龙卡电子钱包在指定商户刷龙卡信用卡万事达卡，消费单笔满等值 200 美元即可获赠 20 美元预付费卡一张。

（资料来源：新快报，2014 年 4 月 29 日 16:38，http://news.ifeng.com/a/20140429/40095223_0.shtml）

随着社会经济与信息技术的不断发展，人们对支付系统的运行效率和服务质量的要求也越来越高，促使支付系统不断从手工操作走向电子化、网络化。在追求速度的电子商务环境下，如果依赖传统的支付方式，诸如现金、支票、银行汇款等，付款及清偿的流程将成为交易的瓶颈。例如，各种票据支付的方式普遍速度较慢；货到付款虽然省去了网上付款的设置成本，却存在付款的延迟与不确定性；会员制消费能够保证客户身份的确定性，但带来了客户群的局限性及扩大交易范围有限性；信用卡付款虽然方便，但若无任何保护措施将信用卡资料直接在网络上传送，从安全上讲无疑非常危险。此外，互联网上的许多交易都是小额交易，传统的支付方式处理成本太高，缺乏进行小额交易的能力。可以看出，在线网络支付是电子商务的关键环节，也是电子商务得以顺利发展的基础条件，电子商务发展的需求直接导致了网络支付与结算的兴起。

本章首先介绍了支付工具的起源和演变过程，网络支付工具的作用及在我国的应用现状，最后介绍了常用的网络支付工具，包括银行卡、电子现金、电子钱包、IC 卡、电子支票及现在流行的第三方支付工具，如支付宝、财付通、银联在线支付、快钱等。

5.1　支付工具的演变

伴随着全球化、网络化、知识经济和金融自由化的浪潮，金融业正面临有史以来最为深刻的变革。银行，作为一种古老的金融机构，伴随经济的发展和科技的进步，其业务形态也在不断地发生着变化。在银行发展的几百年中，科技发展和社会需求一直是推动银行业不断发展的动力，而银行所经营的货币，更是经历了从实物货币（黄金、白银）、信用货币（纸币、纸质票据）到电子货币的发展过程。

5.1.1　支付工具的起源

在原始社会的后期，商品生产开始萌芽，这时候人类开始了相互交易劳动产品，这些用于交换的劳动产品就是商品，此时人们开始了物物交换——一种物品或劳务交换另一个物品或劳务——来得到他们需要的东西。例如，1 只绵羊和 2 把斧子相交换，用公式表示：1 只绵羊=2 把斧子。这时候的交换带有偶然的、个别的性质。

随着社会生产力的发展，人类出现了第一次社会大分工，即农业和畜牧业的分离。分工使社会生产力获得进一步发展，剩余产品多了，这样交换范围便扩大，交换已不再是偶然行为，而是经常的行为，从而一种商品的价值已经不是偶然表现在另一种商品上，而是经常地表现在一系列商品上，由此可以看到支付工具的雏形。可见，支付工具是商品交换和贸易发展到一定阶段的必然产物。

5.1.2 支付工具的演变过程

1473 年，世界上第一家银行在意大利的威尼斯问世，是支付系统结构演变过程中的一个里程碑。随着人类社会经济和科学的进步，作为商品交换和贸易发展的产物，支付工具和支付系统也在不断地发展变化，经历了实物支付阶段、信用支付阶段，正在向电子支付阶段过渡。

1. 实物支付阶段

从实物交换到货币交换的转变是支付技术产生的第一次重要变革，黄金和白银由于它们自身的特性，充当了一般等价物——货币，并具有支付工具的职能，这是实物货币阶段。但无论是最初充当货币的牛、羊等，还是后来充当一般等价物的黄金与白银，在支付过程中都体现了相当于其实物本身的价值。

2. 信用支付阶段

信用货币——纸币的出现使支付技术与支付工具产生的第二次重大变革。

现金（Cash）支付是现今社会货币支付最普遍的形式。较之黄金和白银等金属货币，现金使用方便，便于携带，特别适合小额交易，并且不留下交易痕迹。但是现金并不是没有成本，据 1995 年年末的统计数据，在美国约有 4 100 亿美元流通，且每年都有面值约 1 000 万美元的纸币由于损坏而被销毁，并需要印刷新的纸币代替，这笔成本通常以税收的形式承担，被称作铸币税。ATM 的出现也是现金一直成为主要支付工具的因素之一，ATM 的使用使得纸币易于获取。但考虑到大额支付以及安全性，纸币有不可克服的问题，因此出现了许多通过银行进行支付的方式，如支票、本票和汇票。伴随电子技术的发展和信用体系的不断完善，出现了信用卡、资金汇兑、电子资金转账、自动清算所等支付工具。

3. 电子支付阶段

基于计算机和网络技术的电子支付系统以及电子货币的产生是支付技术产生的第三次变革，尤其是互联网的出现，促使支付系统发生重大变化。伴随经济一体化和政治一体化，金融体系也出现一体化的趋势，欧盟区欧元的诞生就是这种趋势的体现。

支付系统正在进行着一场变革，电子支付系统正逐渐取代传统支付系统，支付工具和支付手段也在发生变革。一种以电子数据形式存储在计算机中并能通过计算机网络而使用的资金被人们形象地称为"电子货币"。电子货币与电子支付工具从根本上改变了传统纸币和支票手工点钞、大出大进、存贷分流等结算方式。电子货币的出现不仅从支付方式上进行了变革，而且从货币本质上对现代金融理论以及中央银行的货币政策提出了挑战。

5.2 网络支付工具概述

网络支付工具从基本形态上看是电子数据，它以金融电子化网络为基础，通过计算机网络以传输电子信息的方式实现支付功能，利用网络支付工具可以方便地实现现金存取、汇兑、直接消费和贷款等功能。

5.2.1　网络支付工具的作用

1．不断满足社会日益增长的支付需求

随着社会的进步和发展，人们对资金支付的需求必然呈现多样化的格局。无论是经济活动和社会生活中的债务清偿和资金转移，支付与结算已经成为人们生活中每时每刻大量处理的一种资金管理的必需事务。习惯采用现金支付的方式已经造成人们生活中的不方便，携带不方便、使用不安全已经成为人们生活中潜在的隐患。要求银行提供更快捷、更方便、更安全的支付工具已成为人们日益增长的支付需求，银行卡和电子支付及其他新型支付工具的飞速发展无疑是一个最好的说明。银行只有提供各种创新的方便、快捷、安全的支付工具，才能不断满足人们这种增长的支付需求。

2．增加工具替代性可减少使用中的风险

支付工具就是银行提供支付服务的金融产品，产品的多样化可供使用者进行选择，没有选择产品的优劣，就没有竞争性，服务水平和质量就不可能提高，支付市场化也不可能得到发展。目前，中国的支付市场尽管在改革开放中得到了大的发展，但支付工具产品并不丰富，很多支付方式和工具仍限量使用，如票据支付工具仍保留计划经济时代中单位使用的格局，信用类支付工具还处在起步和萌芽阶段，信用工具仍多是采用银行信用的方式进行，一旦出现社会的金融风险，承担金融风险的是国家和银行，抗击和承担风险的能力低。没有社会抗击风险的能力是令人担忧的，工具替代的多样性可以让人们选择自己愿意承担使用工具带来的风险，而不是由银行一家单独来承担，这是市场的法则和规律，替代性能减少使用过程中对单一产品选择带来的风险。

3．减少现金流通量有利于货币政策的实施

减少流通中现金使用量是央行控制货币发行量，维持正常的金融秩序，保持国民经济健康持续发展货币政策的一个重要目标。支付工具的创新和使用，有利于人们在支付过程中采用支付工具的使用频度，减少现金支付的使用，有利于国家货币政策的实施，减少现金在社会中流通的使用量，也节约因国家发行纸质货币现金所带来的成本。

4．有利于打击腐败、反洗钱、有效规范金融秩序

腐败的案例最终多体现在物质和金钱的占有上，现金有匿名离线支付不易监管的特点，如果社会广泛地采用账户划转的支付方式，便于督察和监管，加之实名的账户管理系统，对非法洗钱和腐败现象的发生都可以起到扼制和威慑的作用，也有利于金融秩序的稳定。

5．有利于社会诚信体系的建立并增进商业信用的发展

信用支付工具的推广和使用，首先建立在使用者信誉的基础上。社会广泛使用信用支付工具，表明社会的诚信度的提高和改善，对建设社会诚信体系可提供大量的数据和资料，有利于改善社会的诚信环境。

5.2.2 我国网络支付工具的发展

支付工具的创新和支付环境的改善对支付工具的发展有重要意义，应大力倡导非现金支付工具的推广使用，积极引导和鼓励企业充分利用票据和银行卡等新型网络支付方式，同时对原有的支付方式和工具要进行不断的改造和发展，以适应市场对支付金融产品更新的不断需求。改革开放以来，我国金融体制的改革和业务的创新始终围绕这一指导思想在进行。

20世纪80年代，中国人民银行大力推广非现金支付工具的"三票一卡"作为其金融改革的重点工作。随着支票、本票、汇票和银行卡支付方式在社会的普遍接受和广泛使用，对发展的网络支付和电子支付新型支付方式，中国人民银行业高度重视，积极引导和推动，主动发展和培育市场。2005年8月28日，全国人大常务委员会立法通过《电子签名法》，人民银行也发布了《电子支付指引（第一号）》，以引导、培育和规范市场。根据市场发展的情况和新需要，人民银行还将对电子支付的发展新状况，以电子支付指引的形式去不断规范和指引其健康发展。

以中国人民银行现代化支付系统为核心、商业银行行内结算清算系统为基础、第三方支付组织系统为补充的中国现代化支付系统初步形成，对全国范围内资金实时清算结算和转移创造了条件，也对作为支付系统上载体的支付工具的创新给予了便捷的业务操作和有力的技术支持。支付工具多元化发展的格局已经形成，各商业银行、金融机构和服务组织在市场竞争环境下不断提高服务水平和质量，自主创新支付方式和工具的竞争态势已经形成，人民银行指导、监督和管理的职能也将得到进一步加强。

支付工具是社会选择资金服务的金融产品，产品丰富和品种多样化才可能提供资金服务选择的多样性。因此，支付工具是支付体系资金结算清算方便、快捷的前提，是银行提高资金服务水平和服务质量的基础，是社会认可和广泛接受其服务的基本条件。支付工具是面对消费者服务的金融产品，而支付体系是提供金融产品交换和资金转移服务的市场，没有支付体系的支持、承担资金转移和安排，载体的支付工具就不能完成市场需要的资金交换和转移。

中国支付工具已经形成多样化发展的格局，在种类和数量上都达到相当程度的规模。据中国人民银行支付结算司的最新统计，截至2014年第一季度末，全国累计发行银行卡43.91亿张，环比增长4.19%，增速较上季度放缓2.06个百分点。其中，借记卡累计发卡39.77亿张，环比增长4.02%；信用卡累计发卡4.14亿张，环比增长5.83%。全国人均持有银行卡3.24张，其中，人均信用卡持有0.30张。银行卡跨行支付系统联网商户877.01万户，联网POS机具1 200.92万台，ATM 54.28万台，环比分别增加113.54万户、137.71万台和2.28万台。第一季度，全国共发生银行卡交易128.55亿笔，金额110.52万亿元，同比分别增长20.98%和10.22%。其中，存现业务21.00亿笔，金额18.28万亿元；取现业务45.74亿笔，金额19.27万亿元；转账业务24.10亿笔，金额63.43万亿元；消费业务37.71亿笔，金额9.54万亿元。

上述数据表明，作为非现金支付工具的银行卡在我国正处在迅猛发展的状况。人们的消费习惯正处在重大变化和转折的阶段。

应用案例 中国年度出境人数首次过亿 银联卡成首选支付工具

中国旅游研究院28日在北京发布的《2015年中国出境旅游发展年度报告》显示，中国出境人数首次过亿，连续三年居全球第一；银联卡已经成为中国人出境首选的支付工具。

统计数据显示，2014 年中国出境旅游人数达到 1.07 亿人次，同比增长 19.5%，从总量上来看，已经连续三年成为世界排名第一的客源地。出境游客源将进一步向中西部地区、二三线城市乃至农村地区延伸。

该报告指出，中国出境游市场得以快速发展，自由、便利的旅行政策是基本条件之一。银联卡已成为中国人出境的首选支付工具，同时，越来越多境外商户把接受银联卡作为吸引游客的重要手段，以及欢迎中国游客的基础服务，是否能够受理银联卡已经成为衡量中国游客出境满意度的重要指标。

报告中的调研结果显示，2014 年中高端消费群体占出境游比例近半，单次出境游花费在 1.5 万元人民币以上的超过 40%。88.1%的出境游客将购物作为出游时最主要的消费项目。出境旅游花费从 2008 年 409.87 亿美元开始逐年上升，至 2014 年快速增长至 1 648 亿美元，6 年间增长了 3 倍。

报告称，以银联为代表的支付网络发展，使消费更加便利，增进了潜在游客的出境旅游动力，而且这些便利体现在中国游客出行的各个环节，比如购票、购物消费、退税等。

中国旅游研究院院长戴斌在当日的新闻发布会上说，中国国人的出境旅游是对国际贸易的巨大贡献，同时也是中国国家形象软实力的象征。

（资料来源：中国新闻网，2015 年 8 月 28 日 15：11：18，http://news.cutv.com/cj/2015-8-28/ 1440745 896879.shtml）

5.3 常见的网络支付工具

虽然网络支付系统发展的方向是兼容多种支付工具，但事实上做到这一点是比较困难的。因为各种支付工具之间有着较大的差距，都有自己的特点和运作模式，适用于不同的交易过程。从目前已经开发出来的各种支付系统来看，一般也只是针对某一种支付工具设计的：如 SET 协议针对的是信用卡，FSTC 针对的是电子支票，Mondex 针对的是电子现金，SWIFT 针对的是电子资金划拨等。

5.3.1 银行卡

银行卡（Bank Card）是由银行发行、供客户办理存取款业务的新型服务工具的总称。20 世纪 70 年代以来，由于科学技术的飞速发展，特别是计算机技术的运用，银行卡的使用范围不断扩大。不仅减少了现金和支票的流通，而且使银行业务由于突破了时间和空间的限制而发生了根本性的变化。

1. 银行卡支付工具

常见的银行卡支付工具一般分为借记卡、贷记卡和储值卡。按照授信程度的不同，贷记卡分为真正意义上的贷记卡和准贷记卡。

（1）借记卡（Debit Card），可以在网络、POS 消费、ATM 转账和提款，不能透支，卡内的金额按活期存款计付利息。消费或提款时资金直接从储蓄账户划出。借记卡在使用时一般需要密码。借记卡按等级可以分为普通卡、金卡和白金卡；按使用范围可以分为国内卡和国际卡。

（2）贷记卡（Credit Card），是指发卡银行给予持卡人一定的信用额度，持卡人可在信用额度内先消费、后还款的信用卡。其具有的特点：先消费、后还款，享有免息缴款期（最长可达56 天），并设有最低还款额，客户出现透支可自动分期还款。客户需要向申请的银行交付一定数量的年费，其数额各银行不相同，目前通常的做法是一年刷卡若干次就可以免年费。

（3）准贷记卡，是一种存款有息、刷卡消费以人民币结算的单币种单账户信用卡，具有转账结算、存取现金、信用消费、网上银行交易等功能。当刷卡消费、取现，账户存款余额不足支付时，持卡人可在规定的有限信用额度内透支消费、取现，并收取一定的利息。不存在免息还款期。

（4）储值卡，是指非金融机构发行的具有电子钱包性质的多用途卡种，它是先存款储值，后分散零星消费，有不记名、不挂失，适于小额支付领域的特点。

在所有银行卡支付工具中，银行发行的借记卡和贷记卡是银行卡支付工具的主体。习惯上，人们将银行发行的借记卡和贷记卡统称为银行卡。2004 年 1 月 18 日，中国人民银行批准内地银行发行的有"银联"标志的人民币银行卡在中国香港地区使用，这是我国银行卡业务发展中的又一个新的重大突破，也是内地为香港银行开办个人人民币业务提供清算安排的相关工作取得初步成效的结果。

2．银行卡电子支付流程

银行卡电子支付的参与者包括持卡客户、商家、认证中心以及发卡行和收单行等，支付流程如图 5-1 所示。

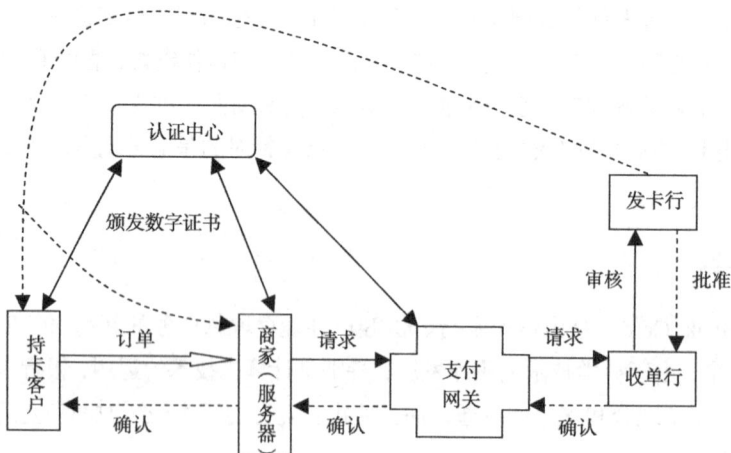

图 5-1　银行卡电子支付流程

3．借记卡的功能

现阶段我国各大商业银行发行的银行卡大多是借记卡，推出的借记卡可办理存款取款、个人结算、电子银行、投资理财、自助缴费等多种业务，其具有以下一些功能。

（1）综合账户，一卡多能。借记卡不仅可以办理活期存款，还可以办理各种存期的定期存款。在币种上用户可根据需要进行选择，有人民币、美元、欧元、港币等。

（2）异地存取，方便快捷。用户凭卡和密码可在开户行所在的全国各地任一家营业网点及有"银联"标志的 ATM 上支取现金，也可在其他银行的 ATM 上取款。

（3）转账汇款，实时到账。用户凭卡和密码通过银行网点、ATM、网上银行和电话银行等渠道向同城或异地在开户行开设的账户转账，所转款项均实时到账。

（4）全面整合电子银行，金融服务跨越时空。用户凭卡在 ATM、网上银行和电话银行上办理各类业务，享受 24 小时无限制的自主服务。

（5）链接投资理财服务，更显价值。用户凭卡可办理基金、外汇买卖、股票、黄金、国债、保险等各类理财业务，还可以办理各种贷款业务。

（6）服务日常生活。用户凭卡可办理日常便利服务功能，如到银行网点交水电费、电话费等，还可通过网上银行、电话银行及 ATM 缴纳水电费和电话费。

5.3.2　电子现金

电子现金（E-Cash），即数字现金，是一种以电子数据形式流通的、能被客户和商家普遍接受的、通过互联网购买商品或服务时使用的货币。它把现金数值转换成为一系列的加密序列数，通过这些序列数来表示现实中各种金额的币值。电子现金是由荷兰的 David Chaum 在 1982 年最先开发出来的，它已经基本形成了一套可行的电子现金制作与应用体系，目前应用中的电子现金大都遵循这个体系。在网上付款方式中，电子现金可能是最主要取代纸钞的付款方式，它所具备的特性是具有金钱价值、互通性、可存储性和安全性等。

1．电子现金的种类

到目前为止，各种已开发的电子现金支付系统大致可以分为两类，分别采取了两种不同的手段。

（1）硬盘数据文件形式的电子现金，是按一定规则排列的一定长度的数字串作为代表纸币或辅币所有信息的电子化手段。当电子现金用于支付时，只需将相当于支付金额的若干信息块综合之后，用电子化方法传递给债权人一方，即可完成支付。但是，保存于硬盘中的数字化的电子信息块作为一种数据文件，具有可被完整复制的特点，要想保持电子现金的稀缺性和防伪性，就必须采用加强的密码技术或其他安全措施，使得合法的发行主体之外的任何个人或组织不可能制造（或复制）出这种数字信息文件。

（2）IC 卡形式的电子现金，是将货币价值的汇总余额存储在智能 IC 卡中，甚至可将 IC 卡看作记录货币余额的账户（只是这个账户由持卡人自己持有并管理），当从卡内支出货币金额或向卡内存入货币金额时，将改写智能卡内的记录余额。智能卡形式的电子现金除与银行账户之间的转移外，其余的转移操作均可独立完成，不用与银行发生任何关系，从而保证了其分散匿名性和离线操作性。

2．电子现金的特点

电子现金从产生到投入应用，具备下列属性特点。

（1）货币价值。电子现金必须有银行的认证、信用与资金支持，才有公信的价值。

（2）可分性。电子现金可用若干种货币单位，并且可像普通的纸质现金一样，把大钱分为小钱。

（3）可交换性。电子现金可以与纸币、商品与服务、银行账户存储金额、支票等进行互换，体现了等价物性质。

（4）不可重复性。同一个客户在已用某个电子现金后，就不能再用第二次，也不能够随意复制使用。所以发行银行有巨大的数据库记录存储电子现金序列号，应用相应的技术与管理机制防复制。

（5）可存储性。电子现金能够安全地存储在客户的计算机硬盘、智能卡或电子钱包等特殊用途的设备中，最好是不可修改的专用设备，取出应用需要严格的身份认证。

3．电子现金的支付流程

电子现金的支付流程一般涉及商家、客户和发行银行、认证中心等参与者，如图 5-2 所示。

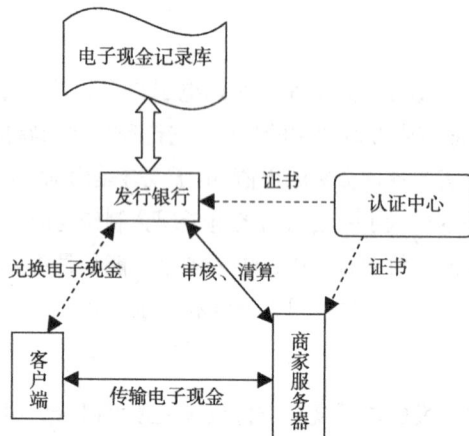

图 5-2　电子现金的支付流程

4．电子现金的应用

（1）DigiCash，无条件匿名电子现金支付系统。其主要特点是通过数字记录现金、集中控制和管理现金，是一种足够安全的电子交易系统。DigiCash 开发了在线交易用的电子现金。使用 E-Cash 用户软件，消费者可以从银行提取和在自己的计算机上存储 E-cash。发行电子货币的银行验证现有货币的有效性并把真实的货币与 E-cash 进行兑换。商户能够在提供信息或货物时接收支付的 E-cash 货币。用户端软件叫电子钱包，负责到银行存/取款，以及支付或接收商户的货币。在这种支付方式下，支付者的身份是匿名的。

（2）NetCash，可记录的匿名电子现金系统。其主要特点是设置分级货币服务器来验证和管理电子现金，使电子交易的安全性得到保证。

（3）Mondex，是英国银行界研制开发的、以智能卡为电子钱包的电子现金系统，可以应用于多种用途，具有信息存储、电子钱包、安全密码锁等功能，较安全可靠。

（4）Millicent，由 DEC 公司开发，是一种小额电子交易的一个电子辅币系统，其钱包用的是能够在 Web 上使用的一种叫作便条（Script）的电子令牌。Script 被安全地保存在用户的 PC 硬盘上，并用个人标识号或口令对其加以保护。

（5）WorldPay，是一种通过互联网的安全的、多币制电子支付系统。消费者拥有信用卡或借记卡授权的 WorldPay 多币制账户。账户处理是集中式的，因此可以在世界上的任何地方、任何计算机上存取资金。它把资金从消费者的账户中转拨到商户的 WorldPay 银行账户中。没有使用的资金可以在任何时候返还给原始账户的信用卡/借记卡用户。

（6）Cybercoin，通过它的 Cybercoin 提供信用卡交易，以及美国国内使用的小额支付和电子支票转拨，是一个基于软件的电子现金产品，目前已经与 SET 结盟。

（7）MPTP，是 WWW 共同体（W3C）定义的一组小额支付用的开放 API。它定义一种标准的支付标记，嵌入在零售商的 HTML 页面上。用户的用户端钱包能够解释标记，使用恰当的支付机制启动支付过程。

另外，Checkfree 公司提供了基础设施和软件，为大企业和互联网用户提供在线结算处理服务，允许用户用电子支票支付账单（如每月偿还住房贷款）。Checkshare 是面向报刊出版商的电子现金系统，擅长小额支付。

5.3.3　电子钱包

电子钱包（Cyber Wallet or E-Wallet）是电子商务购物（尤其是小额购物）活动中常用的一种支付工具，是一个由持卡人用来进行安全电子支付的软件。在网络上进行安全电子交易前，必须先安装符合安全标准的电子钱包。

知识链接

英国西敏寺（National Westminster）银行开发的电子钱包 Mondex 是世界上最早的电子钱包服务系统，于 1995 年 7 月首次在有"英国的硅谷"之称的斯温顿市试用，起初名声并不响亮，不过很快就打开了局面。

从严格意义上来讲，电子钱包是银行卡或数字现金支付的一种载体。电子钱包的表现形式有两种：一种是智能卡，另一种是电子钱包软件。电子钱包的功能和实际钱包一样，可存放数字现金、电子信用卡、所有者身份证书、所有者地址、交易记录以及在电子商务网站的收款台上所需的其他信息，并可以实现电子安全证书的管理、安全电子交易、自动支付以及账户信息管理等功能。

1．电子钱包的功能

（1）个人资料管理。客户成功申请电子钱包后，系统将在电子钱包服务器为其建立一个属于个人的电子钱包档案，客户可在此档案中增加、修改、删除个人资料。

（2）网上付款。客户在网上选择商品后，可以登录到电子钱包，选择入网银行卡，向银行的支付网关发出付款指令来进行支付。

（3）交易记录查询。客户可以对通过电子钱包完成支付的所有历史记录进行查询。

（4）银行卡余额查询。客户可通过电子钱包查询个人银行卡余额。

2．电子钱包的特点

（1）安全。电子钱包用户的个人资料存贮在服务器端，通过技术手段确保安全，不在个人计算机上存贮任何个人资料，从而避免了资料泄露的危险。

（2）自由。客户在申请钱包成功后，即在服务器端拥有了自己的档案，当外出旅游或公务时，不用再随身携带电子钱包资料，即可进行网上支付。

（3）方便。电子钱包内设众多商户站点链接，客户可通过链接直接进入商户站点进行购物。

（4）快速。通过电子钱包，完成一笔支付指令的正常处理，只需 10～20 秒（视网络及通信情况而定）。

3．使用电子钱包在网上购物流程

（1）用户在线浏览并选择要购买的商品，填写订单发送给商家。商家回单，用户确认后，选定用电子钱包付款。

（2）用户将电子钱包装入系统，单击电子钱包的相应项或电子钱包图标，输入自己的保密口令，在确认是自己的电子钱包后，从中取出一张电子信用卡来付款。

（3）电子交易服务器对此信用卡号码加密后，发送到相应的银行，确认用户的合法性。

（4）经商业银行证明电子钱包付款有效并授权后，商家发货并将电子收据发给客户；与此同时，销售商店留下整个交易过程中发生往来的财务数据。

（5）商家按照客户提供的电子订单将货物在发送地点交到用户或其指定人手中。

使用电子钱包进行网络支付，需要在客户端、商家服务器与银行服务器建立支持电子钱包支付结算体系。为使电子钱包可靠运作，其组成体系上一般还要包括商家与银行支持的电子钱包服务系统、客户端电子钱包软件以及电子钱包管理器等构件。

4．电子钱包的应用

在实践中，电子钱包软件通常都是免费提供的。客户可以直接使用与自己银行账户相连接的电子商务系统服务器上的电子钱包软件，也可以通过各种保密方式使用互联网上的电子钱包软件。下面是一些常用的电子钱包服务系统。

（1）Agile Wallet。Agile Wallet 是由 CyberCash 开发的 Agile Wallet 安全服务器提供，可处理消费者结算和购物信息，提供快速和安全的交易。消费者第一次用 Agile Wallet 购物时需要输入姓名、地址和信用卡数据。以后访问支持 Agile Wallet 的商家网站时，在商家的结算页面上会弹出有客户购物信息的 Agile Wallet 框。消费者验证了框内信息的正确性后，用鼠标单击就可完成购物交易。消费者还可将新的信用卡和借记卡信息加入到受保护的个人信息中。

（2）E-Wallet。Launchpad 技术公司的 E-Wallet 是一个免费的钱包软件，它的主要特点是个性化设计。消费者可下载并安装到自己的计算机上，而不像其他钱包那样存在中心服务器。但其具有其他钱包一样的地方，E-Wallet 将客户个人信息和结算信息存在钱包里，购物完成时，只需单击图标并输入口令，然后从 E-Wallet 中选定信用卡并拖到结账表中，E-Wallet 就能把用户在安装软件时所提供的个人信息填写到表中。E-Wallet 还有加密和口令个人信息保护措施。

（3）Microsoft Wallet。Microsoft Wallet 预装在 IE 中，与大多数电子钱包一样，在用户需要时可自动填写订单表。输入到 Microsoft Wallet 里的所有个人信息都经过加密并用口令进行保护。它支持运通卡、Discover 卡、万事达卡和 Visa 卡，并能同电子现金系统、网络银行账户及其他结算模式进行交互。通过选择"互联网"选项，在"内容"选项卡中填写个人信息。单击"内容"选项卡中"个人信息"面板上的"Wallet"按钮就可在其中输入自己的信用卡信息和地址信息，并在最后一个对话框中输入口令，即完成了整个注册过程。

世界上还有 Visa Cash 和 Mondex 两大电子钱包服务系统，其他电子钱包服务系统还有 IBM 公司的 Consumer Wallet、Europay 的 Clip、比利时的 Proton 等，这些系统使用起来都十分便捷。

5.3.4　IC 卡

IC 卡（Integrated Circuit Card，集成电路卡），也称智能卡（Smart Card）、智慧卡（Intelligent Card）、微电路卡（Microcircuit Card）或微芯片卡等。外形上类似信用卡大小、形状，但卡上不是磁条，而是计算机集成电路芯片（如微型 CPU 与存储器 RAM 等），用来存储用户的个人信息及电子货币信息，且可具有进行支付与结算等功能的消费卡。由于 IC 卡是在 IC 芯片上将消费者信息和电子货币存储起来，因此不但存储信息量大，还可用来支付购买的产品、服务和存储信息等，具有多功能性。

知识链接

MPU（Microprocessor Unit，微处理器）是构成微机的核心部件，也可以说是微机的心脏。它起到控制整个微型计算机工作的作用，产生控制信号对相应的部件进行控制，并执行相应的操作。

1．IC 卡的分类

（1）按结构分类。

1）存储器卡。其内嵌芯片相当于普通串行 EEPROM 存储器，这类卡信息存储方便，使用简单，价格便宜，很多场合可替代磁卡，但由于其本身不具备信息保密功能，因此只能用于保密性要求不高的应用场合。

2）逻辑加密卡。加密存储器卡内嵌芯片在存储区外增加了控制逻辑，在访问存储区之前需要核对密码，只有密码正确，才能进行存取操作，这类信息保密性较好，使用与普通存储器卡相类似。

3）CPU 卡。其内嵌芯片相当于一个特殊类型的单片机，内部除了带有控制器、存储器、时序控制逻辑等外，还带有算法单元和操作系统。由于 CPU 卡有存储容量大、处理能力强、信息存储安全等特性，广泛用于信息安全性要求特别高的场合。

4）超级智能卡。在卡上具有 MPU 和存储器并装有键盘、液晶显示器和电源，有的卡上还具有指纹识别装置等。

（2）按界面分类。

1）接触式 IC 卡。该类卡是通过 IC 卡读写设备的触点与 IC 卡的触点接触后进行数据的读写。国际标准 ISO7816 对此类卡的机械特性、电器特性等进行了严格的规定。

2）非接触式 IC 卡。该类卡与 IC 卡设备无电路接触，而是通过非接触式的读写技术进行读写（如光或无线技术）。其内嵌芯片除了 CPU、逻辑单元、存储单元外，增加了射频收发电路。国际标准 ISO10536 系列阐述了对非接触式 IC 卡的规定。该类卡一般用在使用频繁、信息量相对较少、可靠性要求较高的场合。

3）双界面卡。将接触式 IC 卡与非接触式 IC 卡组合到一张卡片中，操作独立，但可以共用 CPU 和存储空间。

2．IC 卡的特点

（1）存储容量大。磁卡的存储容量大约在 200 个字符；IC 卡的存储容量根据型号不同，小的几百个字符，大到上百万个字符。

（2）安全保密性好，不容易被复制，IC 卡上的信息能够随意读取、修改、擦除，但都需要密码。

（3）CPU 卡具有数据处理能力。在与读卡器进行数据交换时，可对数据进行加密、解密，以确保交换数据的准确可靠；而磁卡则无此功能。

（4）使用寿命长，可以重复充值。

（5）IC 卡具有防磁、防静电、防机械损坏和防化学破坏等能力，信息保存年限长，读写次数在数万次以上。

（6）IC 卡能广泛应用于金融、电信、交通、商贸、社保、税收、医疗、保险等方面，几乎涵盖所有的公共事业领域。

当然 IC 卡也存在不足，目前并非所有的商家和银行都积极投身这一市场，其中原因之一是造价成本太高。

3．IC 卡的应用

由于 IC 卡具有诸多优点，使得它在诞生以来就备受重视，其市场迅速遍及世界各地。在金融领域世界上最大的信用卡集团——VISA 卡集团，为扩展金融服务范围，满足未来金融服务的需要及提高安全性，也转向 IC 卡业务。VISA 还和 MasterCard 以及 Europay 共同制定新的国际银行交易标准，这将极大拓展世界性的智能卡应用范围。在国外已有 IC 卡用于网络支付的实例，如必须在 PC 上连接一个读卡器配合使用的 Mondex 智能卡。但此卡存储的是电子现金，其支付过程类似电子钱包。IC 卡的使用和电子钱包、电子现金的使用是紧密联系在一起的，目前世界上 Visa Cash、Mondex、Proton 三大类电子钱包其实都是 IC 卡形式的电子钱包。

（1）Visa Cash 电子钱包。其是由 VISA 公司推出的接触式智能卡电子货币，主要用于小额交易。Visa Cash 曾在不同地区推出，包括中国、泰国及英国等。卡的尺寸与普通银行卡或信用卡无异，上装有智能卡芯片。使用前须先在特定的自动柜员机充值；使用时只须插入零售商的读卡机及按键确定，无须输入密码。

（2）Mondex 电子钱包。Mondex 是基于智能卡的一种系统，Mondex 卡的尺寸与标准 IC 卡一样，卡上有一个 8 位的微电脑用来记录与处理数据。Mondex 卡将电子货币贮存在卡上的微电脑内。其优点之一是可通过专用电话直接从用户的银行账户上接收电子现金。持卡人可在有 Mondex 刷卡器的任何商家消费。两个持卡人还可用电话在他们的 Mondex 卡之间转移现金。同时一张卡既可在在线环境下使用，又可在普通商店里使用。另一优点是用户在各类自动售货机上都能找开零钱。Mondex 卡的缺点是它以电子形式储备真正的现金，用户因担心卡的失窃就不会在卡上存放大笔资金，而且 Mondex 卡没有信用卡延期结算的优点，它必须立即支付现金。

（3）Proton 电子钱包。其在荷兰、比利时、瑞典、瑞士、澳大利亚、马来西亚、菲律宾、巴西、智利、墨西哥、美国等国家得到较好的应用。特别是在欧洲，Proton 是使用最广泛的电子钱包。Proton World 还与 Sun 公司签署了合作协议，向其用户提供基于 Java 卡技术的多应用 IC 卡平台的 Proton 电子钱包。

2011 年，中国 IC 卡实现销售收入约 90 亿元，比 2010 年增长 11.1%，销售数量达 24.3 亿张，比 2010 年增长 13.6%，创历史新高。截至 2011 年年底，中国电信领域采购的 IC 卡累计达 60 亿张左右，是中国 IC 卡第一消费市场。2011 年中国移动用户数达到了 9.9 亿，移动用户渗透率为 72.0%，同时，中国 SIM 卡市场发卡量达到 8.9 亿张。随着移动用户渗透率的进一步攀升，中国 SIM 卡的增长速度会逐渐放缓，进入平稳期。2011 年之后，中国二代身份证市场也处于发卡稳定期。不过 2014 年首批二代证（十年有效期）到期会又一次带动中国身份证 IC 卡市场的增长。截至 2011 年年底，中国社保卡累计发行量仅为 1.9 亿张，渗透率不足 14%；2015 年是"十二五"规划收官之年，经过各级人力资源和社会保障部门的共同努力，全国社会保障卡持卡人数于 9 月底突破 8 亿，达到 8.09 亿人，提前完成"十二五"规划的发行量任务，实现历史性飞跃，普及率达到 59%。全国除西藏外，各省份均已全面发行社会保障卡，地级以上城市覆盖率达到 94.5%，29 个省份已实现所辖地市全部发卡。近年来，在人民银行的指导下，金融 IC 卡作为芯片化迁移的重要载体，凭借更高便捷性与安全性，正在逐步取代磁条卡，成为老百姓办卡、用卡的首选。根据人民银行公布的数据，截至 2015 年三季度末，全国金融 IC 卡累计发行 18.83 亿张，新增发卡量连续三个季度超过 2 亿张，发卡速度持续加快。

除此之外，健康卡、移动支付、城市通卡等 IC 卡细分市场，在政府政策的支持和市场的推动下，也有望产生较大幅度的增长。

5.3.5　电子支票

电子支票（E-Check），也称数字支票，是将传统支票的全部内容电子化和数字化，形成标准格式的电子版，借助计算机网络（互联网与金融专用网）完成其在客户之间、银行和客户之间以及银行与银行之间的传递与处理，从而实现银行客户间的资金支付结算。即电子支票是付款人向收款人签发的、无条件的数字化支付指令，它可以通过互联网或无线接入设备来完成传统支票的所有功能。

电子支票是金融服务技术联盟（FSTC）倡导的，作为一种纸质支票的电子替代品，该联合会由美国一些银行、研究机构和公司于 1993 年组成，初衷是帮助美国金融服务业提高其竞争能力，目前已有 60 多个成员加入该集团，包括美洲银行、花旗银行、IBM、微软和 SUN 等单位。现在关于银行之间电子支票的清算都遵循 ANSI X9.46 和 X9.37 标准。电子支票清算中心组织（Electronic Check Clearing House Organization，ECCHO）或具有同等功能的其他组织提供了相应的清算功能。

1. 电子支票的特点

与传统支票工作方式相比，电子支票具有以下主要特点。

（1）电子支票与传统支票工作方式相同，使用电子支票，不需要完全改变很多企业常用的支票支付流程，易被企业所理解和接受，因而适合在 B2B 电子商务中使用。

（2）电子支票使用数字签名或个人身份证号码（PIN）代替手写签名，并以加密方式进行传递，加密的电子支票比基于公共密钥加密的数字现金更易于流通，买卖双方的银行只要用公共密钥认证确认支票即可，数字签名也可以被自动验证，具有较好的安全性。

（3）电子支票利用网络进行传输，处理速度快，使用成本低，减少了在途资金，并减轻了银行处理支票的工作压力，节省人力，降低事务处理费用。

2. 电子支票的使用流程

（1）用户和商家达成购销协议并选择用电子支票支付。

（2）用户首先根据支票的要求产生一个电子支票，并对该支票进行签名。

（3）用户利用安全 E-mail 或 WWW 方式把电子支票传送给商家，同时向银行发出付款通知单。

（4）商家收到该电子支票后，验证用户签名，背书（Endorse）支票，写出存款单（Deposit），并签署该存款单，送交银行索付。

（5）商家银行验证用户签名和商家签名，贷记（Credits）收款者账号，以用于后面的支票清算。

（6）用户银行验证用户签名，并借记（Debits）用户账号。

（7）用户银行和商家银行通过传统银行网络进行清算，并对清算结果向用户和商家进行反馈。

3. 电子支票的应用

在一些发达国家，纸质支票的使用已经逐步减少，电子支票开始得到比较广泛的应用，这主要是由于纸质支票的处理成本高、支付速度慢等已不能满足人们的需要。

目前使用的电子支票系统主要遵循金融服务技术联盟（Financial Services Technology Consortium，FSTC）提出的 BIP（Bank Internet Payment）标准（草案）。已出现的典型的电子支票应用系统主要包括 e-Check、NetCheque 及 NetBill 等。

（1）e-Check 系统。金融服务技术联盟（FSTC）提出了一个电子支票支付系统 e-Check，它系统地对电子支票的支付模式、系统安全、系统架构等进行了研究和探讨，能在不同的支付环境下成功地完成大多数支付任务。更重要的是这项研究获得了各大银行和金融机构的支持，被认为最具有发展潜力的电子支票系统之一。

（2）NetCheque 系统，是由美国南加利福尼亚大学的信息科学研究所 ISI 开发的，其每个客户必须在账户服务器中建立一个账户，并在普通银行账户和 NetCheque 服务器之间维护资金平衡。为完成支付交易，消费者填写代表付款人的电子支票，数字签名以后发送给收款人，收款人数字背书支票，NetCheque 服务器完成支票中数字金额从付款人到收款人的划拨。

NetCheque 包含 NetCheque 服务器（银行）的层次结构，提供了分布式清算账目服务，允许客户在可信性、易接近性、可靠性等原则的基础上挑选其中意的银行。

（3）NetBill 系统，是由美国匹兹堡 Carnegie-Mellon 大学设计的一个电子支票系统。由于当初仅作为一项学术研究计划提出，缺乏银行等金融机构的强有力支持，因此该系统操作比较麻烦，对分布应用的支持有限，并且缺乏开放性，这些不利因素限制了其发展。NetBill 系统的参与者包括客户、商家以及为他们保存账户的 NetBill 服务器。

4．电子支票支付方式的优势

（1）处理速度快。电子支票的支付的整个处理过程自动化，支付过程在数秒内即可实现。它为客户提供了快捷的服务，减少了在途资金。

（2）安全性能好。电子支票是以加密方式传递的，使用了电子签名、个人身份证号码和数字证书代替手写签名，这三者成为安全可靠的防欺诈手段。可有效避免"空头支票"现象的出现。

（3）处理成本低。减轻了银行处理银行支票的工作压力，节省了人力，降低了事务处理费用。

（4）给金融机构带来了效益。第三方金融服务者不仅可以向交易双方收取一定的交易费用，还可以吸纳存款。

5.3.6　第三方支付工具

传统的网上支付主要是借助网上银行的支付平台，使用银行卡、电子支票和电子现金等作为支付工具，其中最常用的还是银行卡支付。网上银行一般采用 SSL 或 SET 安全协议，对银行卡信息进行加密认证处理，降低用户的银行卡号和密码泄露的风险，实现资金的安全传递。但是，随着网站商家和网上银行数量、规模的发展，这种模式变得不太适应商家的需要，因为要实现网上支付，商家就得和各家银行逐个签订接入协议、安装各个银行的认证软件，非常繁琐，对于中小型商户尤其不经济。因此，在银行和网站之间作为支付中介的第三方支付平台应运而生。

第三方支付平台是属于第三方的服务中介机构，用来完成第三方担保支付的功能。它主要是为开展电子商务业务的企业提供电子商务基础支撑与应用支撑服务，不直接从事具体的电子商务活动。

由于第三方支付平台是架构在虚拟支付层上的，本身不涉及银行卡内资金的实际划拨，信息传递流程在自身的系统内运行，因而电子支付服务商可以有比较大的发展空间。

目前第三方支付公司、银行、企业已经形成了一个复杂的电子支付产业链。第三方支付处于整个产业链的中间位置，是电子支付产业链的主要纽带，一方面连接银行，处理资金结算、客户服务、差错处理等一系列工作；另一方面又连接着众多的客户，使客户的支付交易能顺利接入。第三方支付的一站式接入服务使银行与商家双方都避免了"一对一"接入的高昂成本，同时也为卖家和买家提供了一个信用担保机构，在相当长的时期内都有存在的必要性与必然性。

1．第三方支付流程

第三方支付模式使商家看不到客户的信用卡信息，同时又避免了信用卡信息在网络多次公开传输而导致的信用卡信息被窃事件。以支持 B2C/C2C 交易的网络银行在线为例的第三方支付模的交易流程如图 5-3 所示。

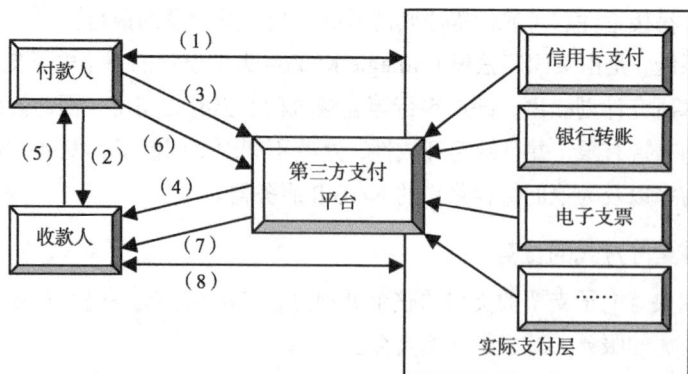

图 5-3　第三方支付模式的交易流程

（1）付款人将实体资金转移到支付平台的支付账户中。

（2）付款人购买商品（或服务）。

（3）付款人发出支付授权，第三方平台将付款人账户中相应的资金转移到自己的账户中保管。

（4）第三方平台告诉收款人已经收到货款，可以发货。

（5）收款人完成发货服务。

（6）付款人确认收货，可以付款。

（7）第三方平台将临时保管的资金划拨到收款人账户中。

（8）收款人可以将账户中的款项通过第三方平台和实际支付层的支付平台兑换成实体货币，也可以用于购买商品。

2．第三方支付的优缺点

（1）第三方支付的优点。

1）较安全。信用卡信息或账户信息仅需要告知第三方支付机构，而无须告诉每一个收款人，大大减少了信用卡信息和账户信息失密的风险。

2）支付成本较低。第三方支付机构集中了大量的电子小额交易，形成规模效应，因而支付成本较低。

3）使用方便。对支付者而言，他所面对的是友好的界面，不必考虑背后复杂的技术操作过程。

4）第三方支付机构的支付担保业务可以在很大程度上保障付款人的利益。

（2）第三方支付的缺点。

1）这是一种虚拟支付层的支付模式，需要其他的"实际支付方式"完成实际支付层的操作。

2）付款人的银行卡信息将暴露给第三方支付平台，如果这个第三方支付平台的信用度或者保密手段欠佳，将带给付款人相关风险。

3）由于有大量资金寄存在支付平台账户内，所以存在资金寄存的风险。

3．第三方支付工具介绍

（1）支付宝。支付宝是全球领先的第三方支付平台，成立于 2004 年 12 月，致力于为用户提供"简单、安全、快速"的支付解决方案。旗下有"支付宝"与"支付宝钱包"两个独立品牌。自 2014 年第二季度开始成为当前全球最大的移动支付厂商。

支付宝主要提供支付及理财服务，包括网购担保交易、网络支付、转账、信用卡还款、手机充值、水电煤缴费、个人理财等多个领域。在进入移动支付领域后，为零售百货、电影院线、连锁商超和出租车等多个行业提供服务，还推出了余额宝等理财服务。

支付宝与国内外 180 多家银行以及 VISA、MasterCard 国际组织等机构建立战略合作关系，成为金融机构在电子支付领域最为信任的合作伙伴。支付宝公司上级主管部门为中国人民银行。2011 年，支付宝获得了由中国人民银行颁发的国内第一张支付业务许可证。2014 年 10 月 16 日，阿里小微金融服务集团以蚂蚁金融服务集团的名义正式成立，旗下的业务包括支付宝、支付宝钱包、余额宝、招财宝、蚂蚁小贷和网商银行等。

知识链接

小微金服务集团，将以支付宝的母公司浙江阿里巴巴电子商务有限公司为主体。集团化之后主要包括支付、小贷、保险、担保和理财五个方向。小微金服致力于为小微企业及消费者个人，为这些容易被传统金融机构忽视的长尾用户，提供普惠、便捷、低成本的金融服务。

（2）财付通。财付通（Tenpay）是腾讯公司于 2005 年 9 月正式推出专业在线支付平台，其核心业务是帮助在互联网上进行交易的双方完成支付和收款，致力于为互联网用户和企业提供安全、便捷、专业的在线支付服务。个人用户注册财付通后，即可在拍拍网及 20 多万家购物网站轻松进行购物。财付通支持全国各大银行的网银支付，用户也可以先充值到财付通，享受更加便捷的财付通余额支付体验。财付通与拍拍网、腾讯 QQ 有着很好的融合，按交易额来算，财付通排名第二，份额为 20%，仅次于支付宝。

财付通的提现、收款、付款等配套账户功能，让资金使用更灵活。财付通还为广大用户提供了手机充值、游戏充值、信用卡还款、机票专区等特色便民服务，让生活更方便。作为中国领先的在线支付服务提供商，财付通自 2005 年 9 月上线以来，在支付系统安全性方面做出了诸多努力，其安全建设一直走在行业的前列。例如，财付通采用先进的 128 位 SSL 加密技术，确保用户信息安全传输避免窃取。

2013 年 4 月 11 日，国内主流的第三方支付平台财付通与台湾玉山银行举办媒体发布会，共同宣布将进一步推行"两岸支付通"产品，并首次针对大陆地区以外的商家开通"二维码扫描支付"。

知识链接

二维码扫描支付是一种基于账户体系搭起来的新一代无线支付方案。在该支付方案下，商家可把账号、商品价格等交易信息汇编成一个二维码，并印刷在各种报纸、杂志、广告、图书等载体上发布。

　　用户通过手机客户端扫描二维码，便可实现与商家支付宝账户、财付通账户等的支付结算。最后，商家根据支付交易信息中的用户收货、联系资料，就可以进行商品配送，完成交易。同时，由于许多二维码扫码工具并没有有恶意网址识别与拦截的能力，腾讯手机管家的数据显示，这给了手机病毒极大的传播空间，针对在线恶意网址、支付环境的扫描与检测来避免二维码扫描渠道染毒。

　　（3）银联在线支付。银联在线支付是中国银联为满足各方网上支付需求而打造的银行卡网上交易转接清算平台，它也是中国首个具有金融级预授权担保交易功能、全面支持所有类型银联卡的集成化、综合性网上支付平台。它涵盖认证支付、快捷支付、小额支付、储值卡支付、网银支付等多种支付方式，可为用户境内外网上购物、水电气缴费、商旅预订、转账还款、基金申购、慈善捐款以及企业代收付等提供"安全、快捷、多选择、全球化"的支付服务。

　　银联在线支付具有方便快捷、安全可靠、全球通用、金融级担保交易、综合性商户服务、无门槛网上支付六大特点。简单灵活的快捷支付模式，无须开通网银，加快交易进程，提升用户体验，有助于银行、商户吸引更多客户，促进网上交易。多重安全技术保障，实时风险监控，充分保证支付安全。与其他担保交易提前划款给第三方账户不同，"银联在线支付"的金融级预授权担保交易，是在持卡人自有银行账户内冻结交易资金，免除利息损失和资金挪用风险，最大化保证了银行、商户和持卡人权益。延伸全球的银联网络，越来越多的银联境外网上商户让持卡人"轻点鼠标，网购全球"。

　　银联在线支付是中国银联重点创新业务，对于中国电子支付和电子商务产业的发展具有深远的意义，也将中国银行卡网上支付推进到一个崭新的时代。中国银联将继续本着"服务、创新、责任、共赢"的理念，与各合作机构精诚合作，携手努力，不断满足日益多元化、个性化的网上支付需求，共同推动中国电子支付产业快速、健康发展。

　　（4）快钱。快钱是国内领先的独立第三方支付企业，旨在为各类企业及个人提供安全、便捷和保密的综合电子支付服务。目前，快钱是支付产品最丰富、覆盖人群最广泛的电子支付企业，其推出的支付产品包括但不限于人民币支付、外卡支付，神州行支付，代缴/收费业务，VPOS服务，集团账户管理等众多支付产品，支持互联网、手机、电话和POS等多种终端，满足各类企业和个人的不同支付需求。截至2007年12月，快钱已拥有2 000万个注册用户和逾10万个商业合作伙伴，并荣获中国信息安全产品测评认证中心颁发的"支付清算系统安全技术保障级一级"认证证书。

　　快钱总部位于上海，在北京、广州等地设有分公司。公司拥有由互联网行业资深创业者、优秀金融界人士和顶尖技术人员所组成的国际化管理团队，在产品开发、技术创新、市场开拓、企业管理和资本运作等方面都具有丰富的经验。出众的执行力和快速的发展使得快钱获得了硅谷大型风险投资基金的风险投资，并于2006年荣获第三届中国国际金融论坛"十佳中国成长金融机构"殊荣。

　　快钱产品和服务的高度安全性以及严格的风险控制体系深受业内专家和众多企业及消费者的好评，快钱电子支付平台采用了国际上最先进的应用服务器和数据库系统，支付信息的传输采用了 128 位的 SSL 加密算法，整套安全体系获得了美国 MasterCard 网站信息安全认证、美国 VISA 持卡人信息安全认证和美国 AmericanExpress 运通的 DSS 认证，而美国 Oracle 公司、VeriSign 数字安全公司和 ScanAlert 网络安全公司每天为快钱提供全面的安全服务，确保了数以亿计交易资金往来的安全。

快钱同多家金融机构结成战略合作伙伴，并开通 VISA 国际卡在线支付，服务覆盖国内外 30 亿张银行卡。快钱和多家国内外知名企业如网易、搜狐、百度、TOM、当当、柯达、神州数码、万网、国美、三联家电等公司达成战略合作。综合全面的支付产品，精益求精的服务理念，将使快钱赢得更多企业及消费者的信赖，以创造支付行业第一品牌。

（5）贝宝与安付通。

1）贝宝是由上海网付易信息技术有限公司与世界领先的网络支付公司——PayPal 公司通力合作为中国市场量身定做的网络支付服务。贝宝利用 PayPal 公司在电子商务支付领域先进的技术、风险管理与控制及客户服务等方面的能力。

2）安付通（Paypal) 是由易趣联合中国工商银行、中国建设银行、招商银行和银联电子支付服务有限公司提供的一种促进网上安全交易的支付手段。网上买家可以通过安付通放心地付钱给素未谋面的网络卖家，因为易趣在交易过程中自始至终充当值得信赖的第三方并且控制付款流程。买家收到物品后决定是否将货款支付给卖家，而易趣会严格遵照买家意愿和安付通的流程规定实施放款。

易趣一直致力于打造中国最安全的网上购物支付系统，其目标是将易趣建设成为百分百安全的网上购物平台。在不断强化安付通功能的基础上，此次贝宝登录易趣平台，使得贝宝与安付通共同构成了易趣安全支付平台，买家可根据自身需要选择使用贝宝或安付通支付货款。贝宝与安付通是两个即可独立使用又可关联使用的安全在线支付工具。通过贝宝，买家可直接付款给卖家；通过安付通，买家先验货后付款。

（6）微信支付。微信支付是集成在微信客户端的支付功能，用户可以通过手机完成快速的支付流程。微信支付以绑定银行卡的快捷支付为基础，向用户提供安全、快捷、高效的支付服务。用户只需在微信中关联一张银行卡，并完成身份认证，即可将装有微信 APP 的智能手机变成一个全能钱包，之后即可购买合作商户的商品及服务，用户在支付时只需在自己的智能手机上输入密码，无需任何刷卡步骤即可完成支付，整个过程简便流畅。

目前微信支付已实现刷卡支付、扫码支付、公众号支付、APP 支付，并提供企业红包、代金券、立减优惠等营销新工具，满足用户及商户的不同支付场景。

第三方支付除上述平台外，还有拉卡拉支付、微付通（微付天下）、宝付、国付宝、捷诚宝和钱袋宝等。

扩展阅读　**央行发第四批第三方支付牌照　电视支付首获牌照**

本报讯（记者马文婷　实习记者张韦）昨天下午，央行网站公布了第四批第三方支付牌照的发放结果。截至记者发稿时，包括苏宁易付宝、网易宝在内的 95 家第三方支付企业获得"许可证"，至此央行共发放 196 张第三方支付牌照。最引人注意的是，此次发放的业务类型中，首次出现了"数字电视支付"业务。此前，2011 年 5 月 26 日、2011 年 8 月 31 日和 2011 年 12 月

31 日，央行分别发放了三批共 101 张第三方支付牌照。

据了解，通过数字电视支付业务，用户可以通过"电视+遥控器"的方式进行银行卡支付，这将为广电行业的电视购物和影视点播业务提供支付的可能，"电视商城"则可能成为电子商务的又一入口。分析人士普遍认为，电视支付业务如能成功落地，将成为新的金融自助支付渠道。

从昨天公示的情况看，昆明卡互卡科技有限公司、上海亿付数字技术有限公司、银视通信息科技有限公司和北京数码视讯（12.910, 0.07, 0.55%）软件技术发展有限公司四家公司获得了数字电视支付业务的许可。其中，中国银联是银视通信息科技有限公司的股东之一，而歌华有线（11.85, 0.44, 3.86%）则参股了北京数码视讯软件技术发展有限公司。2011 年 5 月，在申请第三方支付牌照的 32 家公司中，网银在线、财付通、支付宝曾申请数字电视支付业务牌照，但最后均未获批。

值得关注的是，第四批牌照也被认为第三方支付行业的准入"末班车"，本轮牌照发放后，支付牌照扩容进程将暂告一段落。快钱 CEO 关国光对记者表示，牌照的发放是由供需关系决定的，以目前的市场发展规模看，未来支付牌照还会发放，但节奏放慢将变为常态。

（资料来源：京华时报，2012 年 6 月 29 日，http://finance.sina.com.cn/money/bank/dsfzf/20120629/ 073512 434352.shtml）

自测题

一、关键概念

银行卡　电子现金　电子钱包　IC 卡　第三方支付　微支付

二、判断题

1. 支付工具是商品交换和贸易发展到一定阶段的必然产物。（　　　）

2. 在网络上进行安全电子交易前，必须先安装符合安全标准的电子钱包。（　　　）

3. 支付宝是国内唯一的第三方支付平台。（　　　）

4. 电子支票是付款人向收款人签发的、无条件的数字化支付指令，它可以通过互联网或无线接入设备来完成传统支票的所有功能。（　　　）

5. 第三方支付平台仅仅是资金的中转站，并不能降低网络支付的风险。（　　　）

三、单选题

1. 目前在国内，（　　　）是 C2C 支付最主要的支付方式。

A. 现金　　　　　　B. 货到付款　　　　　C. 第三方支付　　　　D. 银行转账

2. E-cash 是一种典型的（　　　）。

A. 信用卡　　　　　B. 智能卡　　　　　　C. 电子现金　　　　　D. 电子支票

3. 电子支票使用（　　　）代替手写签名，并以加密方式进行传递。

A. 接收者的公钥　　B. 接收者的私钥　　　C. 数字签名　　　　　D. 支付者的公钥

4. 属于第三方支付工具的是（　　　）。

A. 支付宝　　　　　B. e-Check　　　　　 C. E-cash　　　　　　D. Visa Cash

四、多选题

1. 借记卡具有（　　）等功能。

A. 异地存取，方便快捷　　　　　　　B. 转账汇款，实时到账

C. 服务日常生活　　　　　　　　　　D. 信息记录功能

2. 目前，电子现金仍存在（　　）等问题。

A. 运行成本高　　B. 安全风险　　　　C. 受时间、地点的限制　　D. 流通受到限制

3. 下列关于电子钱包的说法中，不正确的是（　　）。

A. 电子钱包是客户在网上购物过程中常用的一种支付工具

B. 电子钱包等同于电子现金

C. 电子钱包是能安全进行电子交易并储存交易信息记录的软件

D. 电子钱包可以存放客户的银行卡账号、电子现金、身份证书及个人信息等

4. 电子支票的优点包括（　　）。

A. 节省时间、减少纸质支票传递的费用

B. 与传统支票相比，容易被用户接受

C. 当使用者将支票遗失或被冒用时，不能停止付款并取消交易

D. 比传统支票的安全性低

5. 目前微信支付已实现刷卡支付、（　　），并提供企业红包、代金券、立减优惠等营销新工具，满足用户及商户的不同支付场景。

A. 扫码支付　　　　B. 公众号支付　　　　C. APP 支付　　　　　D. 实时支付

五、简答题

1. 简述支付工具的演变过程。

2. 常用的网络支付工具有哪几种？各有何特点？

3. 网络支付工具对电子商务的发展有何影响？

4. 简述各网络支付工具的支付流程。

5. 电子支付系统经历了哪几个发展阶段？

第6章 网络支付系统

本章导读

支付系统是市场经济中金融基础设施的重要组成部分,是货币体系中不可分割的一部分,是保证金融交易有效性和金融风险管理的基础。它涉及资金转移的规则、资金转移的相关机构和资金转移的技术手段等诸多方面,是银行系统提供的一个转移资金、发放信贷的特殊工具。网络支付系统是基于互联网的支付系统,是电子支付系统的进一步发展。

本章学习要求

- ◉ 了解支付系统的形成;
- ◉ 掌握网络支付系统的定义、构成、分类和功能;
- ◉ 了解我国网络支付系统的发展;
- ◉ 了解电子汇兑系统;
- ◉ 熟悉电子资金转账系统;
- ◉ 熟悉中国国家现代化支付系统;
- ◉ 了解 SWIFT 和 CHIPS 系统。

引导案例 广发银行成为全国首家实现网银全自动结汇银行

近日,广发银行企业网银端口成功对接外管局货物贸易外汇监测系统,成为全国首家实现网银全自动结汇银行,使得原有结汇、同名外汇转账业务全流程时间从 40 分钟缩短为不到 1 分钟,实现瞬时入账!自此,结合前期推出市场的"瞬时通"、"瞬时达"服务,广发银行已实现企业外汇资金从入账、通知到结汇一条龙全自动处理,客户资金使用效率大大提高!

同时,企业在网银界面也可以看到最新的外汇报价,便于企业及时锁定结汇成本,不仅提升业务处理效率,还加强了风险控制。

目前,企业可通过线上签约与柜台签约两种方式开通网银国际结算业务,广发银行还为客户提供免费签约"国际结算信息提醒"瞬时通业务服务,交易信息免费收取,安全快捷一手掌握!

1. 广发网银国际结算业务开通方式

(1)线上签约:企业网银管理员仅需在"网银管理"→"签约管理"中,点击"立即签约",即可开通企业网银国际结算功能。

(2)柜台签约:客户也可携带相关资料临柜开通网银国际结算功能。

2．业务办理路径

（1）录入员登录网上银行，选择"国际结算"模块，选择"结汇业务"或"同名外汇转账业务"，选择转出、转入账号后提交业务即可。

（2）复核员登录网上银行，选择"交易审批"模块，审批通过该笔业务便可进入全自动处理环节。

（资料来源：北京晨报，2014 年 7 月 18 日 13：08，http://hy.cebnet.com.cn/2014/0718/271191.shtml）

支付系统是为了加快社会资金周转，满足社会对资金结算和清算需求而形成和建立的一个系统，它是市场经济中金融基础设施的重要组成部分，支付系统的组成和运作主要由市场需求所决定。这个系统对加速资金周转和社会商品的流通起到重要作用。资金相当于社会经济活动中的血液，而输送血液的心血管系统就相当于支付系统。支付系统是社会经济活动中最为重要的系统之一，直接影响商品社会经济活动的效率和效益。支付系统的形成、建立和发展是与社会经济活动密切相关的，自有人类经济活动以来，这个社会的支付系统就开始存在，只不过支付系统的构成和形态呈现出不同的方式，支付系统伴随着人类经济活动的进程而发生、发展、完善和进步，这是我们对支付系统的基本观点和认识。

本章介绍了目前银行广泛应用的电子汇兑系统的基本内容，详细描述了电子汇兑系统的基本运作模式。在此基础上，详细描述了国外的 SWIFT 与 CHIPS 和国内的 CNFN 网和 CNAPS 系统。

6.1　网络支付系统概述

6.1.1　支付系统的发展

支付系统是支撑各种支付工具应用、实现资金清算并完成资金最终转移的通道。支付系统是由一系列计算机、网络通信、电子设备等硬件、软件构成的设施基础，并与制度安排和人员管理配套整合而成的一个复杂集合体，来实现和完成整个支付的业务和过程。完成支付的整个过程除了硬件、软件的系统构成外，还有人员、制度及配套的法律、法规体系保障，因此，国际上提出了支付体系的概念。各种支付工具的支付信息、业务流程和数据信息标准贯穿于支付系统处理的全过程，因此支付信息传输和资金结算需要得到支付系统的有效支持。同时，重要的支付系统通常是金融市场和经济运行的核心基础设施，能够实现各个金融市场的有机连接，为金融市场提供有效、安全的资金清算结算服务，有效支持金融市场的发展和货币政策的实施。

支付系统的形成是交易环节与支付环节分离的结果，其形成与信用的建立有直接的关系。正是由于商业信用与银行信用的产生，促使了交易环节与支付环节的分离，才产生了以银行为中介的支付系统。一定的信用关系与信用制度是支付体系得以建立、完善的基础，同时，支付系统的完善和发展也能促进信用体系的进一步发展。在一个社会信用体系中，不仅包括银行信用，还包括众多经济成员的行为。

在中国，支付系统按其对社会提供服务的层次作用进行分类，有国家支付清算系统、商业银行行内资金汇划系统、同城票据交换所系统及提供社会支付服务的第三方支付服务组织系统。在我国，国家支付清算系统是由中国人民银行支付清算总中心提供的为银行和社会服务的现代化支付系统，包括大额支付系统、小额支付系统和票据系统，是中国支付系统的核心系统。商业银行行内资金划拨系统是由各商业银行建设的为社会提供支付服务的系统，是中国支付系统的基础系统。第三方支付服务组织系统是为社会提供增值和补充服务的系统，如银联的银行卡跨行支付系统、现在网上提供电子商务交易和各类正在发展的第三方支付服务组织构建的支付平台和系统。同城票据交换所是由中国人民银行组织的专用于票据交换清分的场所和组织，是票据支付工具进行支付传递的通道和系统。它正朝大区域、中心城市覆盖范围的扩大和全国集中的方向发展。

支付系统的形成、建立和发展是与社会经济活动密切相关的，自有人类经济活动以来，这个社会的支付系统就开始存在，只不过支付系统的构成和形态呈现出不同的方式，支付系统伴随着人类经济活动的进程而发生、发展、完善和进步。

6.1.2 网络支付系统的定义

网络支付是电子支付的一种形式。网络支付是指电子商务的交易主体，包括企业、消费者、商家和金融机构以金融电子化网络为基础，以商用电子化工具和各类交易卡为媒介，采用现代计算机技术和通信技术为手段，通过计算机网络系统特别是互联网，以电子信息传递形式来实现资金的流通和支付。网络支付系统就是网络支付的主体、方式、工具相互联系构成的统一整体，即网络支付系统是融购物流程、支付工具、安全技术、认证体系以及电子化的金融体系为一体的综合大系统。

6.1.3 网络支付系统的构成

网络支付系统的构成如图 6-1 所示。

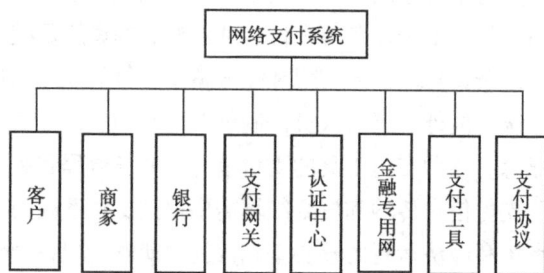

图 6-1 网络支付系统的构成

（1）客户，是指与商家有交易关系并存在未清偿债权债务关系的一方。客户用所拥有的支付工具进行电子支付，是电子支付系统运作的原因和起点。

（2）商家，一般是指交易中拥有债权的一方，可以根据用户的支付指令向银行请求资金划转。商家一般使用专用的后台服务器来处理客户发起的支付请求，包括客户身份的认证和不同支付工具的处理。

（3）银行。电子商务的各种支付工具都要依托于银行信用，没有信用就无法运行。作为参与方的银行包括客户开户行、商家开户行和银行专用网等。客户开户行是指客户在其中拥有自己账户的银行。商家开户行是指商家在其中拥有自己账户的银行。银行专用网是银行内部及银行之间进行通信的专用网络，具有较高的安全性。

（4）支付网关，是公共网络和银行专用网之间的接口，支付信息必须通过支付网关才能进入银行支付系统，进而完成支付的授权和支付款项的转移。支付网关关系着支付结算的安全以及银行自身的安全。

（5）认证中心，为确认交易各参与方的真实身份，需要由认证机构向参与商务活动的各方发放数字证书，以保证电子商务支付过程的安全性。认证机构必须确认交易参与方的资信情况（如交易方的银行账户情况、与银行交往的信用历史记录等），因此，认证过程也离不开银行的参与。

（6）金融专用网，是银行内部及银行间进行通信的网络，具有较高的安全性，包括中国国家现代化支付系统、人民银行电子联行系统、工商银行电子汇兑系统、银行卡授权系统等。中国银行的金融专用网发展很迅速，为逐步开展电子商务提供了必要的条件。

（7）支付工具与支付协议。目前经常使用的电子支付工具包括银行卡、电子现金、电子支票等。在电子商务交易中，消费者发出的支付指令，在由商家送到支付网关之前，是在公用网络中传输的。支付协议的作用就是为网上支付工具的使用、支付信息的流动制定规则并进行安全保护。目前比较成熟的支付协议主要有 SSL 协议、SET 协议、TLS 协议等。

6.1.4　网络支付系统的分类

随着信息技术的发展，网络支付系统的种类越来越多，同时衍生出很多类型的支付方式，这些支付方式各有自己的特点和运作模式，适用于不同的交易过程。为了对这些方式或产品有一个明晰的了解，必须要对这些系统进行分类。

1．根据支付金额的大小

（1）大额支付，主要处理银行间大额资金转账，通常支付的发起方和接收方都是商业银行或在中央银行开设账户的金融机构。大额系统是一个国家支付体系的核心应用系统。现在的趋势是，大额系统通常由中央银行运行，处理贷记转账，当然也有由私营部门运行的大额支付系统，这类系统对支付交易虽然可做实时处理，但要在日终进行净额资金清算。大额系统处理的支付业务量很少（1%～10%），但资金额超过 90%，因此大额支付系统中的风险管理特别重要。

（2）小额支付，主要指 ACH（自动清算所），主要处理预先授权的定期贷记（如发放工资）或定期借记（如公共设施缴费）。支付数据以磁介质或数据通信方式提交清算所。

（3）联机支付，主要指 POSEFT 和 ATM 系统，其支付工具为银行卡（信用卡、借记卡或 ATM 卡、电子现金等）。主要特点是金额小、业务量大，交易资金采用净额结算（但 POSEFT 和 ATM 中需要对支付实时授信）。

2．根据支付的时间不同

（1）预支付（Pre-paid），是指先付款，后购买。预支付系统基本上是通过将电子货币保存到硬盘或一张智能卡上的方式来工作的。这些包含该电子货币的文件叫作虚拟钱包（Virtual Wallet），在任何时候，都可以用这些电子货币支付在线商品或服务。预支付可通过电子现金、智能卡和电子钱包等来实现。

（2）即时支付（Instant-paid），即时交易即时付款。即时支付实现起来最复杂，因为其必须直接访问银行的内部数据库，方能实现即时付款。

（3）后支付（Post-paid），即先购买，再支付。后支付可通过的安全措施比其他付款类型更严格。即时支付可通过借记卡或直接借记实现。后支付通过传统的信用卡解决方案、电子账单及电子支票或货到付款来实现。

3. 根据是否与第三方在线连接

（1）离线支付（Offline Payment），即脱机支付。脱机支付在支付过程中不牵涉第三方，支付活动只涉及付款人和收款人。脱机支付存在着明显的问题，它很难防止付款人透支。在纯数字世界中，不诚实的付款人很容易在每次付款后将其系统的本地状态重新设置到支付前的状态。所有的基于电子硬件的支付系统，包括 Mondex 和 CAFE（Condition Access for Europe）都是脱机系统。

（2）在线支付（Online Payment），即联机支付。联机支付的每次支付中包含一项授权服务。联机支付的通信量更大，但一般来说比脱机支付更安全。大多数已提出的互联网支付系统是联机支付系统。

6.1.5　网络支付系统的功能

（1）实现对交易各方的认证。为保证交易的安全进行，必须对参与电子商务的各方身份的真实性进行认证，可以通过认证机构向参与各方发放数字证书，利用数字签名和数字证书证实交易各方身份的合法性。

（2）使用有效手段对支付信息进行加密。电子支付系统应能够根据对安全级别的要求，采用对称密钥或非对称密钥技术对传输的信息进行加密，并利用数字信封技术来加强数据传输的安全保密性，保证支付信息传递给可靠的接收方，以防止被未授权的第三方获取。

（3）保证支付信息的完整性。为保护传输的支付数据完整无误地传递给接收方，电子支付系统必须能够将原文用数字摘要技术加密后进行传送，这样接收方就可以通过摘要来判断所接收的消息是否被篡改。

（4）保证业务不可否认性。电子支付系统必须在交易的过程中生成或提供充分的数据，当交易出现纠纷时，能防止交易双方否认已发生的业务。为此，电子支付系统通过使用数字签名技术使发送方不能否认所发送的信息，使用数字信封技术使接收方不能否认所接收的信息。

（5）处理网上贸易业务的多边支付问题。网上贸易的支付关系到客户、商家和银行等多方，其中传送的购货信息与支付指令必须捆绑在一起。商家只有确认了购货信息后才会继续交易，银行也只有确认了支付指令后才会提供支付。但同时，商家不能读取客户的支付指令，银行也不能读取商家的购货信息，这种多边支付的关系可以通过双重签名等技术来实现。

6.1.6　我国网络支付系统的发展

社会经济系统的运行，涉及物资、产品、商品和人力资本的劳务在社会层面范围的流动，而同时货币和资金却在社会层面上朝相反方向流动。如果资金的流动不畅通，就会阻塞物流的运动，经济的运行就会出现问题。因此，一个高效的支付系统是经济系统正常和高效运行的基础和保障。

网络支付在中国的发展开始于 1998 年招商银行推出的网上银行业务。随后，中国工商银行等各大银行的移动银行、网上支付等业务也逐渐发展起来，银联的网关在 2002 年开始建设，现已覆盖全国各地以及世界许多国家和地区。

目前国内市场上的网络支付形式主要由三大类组成。第一类是由商业银行主宰的网关支付服务。比如银联，金融背景与业务熟悉是这类支付平台的最大优势。第二类是依托大型 B2C、C2C 网站的支付工具。比如支付宝就属于这种非独立性的寄生形式。第三类是以易宝、财付通、快钱为代表的，具有网络支付、电话支付、移动支付等多种支付手段的第三方支付平台，它实际上就是买卖双方交易过程中的"中间人"；是在银行监管下保障交易双方利益的独立机构。其独立性与专业化在相当程度上解决了此前困扰网络购物的诚信问题。

目前看来，这三类支付模式在中国市场都有了比较快的发展。第二种模式的发展，需要依附于大型电子商务品牌来运营，空间有限。第三与第一种模式具有很好的互补关系。互联网商务支付平台大多采取网上银行+第三方支付公司的交易模式。有关专家认为，真正促进电子支付普及的是第三方支付平台的发展。市场的高速发展也证明了其市场潜力的巨大。

据中国人民银行发布的《2014 年第一季度支付体系运行总体情况》报告显示，第一季度，支付系统[①]共处理支付业务 64.89 亿笔，金额 776.02 万亿元，业务金额是第一季度全国 GDP 总量的 60.53 倍。从支付系统资金往来情况看，第一季度，全国各省（市、自治区）辖内资金流动总量占全国资金流动总量的 48.13%；16 个省（市、自治区）的辖内资金流动量超过本省（市、自治区）资金流动总量的 50%。

虽然我国网络支付系统还未十分完善和成熟，在发展过程中也暴露出来这样那样的问题，但是与传统的支付方式相比，优势巨大且非常明显，市场广阔。而对于第三方支付平台，随着电子商务的进一步发展和网上支付体系的完善，必将以其个性化服务、灵敏的反应和方便快捷的特性征服更多的用户。

6.2　电子汇兑系统

目前世界各地运行中的电子汇兑系统主要基于专用金融网络，没有运行在互联网平台上。一方面，借助专用网上的电子汇兑系统，可以间接地为电子商务的发展服务，且它比传统的纸面票据支付结算效率要高；另一方面，银行内部、银行之间的专用金融网络能够通过与公众的

---

① 包含大额实时支付系统、小额批量支付系统、网上支付跨行清算系统、同城票据清算系统、境内外币支付系统、全国支票影像交换系统、银行业金融机构行内支付系统、银行卡跨行支付系统、城市商业银行资金清算系统和农信银支付清算系统。

互联网相连共同完成一项支付结算业务（特别是跨行、异地的资金支付结算），所以金融专用网本身已成为网络支付平台中涉及银行这一方的重要组成部分。

随着金融信息化的进一步发展和互联网的应用，银行逐渐转移自己的业务至互联网平台上，这将为 B2B 电子商务下的网络支付提供一种快捷安全的方式。网络银行业务正与电子汇兑业务趋向融合，如中国招商银行的互联网上的电子汇兑应用就说明了这一点。

6.2.1 电子汇兑系统简介

1. 电子汇兑的产生

银行与公司、企业单位、政府部门以及其他金融机构的资金支付与结算不同于面向大众的银行卡业务（可称为零售业务），它是一种批量或批发业务。Atlanta 的联邦储备银行的统计显示在商业银行处理的交易额中，大于 1 000 美元的项目占总数的 5%，但是却占交易总金额的88%。因此这种批量业务对银行来说是至关重要的，对整个社会的支付结算效率的影响也是非常重要的。

在银行实现电子化之前，与零售业务支付机制类似，批发业务支付机制也主要基于支票等纸质凭证。对美国的企业调查表明，公司总收入的80%是由支票收款的。这种基于纸质的手工支付机制，效率低，风险大，在途资金多，不能适应经济快速发展的要求和经济全球化的趋势，迫使企业和银行研制和发展用于批发业务的基于网络处理的电子资金转账系统，即银行批量业务电子处理系统。

银行批量业务电子处理系统主要包括面向单位客户的银行电子化服务系统（如电子银行及EFT、网络银行、电子支票等）和面向银行同业资金往来的电子汇兑系统。面向单位客户的银行电子化服务系统要为其客户提供电子资金转账服务，还必须通过电子汇兑系统才能完成。

国际上著名的电子汇兑系统有国际的 SWIFT、美国的 CHIPS、美国的 FEDWIRE、日本全银系统、日银系统和英国的 CHAPS 等。国内最著名的电子汇兑系统是中国人民银行的全国电子联行系统，详见后面章节。

知识链接

CHAPS（Clearing House Automated Payment System）可分为 CHAPS 英镑（1996 年实施该系统）和 CHAPS 欧元（1999 年实施该系统），后者通过其与 TARGET（欧洲的欧元清算体系）的联系，便利英国国内与境外交易者之间的欧元批发性支付。

2. 电子汇兑系统的定义

电子汇兑（Electronic Agiotage 或 Electronic Exchange），利用电子手段处理资金的汇兑业务，以提高汇兑效率，降低汇兑成本。

广义的电子汇兑系统，泛指客户利用电子报文的手段传递客户的跨机构资金支付、银行同业间各种资金往来的资金调拨作业系统，具体来说，就是银行以自身的计算机网为依托，为客户提供汇兑、托收承付、委托收款、银行承兑汇票、银行汇票等支付结算服务方式。

任何一笔电子汇兑交易，均由汇出行（Issuer Bank）发出，到汇入行（Acquirer Bank）收到为止。其间的数据通信转接过程的繁简，视汇出行与汇入行（也称解汇行）两者之间的关系而定。

根据汇出行和汇入行间的不同关系，可把汇兑作业分成如下两类：

（1）联行往来汇兑业务。汇出行与汇入行隶属同一个银行的汇兑，属于银行内部账务调拨，必须遵守联行往来的约定，办理各项汇入和汇出事宜。

（2）通汇业务。资金调拨作业需要经过同业多重转手（多个银行参与）处理才能顺利完成，称为通汇业务。通汇业务是一种行际间的资金调拨业务，如本国通汇和国际通汇。跨行或跨国通汇，因涉及不同银行间的资金调拨，参与通汇的成员必须签署通汇协定，才能保证作业系统的正常运行。

3．电子汇兑系统的特点

电子汇兑系统的用户主要是各个银行，终端客户主要是企业、政府机构等组织，社会大众用得很少。这种系统与个人自助银行系统相比，具有交易额大、风险性大、对系统的安全性要求高、跨行和跨国交易所占比重大等特点。因此，国外把前者划归批发银行系统，把后者划归零售银行系统。中国则把前者划归大额支付系统，把后者划归小额支付系统。

电子汇兑系统的汇兑金额一般较大，用户转账时最关心的是安全，其次才是及时送到。为了系统的安全，在设计电子汇兑系统时，信息的传输方式几乎都是先存后送，确保信息在传输过程中所通过的每个站点都有确切的记录，万一中途汇兑业务出现问题，也能迅速找到出事点。

由于电子汇兑业务中的跨行和跨国交易所占比重很大，因此在设计电子汇兑系统时，应适应国际上通行的各种标准、规格和要求。只有遵守这些标准，才能顺利进行国际资金的电子汇兑业务。

4．电子汇兑系统的类型

为适应国际与国内贸易快速发展的需要，国际上许多国家及一些国际组织建立了许多著名的电子汇兑系统。这些系统所提供的功能不尽相同，按照其作业性质的不同，可把电子汇兑系统分成三大类。

（1）通信系统，主要提供通信服务，专为其成员金融机构传送与汇兑有关的各种信息。成员行收到这种信息后，若同意处理，则将其转送到相应的资金调拨系统或清算系统内，再由后者进行各种必要的资金转账处理。这种系统的典型实例是 SWIFT 系统，它把原本互不往来的金融机构全部串联起来。中国国家金融通信网 CNFN 也基本属于这种类型。

（2）资金调拨系统，是典型的汇兑作业系统，具体负责资金的支付。这类系统有的只提供资金调拨处理，有的还具有清算功能。属于这类系统的代表性系统有美国的 CHIPS 和 FEDWIRE、日本的全银系统、中国各商业银行的电子汇兑系统、中国人民银行的全国电子联行系统等。

（3）清算系统，主要提供银行间的资金清算处理。如果汇入行与汇出行之间无直接清算能力，则需委托另一个适当的清算系统进行处理。以美国为例，CHIPS 除可做资金调拨外，还可兼做清算，但对象仅限纽约地区的银行。纽约以外的银行清算则要交由具有清算能力的FEDWIRE 进行处理。中国的异地跨行转汇，必须经过中国人民银行的全国电子联行系统，才能最终得以清算。其他如英国的 CHAPS、新加坡的 CHITS 和日本的日银系统，则是纯粹的清算系统，负责行际间的所有账务清算工作。

6.2.2 电子汇兑系统的运作模式

电子汇兑系统运作过程是比较复杂的。尽管目前电子汇兑系统的种类很多，功能也不尽相同，但是汇出行和解汇行的基本作业流程及账务处理逻辑还是很相似的，电子汇兑系统的运作模式如图 6-2 所示。

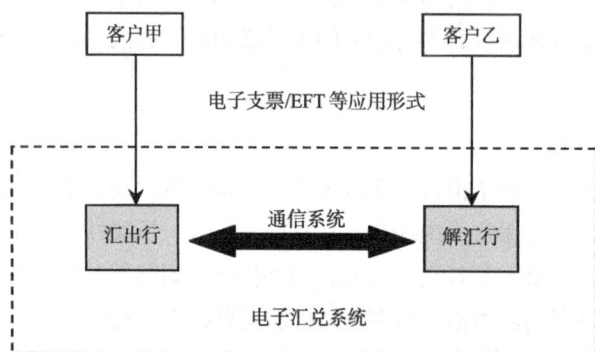

图 6-2　电子汇兑系统的运作模式

以一笔电子汇兑的交易为例，除涉及银行到客户端的支付结算方式，如电子支票、金融 EDI、网络银行等外，真正在银行系统间处理资金的汇兑流程，由汇出行启动至解汇行收到为止，不论点对点传送，还是通过交换中心中转传送，汇出行与解汇行都要经过以下几个基本作业处理流程：① 数据输入；② 电文的接收；③ 电文数据控制；④ 处理与传送；⑤ 数据输出。

在电子汇兑系统中，一个银行既可作为汇出行，也可作为解汇行。电子汇兑系统中银行内部处理流程如图 6-3 所示。

（1）银行作为解汇行（汇入行）时，经外部输入接口接收电文，对接收的电文做必要的检测，证明无误后，对接收的电文添加必要的信息，做必要的相应处理，将数据送会计系统进行账务处理，并且通知客户做相应的账务处理。

（2）银行作为汇出行时，由内部输入电文，经有效性检测无误后，可做必要的处理，如分配输入顺序号、存档，必要时还要做账务处理等操作，最后经对外输出接口发送出去。

（3）在整个处理流程中，对每个边界点要做相应的检查，进行边界控制，防止错误的信息进入。当信息通过边界检查进入各子系统后，各子系统根据相应的指令执行其分内的工作。在做这些处理工作时，必须进行有效的处理控制，以确保系统正确地执行处理操作。

（4）通过系统中上述双重控制，即边界控制和处理控制，可使各类交易电文正确无误地从一个端点传输到另一个端点。

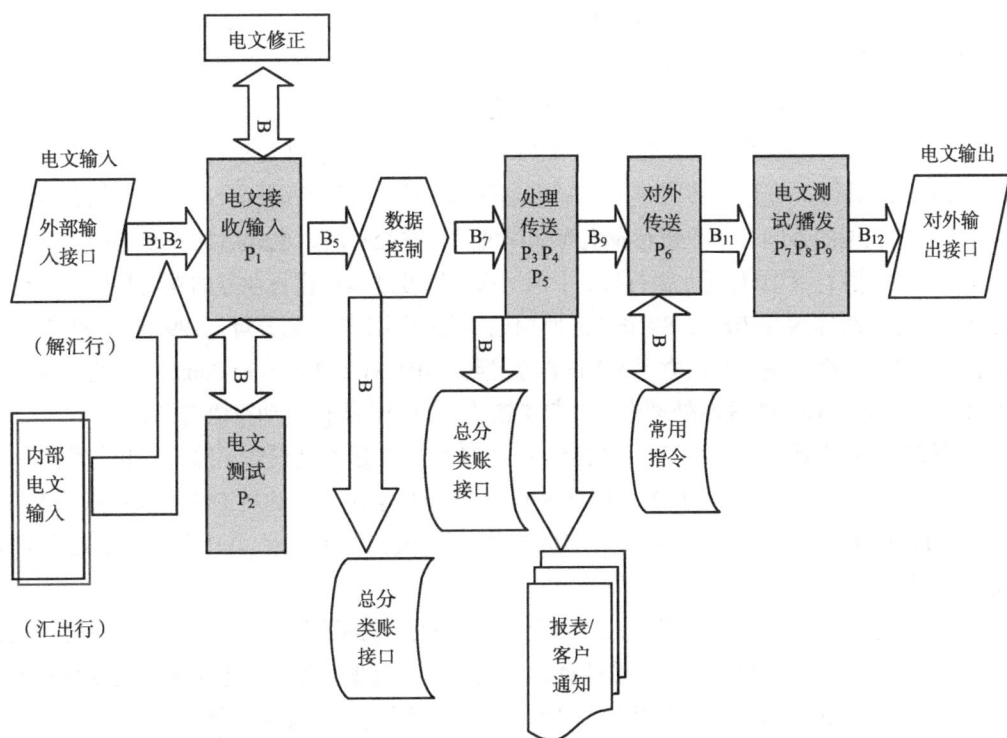

B 为数据/信息流，P 为处理逻辑模块

图 6-3　电子汇兑系统中银行内部处理流程

6.3　SWIFT 系统

6.3.1　SWIFT 简介

SWIFT（Society for Worldwide Interbank Financial Telecommunication，环球银行间金融通信协会）成立于 1973 年 5 月，其全球计算机数据通信网在荷兰和美国设有运行中心，在各会员国设有地区处理站，来自美国、加拿大和欧洲的 15 个国家的 239 家银行宣布正式成立 SWIFT，其总部设在比利时的布鲁塞尔，它是为了解决各国金融通信不能适应国际间支付清算的快速增长而设立的非营利性组织，负责设计、建立和管理 SWIFT 国际网络，以便在该组织成员间进行国际金融信息的传输和确定路由。

在国际贸易结算中，SWIFT 信用证是正式的、合法的，被信用证各当事人所接受的、国际通用的信用证，信用证是指凡通过 SWIFT 系统开立或予以通知的信用证。采用 SWIFT 信用证必须遵守 SWIFT 的规定，也必须使用 SWIFT 手册规定的代号（Tag），而且信用证必须遵循国际商会 2007 年修订的《跟单信用证统一惯例》各项条款的规定。在 SWIFT 信用证可省去开证行的承诺条款（Undertaking Clause），但不因此免除银行所应承担的义务。SWIFT 信用证的特点是快速、准确、简明、可靠。

该组织创立之后，其成员银行数逐年迅速增加。从 1987 年开始，非银行的金融机构，包括经纪人、投资公司、证券公司和证券交易所等，开始使用 SWIFT。至 2010 年，该网络已遍布全球 206 个国家和地区的 8 000 多家金融机构，提供金融行业安全报文传输服务与相关接口软件，支援 80 多个国家和地区的实时支付清算系统。

1980 年 SWIFT 连接到中国香港。我国的中国银行于 1983 年加入 SWIFT，是 SWIFT 组织的第 1 034 家成员行，并于 1985 年 5 月正式开通使用，成为我国与国际金融标准接轨的重要里程碑。之后，我国的各国有商业银行及上海和深圳的证券交易所，也先后加入 SWIFT。

进入 90 年代后，除国有商业银行外，中国所有可以办理国际银行业务的外资和侨资银行以及地方性银行纷纷加入 SWIFT。SWIFT 的使用也从总行逐步扩展到分行。1995 年，SWIFT 在北京电报大楼和上海长话大楼设立了 SWIFT 访问点 SAP（SWIFT Access Point），它们分别与新加坡和中国香港的 SWIFT 区域处理中心主节点连接，为用户提供自动路由选择。

为更好地为亚太地区用户服务，SWIFT 于 1994 年在中国香港设立了除美国和荷兰之外的第三个支持中心，这样，中国用户就可得到 SWIFT 支持中心讲中文的员工的技术服务。SWIFT 还在全球 17 个地点设有办事处，其 2 000 名的专业人员来自 55 个国家，其中北京办事处于 1999 年成立。

SWIFT 自投入运行以来，以其高效、可靠、低廉和完善的服务，在促进世界贸易的发展，加速全球范围内的货币流通和国际金融结算，促进国际金融业务的现代化和规范化方面发挥了积极的作用。我国的中国银行、中国农业银行、中国工商银行、中国建设银行、交通银行、中信实业银行等已成为环球银行金融通信协会的会员。

6.3.2 SWIFT 会员分类

SWIFT 成员分为持股者和非持股者。

1. 持股者

持股者（会员），即 Shareholder（Member）包括银行、符合资格的证券经销商以及符合规定的投资管理机构，都可以持有 SWIFT 的股份。会员行有董事选举权。

2. 非持股者

非持股者（Non-shareholder）主要分为非参股成员、附属成员及参与者。

（1）非参股成员是那些符合成为参股人资格但是并未选择或不愿选择成为参股人的机构。

（2）附属会员是持股会员对该机构组织拥有 50%的直接控制权或 100%的间接控制权。此外，该机构组织还需要满足附属会员条例中第 8 款第一节的要求，即必须和会员所参与的业务相同，但必须完全由参股人控制管理。

（3）参与者是主要来自证券业的各个机构，如证券经纪人和经销商、投资经理、基金管理者、货币市场经纪人等。只能获得与其业务相关的一系列特定服务，并且需满足公司大会中为其设定的标准。参与者不能持股。需要特别指出的是，根据参与者的类型不同，能够享有的 SWIFT 服务与产品会有所不同。

6.3.3　SWIFT 的特点

（1）SWIFT 需要会员资格。我国的大多数专业银行都是其成员。

（2）SWIFT 的费用较低，速度高。同样多的内容，SWIFT 的费用只有 TELEX（电传）的 18%左右，只有 CABLE（电报）的 2.5%左右。

（3）SWIFT 的安全性较高。SWIFT 的密押比电传的密押可靠性强、保密性高，且具有较高的自动化。

（4）SWIFT 的格式具有标准化。对于 SWIFT 电文，SWIFT 组织有着统一的要求和格式。

6.3.4　SWIFT 提供的服务

1．接入服务

SWIFT 的接入服务通过 SWIFTAlliance 的系列产品完成。

（1）SWIFTAlliance Access and Entry：传送 FIN 信息的接口软件。

（2）SWIFTAlliance Gateway：接入 SWIFTNet 的窗口软件。

（3）SWIFTAlliance Webstation：接入 SWIFTNet 的桌面接入软件。

（4）File Transfer Interface：文件传输接口软件，通过 SWIFTNet FileAct 使用户方便地访问其后台办公系统。

SWIFTNET Link 软件内嵌在 SWIFTAlliance Gateway 和 SWIFTAlliance Webstation 中，提供传输、标准化、安全和管理服务。连接后，它确保用户可以用同一窗口多次访问 SWIFTNet，获得不同服务。

2．金融信息传送服务

SWIFTNet 启用以后，传统的 FIN 服务转而在新的网络 SWIFTNet FIN（已于 2002 年 8 月开通）上提供。SWIFT 把传统的 FIN 服务与新开发的、交互性的服务进行了整合，开发出 SWIFTNet 信息传送服务以满足现代金融机构不断发展的需要。包括以下四种基本服务：① 金融信息的传送；② SWIFTNet InterAct，提供交互（实时）和存储与转发两种信息传送方式，适合要求实时应答的金融业务；③ SWIFT FileAct，提供交互和存储与转发两种文件自动传输方式，适合大批量数据的传输；④ SWIFTNeBrowse 以浏览为基础，使用标准的互联网浏览器（如 IE）和 SWIFT Alliance Web Station 访问 Browse 服务，其安全由 SSL 和 SIPN 保证。

3．交易处理服务

交易处理服务也是通过 SWIFTNet 向外汇交易所、货币市场和金融衍生工具认证机构提供交易处理服务，具体包括：① 交易处理匹配服务（Accord Matching）；② 实时报告的双边净额清算服务（According Netting）；③ 支持 B2B 的商务中的端对端电子支付（E-PaymentsPlus）。

4．分析服务与分析工具

SWIFT 也向金融机构提供一些辅助性的服务，即分析服务与分析工具。SWIFT 包括以下工具。

（1）BIC Online 和 BIC Directory Update broadcast：向金融机构提供最新的、世界范围内的

金融机构的代码（BIC）。

（2）Traffic Watch：可以监视 SWIFT 当前传送信息的数量。

（3）Transaction Watch：可以监视信息从发出到接收所经历的过程，获得各种参数，为提高证券系统和支付系统的效率提供分析数据。

（4）STP Review：金融机构为提高自身竞争力，直达处理（straight through processing (STP)）能力变得愈加重要。SWIFT 可以向用户提供独立、客观的 STP 评估。

6.4　CHIPS 系统

6.4.1　CHIPS 简介

CHIPS（Clearing House Interbank Payment System，纽约清算所银行同业支付系统），于 1970 年建立，由纽约清算所协会（NYCHA）经营。全球最大的私营支付清算系统之一，主要进行跨国美元交易的清算。

从 2001 年 1 月起，CHIPS 已成为一个实时的、终结性清算系统，对支付指令连续进行撮合、轧差和结算。CHIPS 的营业时间是从早上 7 时至下午 4 时 30 分，资金转移的最终完成时间为下午 6 时，遇到节假日则营业时间适时延长。对支付指令的处理通常只需几秒，85%的指令可在下午 12：30 以前完成清算，这极大地提高了流动性。一般新系统为从 CHIPS 队列中释放的支付指令提供实时的最终清算，支付指令的结算可以有三种方式：用 CHIPS 簿记账户上正的资金头寸进行支付；由反方向的支付来对冲；以上两者结合。

为实现这一处理，纽约的联邦储备银行建立了一个 CHIPS 预付金余额账户（Prefunded Balance Account，即 CHIPS 账户）。在结算是实时、终结性的安排下，每个 CHIPS 参与者都有一个预先设定的起始资金头寸要求，一旦通过 FEDWIRE 资金账户向此 CHIPS 账户注入相应的资金后，就可以在这一天当中利用该账户进行支付指令的结算。如果参与者没有向 CHIPS 账户注入这笔资金，未达到初始头寸要求，则不能通过 CHIPS 发送或接收支付指令。在东部时间凌晨 0：30，CHIPS 和 FEDWIRE 开始运行以后，这笔规定的资金头寸就可以随时转入 CHIPS 账户，但不能晚于东部时间上午 9：00。

在 CHIPS 运行时间内，参与者向中心队列提交支付指令，该队列由 CHIPS 维护。在不违反 CHIPS 第 12 款规定的前提下，通过优化算法从中心队列中寻找将要处理的支付指令。当进行某一次结算时，优化算法将相关的支付指令从中心队列中释放出来，对支付指令做连续、实时、多边匹配轧差结算，根据结果在相关参与者余额账户上用借记/贷记方式完成对支付指令的最终结算，同时标记 CHIPS 记录反映资金头寸的增减变化。在系统关闭前，东部时间下午 5：00，参与者随时可以从队列中撤出指令。对当前头寸的借记、贷记只是反映在 CHIPS 的记录中，并未记录在纽约联邦储备银行的簿记账户中。按照纽约法律和 CHIPS 的规定，支付指令的最终结算时间是从 CHIPS 队列中释放的时间。

东部时间下午 5：00，CHIPS 试图进行撮合、轧差和结算，并尽可能多地释放尚在队列中的指令，但不允许某个参与者出现负头寸。当这一过程结束以后，任何未释放的指令将通过多边轧差的方式进行处理。因而，对每一个参与者而言，轧差后的净头寸与其当前头寸（为零或为正）相关，若轧差后的头寸为负，其数值是参与者的"最终头寸要求"。有"最终头寸要求"的参与者必须将所要求的资金转入 CHIPS 账户，这可以通过 FEDWIRE 完成。当所要求的资金转账后，资金将贷记到参与者的余额中去。当所有 FEDWIRE 资金转账收到后，CHIPS 就能够释放余下的支付指令，并对其进行结算。这一过程完成后，CHIPS 将账户中尚存的余额转账给相应的参与者，日终时将其在 CHIPS 账户的金额减为零。

由于预付资金数量相对较少，并且对支付指令的清算和结算是在多边匹配轧差的基础上进行的，所以预付资金 240 万美元，就可以进行超过 12 000 亿美元的支付，一美元资金的平均效率乘数达到 500 以上。这加速了资金再循环，减少了流动性需求和日末流动性短缺的风险。

知识链接

轧差是指利用抵消、合同更新等法律制度，最终取得一方对另一方的一个数额的净债权或净债务，如市场交易者之间，可能互有内容相同，方向相反的多笔交易，在结算或结束交易时，可以将各方债权在相等数额内抵消，仅支付余额。

6.4.2　CHIPS 的成员

1. 清算用户

清算用户在联邦储备银行设有储备账户，能直接使用该系统实现资金转移，目前共 19 个，其中有 8 个在为自己清算的同时还能代理 2 ~ 32 个非清算用户的清算。

2. 非清算用户

非清算用户不能直接利用该系统进行清算，必须通过某个清算用户作为代理行，在该行建立账户实现资金清算。参加 CHIPS 的单位可以是纽约的商业银行、埃奇法公司、投资公司及外国银行在纽约的分支机构。

6.4.3　CHIPS 的特点

（1）允许事先存入付款指示。参加银行除了可在当日调拨资金外，CHIPS 还允许参加银行事先将付款指示存入中央计算机系统，然后等到生效日当时才将此付款通知传送到收款银行。如前述，任何资金调拨需经拨款银行下达"解付"命令后，CHIPS 的中央计算机系统才会于解付日将此付款通知传送收款银行。下达解付命令前，拨款银行有权取消这笔付款指示。

（2）完善的查询服务功能。系统即时将每笔资金调拨情况存入文件，因此各参加行可随时查询自己银行的每笔提出或存入的金额，并及时调整自己的头寸。

（3）自动化程度高。CHIPS 设计了一个灵活的记录格式，以方便发报行和收报行进行自动处理。这样，参与行的支付信息可在不同系统之间流动，而无须人工干预。

（4）安全性好。CHIPS 将四台大型计算机组成两套系统，两套系统互为备份，每套系统又是双机互为备份。两套系统分别安装在不同的地方，且用高速线路连接。为了保证不间断的电源供应，有蓄电池储备，还有两个内燃发电机保证。CHIPS 还有很好的保密性，主要通过保密模块、保密设备和一系列规定来实现。每个成员行均有一台专门设计的保密机，该保密机遵循 ANSI X9.9 金融机构保密检测标准。付款电文都经保密机加密且加 MAC 传送，以保证电文的传输安全。

6.4.4　CHIPS 基于互联网的新服务

2003 年 11 月 4 日，CHIPS 对系统接入方式做了新的调整，并且提供基于互联网的管理报告和更高效的清算处理，参与者和其他用户可以利用互联网更加方便地使用该系统。

首先推出的网上服务是追加资金（Supplemental Funding），它允许参与者追加资金并指定某些支付指令优先处理，立即清算。CHIPS 作为终结性的多边净额结算系统，对多个参与者的支付指令进行匹配，然后进行实时的清算和结算。大部分指令的清算在 15 秒内完成，但有时银行会希望某些指令具有更高的优先级，能够立即清算。通过这项服务，银行就可以在网页上控制这一过程，根据需要更改支付指令的处理顺序。

此外，CHIPS 提供在线的管理报告，而以前该报告只能在客户端生成。现在，金融机构在登录后就可以看到自己与交易对象的相对头寸，查询支付状况，进行与 CHIPS 相关的管理。追加资金和管理报告这类网上服务为 CHIPS 的参与者提供了更大的便利。以前，CHIPS 提供新服务后，参与者必须调整自身的系统才能享受到新的服务。而现在 CHIPS 则调整了自身的系统，并通过网络提供这些服务，这样参与者的维护费用下降，而且很快就可以利用上这些服务。

应用案例　FEDWIRE 电子转账系统

FEDWIRE 是由联邦储备系统开发与维护的电子转账系统，是一个贷记支付系统。FEDWIRE 提供电子化的联储资金和债券转账服务，是一个实时大额清算系统，在美国的支付机构中发挥着重要的作用。

1. 简介

FEDWIRE 系统自 1914 年 11 月开始运行，1918 年起开始通过自己专用的莫尔斯电码通信网络提供支付服务，从每周结算逐渐发展到每日结算，联邦储备银行安装了一套专供其使用的电报系统来处理资金转账。20 世纪 20 年代，政府债券也开始用电报系统进行转让。直到 70 年代早期，美国国内资金、债券的转移仍然主要依赖于此电报系统。1970 年美国开始建立自动化的电子通信系统。直到 1980 年，联储的成员银行使用 FEDWIRE 提供服务，收费标准仍未明确，成员行不缴纳或很少缴纳费用。但是，随着对储蓄机构监管的放松，以及 1980 年的货币控制法案的出台，FEDWIRE 服务收费被确定下来，并且非联储的成员银行业也允许使用该转账系统。为鼓励私营部门的竞争，法律规定 FEDWIRE 服务的收费必须反映提供此项服务的全部成本，以及因资金占用所带来的潜在成本和应有的盈利。根据这些要求，联邦储备银行向那些资金余额不足以完成支付命令的 FEDWIRE 成员提供额外的信用，这使得联邦储备银行面临经济损失的风险。为减少这种风险，联邦储备银行采用了一系列控制日间信贷额的政策，其中包括债务最高限额以及日间信贷的管理和收费等。

FEDWIRE 的用户包括联邦储备银行及其分支机构，国库和其他政府代理机构，以及储蓄机构、信贷联盟、外国中央银行及政府机构等。储蓄机构主要利用 FEDWIRE 向伙伴银行转移账户余额，或根据客户要求向其他机构转移资金。根据银行客户的要求而进行的转账包括买卖政府的证券、储蓄和其他大额、时间性强的支付。国库和其他联邦政府代理机构利用 FEDWIRE 大量筹集、分配资金。

FEDWIRE 的功能齐全，它不仅提供资金调拨处理，还具有清算功能。因此 FEDWIRE 不仅提供大额资金支付功能，还使跨行转汇得以最终清算。此外，FEDWIRE 还提供金融信息服务。

2. 通过该系统传输和处理的信息主要有以下几种。

（1）资金转账（Funds Transfer）信息，即将储备账户余额从一个金融机构划拨到另一个金融机构的户头上。这些资金几乎全是大额资金。

（2）传输美国政府和联邦机构的各种证券（Securities Transfer）交易信息。

（3）传输联邦储备体系的管理信息和调查研究信息。

（4）自动清算（ACH）业务。

在美国，大量采用支票作支付工具，通过 ACH 系统，就可使支票支付处理实现电子化。ACH 系统通过自动票据清分机，实现支票和其他纸凭证的自动阅读和清分，再进行传输和处理，以使支票支付的处理过程实现电子化。现在，所有的美国联邦储备银行都提供对支票的电子支付服务，大多数的金融机构可接收电子形式的支票。图像处理和条码技术是支票电子支付系统的两大关键技术。图像处理包括获得物理支票的图像和存储其中的数据信息，然后将图像信息传送到支付机构。条码技术使支付机构能对拒付支票自动进行背书，并可识别背书，以加快退票处理。

（5）批量数据传送（Bulk Data）。通过 FEDWIRE 进行的资金转账过程，是通过联邦储备成员的联邦储备账户实现的。因此，资金转账的结果将直接影响成员行持有的联邦储备账户的储备余额水平。

这样，通过 FEDWIRE 结算的资金立即有效并立即可用。这也使 FEDWIRE 成为可使用在美国的任何资金转账（包括来自 CHIPS 和其他支付网络的资金转账）实现最终清算的唯一网络系统。

通过 FEDWIRE 的资金清算是双向的，即联邦储备银行借记寄出方账户，并以相同信息贷记接收方账户。FEDWIRE 允许白天透支。在转账时，如果寄出方在联邦储备账户中的资金不足，无法在其账户中对可用资金进行借记，即寄出方不能立即和联邦储备银行清算其资金余额，此时，FEDWIRE 则向其发出一笔贷款，并仍然贷记接收方储备账户。因此，不管寄出方能否同联邦储备银行清算其资金余额，对接收方来说，支付总是最终的。

通过 FEDWIRE 进行的资金转账，从寄出方发出，到接收方收到，几秒钟、最多几分钟就可完成。

（6）风险控制。通过 FEDWIRE 进行资金转账时所引起的金融风险，主要是由于寄出行弥补日间透支失败而产生的。允许白天透支，是美国联邦储备体系为了提高国家支付系统的有效性和可靠性而采取的一项合理措施，联邦体系也因此要承担一定的风险。为了进行有效的风险控制，联邦体系为 FEDWIRE 制定了相应的规章和作业通告，并以此来保护自己。联邦的风险控制方法是针对资金寄出银行的。如果寄出行不能弥补日间透支，则联邦储备银行对寄出行在联邦的所有资产有扣押权。

（7）收费政策。FEDWIRE 服务收费根据联储的一般定价政策来制定，用于弥补运行成本。从 1999 年起，FEDWIRE 服务的定价采用按信息量计费的方式。FEDWIRE 收费的特点是高固定费用、低边际收费。

纽约联邦储备银行于 1982 年 11 月初发布了"关于通过 FEDWIRE 进行资金转账的日间透支协定"的作业通告，该协定要求银行签署一封给联邦的信件，以银行的资产作为通过 FEDWIRE 进行资金转账的抵押品；协定要求银行向联邦表明，它将保证有效控制日间透支；协定还允许联邦根据该银行的资产、资本、总的金融条件、可用的附属担保品和网络传输量，来制定该银行的最高转账金额。初始的最高转账金额是该银行资本的 50%。

1985 年 5 月，董事会发表了大额电子资金转账的政策宣言，其中包括允许透支限额以及第二天必须补上资金等条款，以确保 FEDWIRE 对大额资金支付的安全，避免对美国的货币和经济系统产生不良的后果。

（资料来源：百度百科，2013 年 12 月 15 日，http://baike.baidu.com/view/4524329.htm）

6.5　中国国家现代化支付系统

进入 21 世纪以来，中国在中国人民银行的卫星通信网和全国电子联行系统建设的基础上，以世界银行技术援华项目为契机，重点建设了中国国家金融通信网 CNFN 和中国国家现代化支付系统 CNAPS。其中，CNAPS 将使中国的支付体系基于网络化与电子化处理，从而跨入先进行列，并为中国电子商务发展中资金流的解决提供支撑，同时与国际电子或网络支付结算系统进行连接，为中国参与国际金融一体化和日益繁荣的国际贸易服务。

CNFN 和 CNAPS 的建设，是中国当前阶段金融电子化建设的核心。其中，CNFN 是通信基础设施，类似 SWIFT 网络，建设已完成；CNAPS 是运行在 CNFN 上的具体金融业务系统，自 1997 年 6 月启动以来，在各方面已取得了重大的进展，至 2007 年在功能上已经比较完善，投入大规模应用。

6.5.1　中国国家金融通信网

中国国家金融通信网（China National Financial Network，CNFN），是把中国中央银行、各商业银行和其他金融机构有机地连接在一起的全国性与专业性的金融计算机网络系统。

1．CNFN 建设的主要目标

（1）向金融系统用户提供专用的公用数据通信网络，通过文件和报文传输向应用系统（如电子支付系统）提供服务。

（2）相关金融机构通过该网络连接全国各领域成千上万个企事业信息系统，为广大的客户提供全面的支付结算服务和金融信息服务。

（3）作为 CNAPS 的可靠网络支撑（物理结构上有点类似 SWIFT）。

（4）具有普通公用网的高可靠性和强稳定性，还具备专用网的封闭性和高效率。

（5）采用开放的系统结构和选用符合开放系统标准的设备为基础，使大量用户的各类计算机处理系统方便地接入 CNFN。

2．CNFN 的模块式结构设计

CNFN 将以两级管理层次覆盖人民银行的分行、支行。CNFN 的网管中心设立在承担通信和支付应用处理两项任务的国家处理中心（NPC）。基于可靠性要求，在国内两地设置 2 个有能力承担 CNFN 的全部工作负荷的互为灾难备份的 NPC，构成 CNFN 的 2 个网络汇接节点。CNFN 的网络节点将设立在人民银行的 400 个城市分行处理中心（CCPC）内，每个 CCPC 不仅为本区域各商业银行分行的处理中心，提供跨行、跨区域支付业务的交易处理服务，而且提供本区域金融分支机构的分组交换数据通信服务。人民银行约有 2 000 个县级支行处理中心（CLB），将为本县商业银行运行提供支付业务交易处理服务，并且提供本区域金融分支机构的分组交换数据通信服务。CNFN 采用五种网络接口的模块式设计，以及 NPC、CCPC 和 CLB 3 种模块式处理体系结构，使 CNFN 能够随着中国通信基础设施的快速发展而获益于设施的更新，并能够迅速吸取当今世界最先进的通信技术。CNFN 网络设计灵活，具备能够在混合式通信媒体线路运行的能力。

3．CNFN 网络结构

CNFN 网络是一个基于开放系统结构的、支持国家级金融应用系统的我国金融界公用数据通信网络。CNFN 的网络层以 X.25 分组交换技术为基础，并引入帧中继技术，使 CNFN 网络减少传输迟延时间，并通过动态带宽分配技术，充分利用物理网络资源，提高传输效率，降低租用物理线路的费用。CNFN 网络的实施，将分为模拟试验、试点和实际运行 3 个阶段进行。CNFN 试点网络具有 2 个汇接节点、20 个节点和 80 个 CLB 接入端。鉴于 CNFN 传送具有货币值的金融业务信息，CNFN 骨干网络的所有部件均采用冗余措施，使其可靠性达到 99.9%以上。

（1）CNFN 物理层网络。CNFN 网络汇接点（NPC）与普通节点（CCPC）之间的物理线路，目前采用以卫星网络为主干线路，以 ChinaDDN 地面网络为备份线路。主干线路的拓扑结构，是利用 2 个星状卫星网络，把 20 个 CCPC 分别连接到 2 个 NPC。卫星网络将利用卫星 KU 波段的空间资源运行，并采用美国休斯公司的 UMOK 设备，大大地节约了网络的投资和运行费用，也为 CNFN 开展帧中继技术提供了基础。试点阶段，CNFN 网络分为 2 层，即主干网络和区域子网。区域子网络通过 X.25 分组交换机，向国家主干网提交业务。该方法使 CNFN 在 NPC 失效期间，将支付业务安全地推进区域子网，使失效影响尽可能小。区域子网是以 CCPC 为中心点的星状网络，它将 CCPC 与本区域的 CLB 处理中心和商业银行及金融分、支机构处理中心进行连接。区域子网的物理线路将利用 ChinaDDN、PSPDN 和 PSTN 等构成。将来，随着宽带地面数字线路利用，物理网络的拓扑将朝着准网格状网络发展。准网格状网络拓扑考虑把 400 个 CCPC 的一小部分定为特殊网络节点（简称 2a 级 CCPC），CNFN 将在 2a 级节点间形成网格状网络，其余的节点仍为原网络节点（改称为 2b 级 CCPC）。

网格状网络的优点：通过迂回技术使重大的节点与通信线路的失效限制在最小范围；网络机能灵敏、能避免集中式网络的瓶颈效应；应用系统可以安装在独立的网络节点，便于用户的访问。

（2）CNFN 传输网络（网络层网络）。CNFN 传输网络是以 X.25 协议为基础的公共载体。

它由美国 Global One 公司的 TP4900 系列产品组成，其中 NPC 节点采用 TP4977 分组交换机，CCPC 节点采用 TP4944 分组交换机。当 CCPC/CLB 与 NPC 之间的 X.25 虚拟线路建立时，支付应用系统采用开放系统标准的应用层协议 TPC/IP 的 FTP 交换信息。国际标准网络服务运行在国际标准载体上，是建设 CNFN 网络的核心问题。帧中继技术是在 X.25 分组交换技术的基础上发展的先进技术，CNFN 的物理网络为 NPC 与 CCPC 之间的主干传输线路，开通帧中继业务提供了基础。根据应用系统的业务需要，CNFN 的骨干传输网络，可以随时提供帧中继业务，为我国金融系统提供高速率、高效率、低成本的数据通信服务。

CNFN 传输网络为我国金融系统广大用户提供闭合用户主用户搜索群（Hunt Group）等功能，用户可以利用 CNFN 建立虚拟专用子网络，独立运行和管理子网络。CNFN 提供多个端口，同时与某端口建立多条 VC 的工作方式为用户服务。CNFN 传输网络具备完善的计费系统，为用户提供服务。该网络能够与 ATM 通信设备集成，成为提供多媒体传输的大型综合网络。

（3）CNFN 的网络接口。

1）CNFN 1 级网络接口 CNFN1 级风格接口分为 1-a 级和 1-b 级两类。

1-a 级接口提供 NPC 与所有 CCPC 和与 1-b 级远程应用系统（RAS）的连接。该接口通过一组 10 Base-5 双 LAN 把 NPC 支付应用系统与 CNFN 集成。

1-b 级远程应用系统接口（RAS）用于将非核心的金融应用系统集成到 CNFN，该接口还用于与各商业银行总行和金融机构处理总中心的连接。根据需要，CNFN 的 1-b 级接口可作为入网网关，采用 X.75 协议与国际金融网络 SWIFT 连接。

2）CNFN2 级网络接口。2 级网络接口依靠共用的 CCPC 网络节点（TP4944），将区域子网的业务交换到国家主干网上，该交换机既作为区域业务的集中器，又作为国家网和区域网之间的网桥。该接口通过一组 10 Base-T 双 LAN，把 CCPC 支付应用系统与 CNFN 集成。它与 1-a 级、3 级、4-a 级等网络接口互连。

3）CNFN 3 级网络接口。3 级网络接口依靠具有交换功能 的广域网接入设备，执行与级和 4-b 级网络接口的分组数据交换。从而构成 CLB 与本地区的 CCPC 连接，商业银行县级处理中心，通过 4-b 级接口访问 CNFN 网络。接口通过 10 Base-T 局域网，把 CLB 支付应用系统与 CNFN 区域子网集成。

4）CNFN 4 级网络接口。4 级网络接口是 CCPC 和 CLB 为本地区的商业银行分、支行的处理中心提供电子访问的接口（其中 4-a 级对应城市级而 4-b 级对应县级）。该接口采用 X.25QLLC 协议。如果用户已具备帧中继接入能力，它能够为该类用户提供帧中继业务服务。该接口支持采用 TCP/IP over X.25 和 SNA over X.25 协议的处理系统的电子访问。该接口支持混合类型的线路，根据当地邮电部门的通信环境，优先考虑 ChinaDDN，其次是 PSPDN 和 PSTN。

5）CNFN 5 级灾难恢复网络接口。5 级灾难恢复网络接口是支持两个 NPC 进行灾难恢复信息传输的互联线路接口。该接口采用加拿大新桥公司的多路复用器 MUX，支持 ChinaDDN 的 E1 专用线，作为灾难备份主干线路和卫星 UMOD 提供的 E1 专用备份线路。该接口传输 2 个 NPC 的支付应用处理系统的影像支付信息；并且传输 2 个 NPC 内网管系统的镜像，同步管理信息。

CNFN 网络应用服务 CNFN 能够与应用系统独立分离，是因采用了一系列的标准的网络服务。标准的文件服务使金融各分支处理机构，直接向国家应用系统提交业务。例如，支付应用系统在 NPC、CCPC 和 CLB，采用了 TCP/IP 的 FTP 文件服务协议。CNFN 采用的网络服务还有真伪鉴别服务、通用信息服务、用户目录服务、用户访问的安全控制服务等。

6.5.2　中国国家现代化支付系统

1. CNAPS 简介

中国国家现代化支付系统（China National Advanced Payment System，CNAPS）是在吸取世界各国电子支付系统建设经验的基础上，结合中国经济、技术和金融业发展的国情，以中国人民银行的全国电子联行系统为基础，集金融支付服务、资金清算、金融经营管理和货币政策职能为一体的综合性金融服务系统。可以说 CNAPS 是目前中国运行的所有电子与网络支付结算系统的综合集成，如服务于企业间中大资金支付结算的全国电子联行系统和各商业银行的电子汇兑系统等的融合。

CNAPS 是运行在中国国家金融通信网 CNFN 上的应用系统，由 CNFN 提供标准的接口、应用软件开发平台以及联机事务处理（OLTP）环境等。

2. CNAPS 的参与者

（1）直接参与者：人民银行地市以上中心支行（库）、在人民银行开设清算账户的银行和非银行金融机构；与城市处理中心 CCPC 直接连接。

（2）间接参与者：人民银行县（市）支行（库）、未在人民银行开设清算账户而委托直接参与者办理资金清算的银行和经人民银行批准经营支付结算业务的非银行金融机构。不与城市处理中心直接连接，其支付业务提交给其清算资金的直接参与者，由该直接参与者提交支付系统处理。

（3）特许参与者：经中国人民银行批准通过支付系统办理特定业务的机构；在人民银行当地分支行开设特许账户，与当地城市处理中心连接。

3. CNAPS 的作用

（1）加快资金周转，提高社会资金的使用效益。

（2）支撑多样化支付工具的使用，满足各种社会经济活动的需要。

（3）培育公平竞争的环境，促进银行业整体服务水平的提高。

（4）增强商业银行的流动性，提高商业银行的经营管理水平。

（5）适应国库单一账户改革，提高财政资金的使用效益。

（6）支持货币政策的实施，增强金融宏观调控能力。

（7）支持货币市场资金清算，促进货币市场发展。

（8）防范支付风险，维护金融稳定。

4. CNAPS 的发展

CNAPS 作为非常庞大的一个复杂的金融系统工程，从开始立项就得到世界银行技术援助项目的支持，从 1991 年开始建设。CNAPS 试点工程于 1997 年 6 月 1 日正式开工，1998 年年底完成测试验收。为了加快 CNAPS 的建设，中国人民银行在试点工程实施过程中，从 1998 年 4 月开始启动 CNAPS 向全国扩展的工程项目。

从 2002 年 10 月 8 日大额实时支付系统成功投产试运行，经过近 8 年的建设发展，中国现代化支付系统已建成了包括第一代人民币跨行大额实时支付系统、小额批量支付系统、支票影像交换系统和境内外币支付系统、电子商业汇票系统以及中央银行会计集中核算系统，形成了比较完整的跨行支付清算服务体系，为各银行业金融机构及金融市场提供了安全高效的支付清算平台，对经济金融和社会发展的促进作用日益显现。随着中国社会经济的快速发展，金融改革继续深入，金融市场日益完善，支付方式不断创新，这对中央银行的支付清算服务提出了许多新的、更高的要求。鉴此，人民银行已开始着手建设更加统一、安全、高效的第二代支付系统和中央银行会计核算数据集中系统（ACS 系统），为进一步提高中央银行履职能力提供强有力的基础设施服务，有效满足社会经济的支付需求，促进金融机构改善经营管理，支持经济金融又好又快发展。与第一代人民币跨行支付系统相比，第二代支付系统能为银行业金融机构提供灵活的接入方式、清算模式和更加全面的流动性风险管理手段，实现网银互联，支撑新兴电子支付的业务处理和人民币跨境支付结算，实现本外币交易的对等支付（PVP）结算。同时，系统还将具备健全的备份功能和强大的信息管理与数据存储功能，建立高效的运行维护机制，进一步强化安全管理措施，并逐步实现支付报文标准国际化。按照系统建设实施计划，第二代支付系统的网银互联应用系统先行建设，已于 2011 年 1 月完成了全国推广，第二代支付系统的其他应用系统和 ACS 系统于 2012 年 10 月 8 日上线运行。

扩展阅读　人民币跨境支付系统将取代清算行

随着人民币国际化进程不断加快，资本项目的逐步放开，现有的人民币跨境支付清算模式将不具备可持续性。

中国社科院金融所研究员杨涛表示，外汇管制取消后，境内和离岸的外汇市场可以提供充分的人民币和外币的流动性，没有必要继续以清算行和代理行模式为客户提供本币。杨涛称，作为承载人民币全球流动的"高速公路"，人民币跨境支付系统（CIPS）等金融基础设施改革还需加快。

CIPS 的全称是 Cross-border Interbank Payment System，主要功能是处理人民币跨境支付业务，主要进行跨境美元交易清算。CIPS 业务处理时间和业务类型均独立于人民币大额支付系统（CNAPS），CNAPS 主要为境内银行业金融机构和金融市场参与者提供跨行人民币资金清算服务，是境内跨行人民币资金汇划的主渠道，实时处理国内大额资金划拨。同时，CNAPS 也为 CIPS 提供最终资金清算。

国际金融研究中心（RCIF）研究员高蓓认为，我国未来的支付体系类似于美国，但不同于日本。CIPS 和 CNAPS 系统相互独立，但互联互通。境内机构可以作为这两个系统的直接参与者，而境外机构将不再与 CNAPS 直接相连，而作为 CIPS 的直接参与者或者间接参与者。

人民币跨境支付系统有四项功能：一是连接境内、外直接参与者，处理人民币贸易类、投资类等跨境支付业务；二是采用国际通行报文标准，支持传输包括中文、英文在内的报文信息；

三是覆盖主要时区人民币结算需求；四是提供通用和专线两种接入方式，让参与者自行选择。

未来，清算行将不再是境外人民币的主要"出路"（回流机制）和离岸人民币存款的定价基础，这些功能将由 CIPS 承担。同时，也将不再完全依赖 SWIFT 传递报文，金融安全性和独立性将会取得大幅提高。

高蓓分析称，对多数国家来说，所谓清算，主要指的是国内各金融机构之间的行为，但当一国货币已经或即将成为国际性货币时，清算便往往从国内扩展到国外。跨境清算通常需要国内清算的配合，并以国内清算为基础来进行。目前全球范围内比较有代表性的清算系统为美国的 CHIPS 和 FEDWIRE 系统及日本的 BOJ-NET、FXYCS、Zengin System 和 BCCS 系统。

那么其他国家支付清算体系又是怎样的？

目前美元有两大清算系统。CHIPS（Clearing House Interbank Payment System）是"纽约清算所银行同业支付系统"的简称，是全球最大的私营支付清算系统之一，主要进行跨国美元交易的清算。与之相对应，FEDWIRE（Federal Reserve Communication System）是美联储转移大额付款的系统，遍及全国 12 个储备区的 1 万多家成员银行之间的资金转账，实时处理美国国内大额资金的划拨业务。同时，FEDWIRE 为 CHIPS 提供最终资金清算，也就是说，无论 CHIPS 成员行是否加入 FEDWIRE，均可指定另一家银行（必须是 FEDWIRE 的成员行）作为结算银行。

据了解，日本的银行间支付清算体系主要由四个系统组成。一是用于对提交到同城票据交换所的汇票和支票进行清算的"汇票和支票清算系统（Bill and Cheque Clearing System，BCCS）"，二是用于日本国内跨行转账清算的"全银数据通信系统（Zengin Data Telecommunication System，简称 Zengin System）"，三是用于外汇交易中的日元清算的"外汇日元清算系统（Foreign Exchange Yen Clearing System，FXYCS）"，四是主要用于包括民间运营清算系统产生的净债务在内的银行间债务清算的"日本银行金融网络系统（Bank of Japan Net Funds Transfer System，BOJ-NET）"。前三个清算系统由民间机构运营，第四个系统由中央银行"日本银行"负责运营。日本银行金融网络系统（BOJ-NET）在日元支付结算体系中处于核心地位，参加其他清算系统的金融机构都必须在日本银行开户，最终通过日本银行金融网络系统完成彼此之间的资金清算。

日元清算体系与美元清算体系比较，前者按照票据交换、国内跨行转账、外汇交易的不同结算需要，设立了不同的专业化清算系统，各系统之间互不交叉、各负其责；而美元清算体系以 CHIPS 和 FEDWIRE 两大系统为主，分为国内结算和国际结算。

虽然两大系统的运营机构、清算方式等不同，但均能满足不同的清算业务需要，为多功能清算系统。按业务性质设立数个专业化清算系统，与清算体系中若干个功能相近、可以相互交叉替代的多功能清算系统并存，在技术和制度安排上哪方更先进、更合理难以一概而论，但从结果来看都可以满足作为国际化货币的清算业务需要。

自国务院常务会议 2009 年 4 月 8 日正式决定试点人民币跨境贸易结算以来，人民币国际化进程不断加快。据 SWIFT 统计，截至 2014 年 4 月，人民币在全球支付货币中总量仍保持第七位水平，占全球支付总额的 1.43%。

2011 年，中国央行开始组织开发独立的人民币跨境支付系统（CIPS），将它打造为未来人民币跨境支付的主要通道，提高人民币跨境清算效率和交易的安全性。该系统原定于 2014 年年末建成，而近日据华尔街见闻报道称，某中国银行业人士表示，2016年以前都不可能准备就绪。

上述媒体称，因为不希望造成资本管制的巨大漏洞，政府对单日跨境人民币交易限额还有争论，而且技术问题已经阻碍了CIPS的开发进程。

（资料来源：第一财经网，2014年7月10日 10：14，http://finance.ifeng.com/a/20140710/ 12692031_0. shtml）

自测题

一、关键概念

网络支付系统　电子汇兑系统　SWIFT　CHIPS　CNFN　CNAPS

二、判断题

1．电子资金汇兑系统主要是商业银行面向行内机构采用电子化方式进行资金汇兑业务的处理系统。（　　）

2．设计电子汇兑系统时，应适应国际上通行的各种标准、规格和要求。（　　）

3．电子汇兑系统的汇兑金额一般较大，客户汇款时最关心的是资金及时送到。（　　）

4．SWIFT仅为全球的金融机构提供通信服务，不直接参与资金的转移处理服务，也就是说，在网络支付机制中起传递支付结算电文的作用，并不涉及支付电文收到后的处理细节。（　　）

5．支付系统是社会经济活动中最为重要的系统之一，直接影响商品社会经济活动的效率和效益。（　　）

三、单选题

1．网上支付系统的基础设施包括（　　）。

A．电子货币　　　　　　　　　　B．金融电子化网络

C．网络安全认证机构　　　　　　D．电子化机具

2．支付系统是为了加快社会资金周转，满足社会对资金结算和清算需求而形成和建立的一个系统，它是市场经济中（　　）的重要组成部分。

A．电子货币　　　　　　　　　　B．金融基础设施

C．网络银行　　　　　　　　　　D．自动转账支付

3．SWIFT是指（　　）。

A．国际银行同业支付结算系统　　B．中国国家现代化支付系统

C．国际环球同业财务电信系统　　D．全国电子联行系统

4．在我国，国家支付清算系统是由中国人民银行支付清算总中心提供的为银行和社会服务的现代化支付系统，包括大额支付系统、小额支付系统和（　　）。

A．票据系统　　　　　　　　　　B．第三方支付系统

C．网络银行支付系统　　　　　　D．银行卡跨行支付系统

5．不属于电子汇兑系统显著特点的是（　　）。

A．交易额大，风险性大　　　　　　　B．对系统的安全性要求高于时效性要求

C．跨行和跨国交易所占比例较大　　　D．交易额大，风险性小

四、多选题

1．（　　　）是国际资金调拨的两个最重要的系统。

A．SWIFT 系统　　　　　　　　　　　B．FEDWIRE 系统

C．CHIPS 系统　　　　　　　　　　　D．CNAPS

2．SWIFT 提供的通信服务主要包括（　　　）。

A．提供全球性通信服务　　　　　　　B．提供接口、存储和转发电文服务

C．业务文件传送服务　　　　　　　　D．电文路由服务

3．CHIPS 的特点包括（　　　）。

A．允许事先存入付款指示　　　　　　B．完善的查询服务功能

C．自动化程度高　　　　　　　　　　D．对用户免费、安全性好

4．按照作业性质的不同，可把电子汇兑系统分成（　　　）三大类。

A．通信系统　　　　　　　　　　　　B．资金调拨系统

C．结算系统　　　　　　　　　　　　D．认证系统

5．网络支付与结算系统一般包括（　　　）。

A．计算机网络系统　　　　　　　　　B．网络支付工具

C．网络银行　　　　　　　　　　　　D．安全控制机制

五、简答题

1．简述 SWIFT 的主要特点。

2．网络支付系统须具备哪些功能？

3．简述 CNAPS 的作用。

4．简述网络支付系统的构成。

5．简述电子汇兑系统的特点与类型。

第7章 网络银行

本章导读

    网络银行是现代金融创新的一项重大成果，是前面所说的网络支付的另一种主要方式。网络银行是以银行为主体的网络转账结算体系，它大大提高了社会资金的流转效率，对银行结算业务的革新、消费观念的转变、金融服务对社会生活的介入及增进国际交往与联系产生了难以估量的巨大影响。

本章学习要求

◉ 掌握网络银行的概念；

◉ 了解网络银行的产生和发展；

◉ 了解网络银行的特点和分类；

◉ 了解网络银行的功能和优势；

◉ 了解网络银行与传统银行的区别；

◉ 了解网络银行对传统银行的影响；

◉ 熟悉个人网络银行和企业网络银行；

◉ 了解网络银行的风险与防范。

引导案例　中信银行实现网络银行中间业务收入 4.94 亿元

    中信银行于 8 月 29 日公布 2014 中报，中报阐述中信银行战略转型推进情况时，着重展示了互联网金融业务的发展态势和重要性。报告显示，中信银行今年上半年实现网络银行中间业务收入 4.94 亿元，同比增长 51.07%。

    早在 2013 年，中信银行就确定了"再造一个网上中信银行"的战略目标，据中报显示，截至 2014 年上半年，中信银行分别在移动金融、POS 网贷等多方面实现了突破式发展。

    1. 角逐移动金融竞争，异度支付客户达 418 万户

    中信银行于 2014 年 1 月 18 日推出"异度支付"APP 应用，据了解，异度支付包含二维码支付、NFC 支付、全网跨行收单等子产品，集网上支付、转账、购物、理财和财富管理等多项功能。据中报显示，上半年异度支付已上线 16 种应用，涉及票务、缴罚款、保险、充值等 13 个门类，客户总数达到 418.43 万户。

    中信银行相关负责人表示，异度支付可实现无须开通网银或移动银行的跨行转账，有利于提高将非中信银行客户向中信银行零售客户的转化率。

2. 活用大数据，做靠谱网贷生意

2013 年 10 月 19 日，中信银行正式上线运营 POS 商户网贷业务，该网贷业务被设计为无抵押、无担保的小额短期线上信用贷款，主要针对的是小微企业主以及个体商户，以借款人或借款经营实体在一定期限内的 POS 收单入账金额为依据发放贷款，被认为活用大数据资源和互联网思维的金融创新产品。据悉，POS 商户网贷一期优化已于 2014 年 6 月 20 日上线运行。报告期内，该行网络贷款累计放款 47.26 亿元，从 2013 年上线以来累计放款 63.04 亿元。

3. 客户体验风险控制双管齐下，网银业务创新高

据中信银行中报显示，截至报告期末，中信银行个人网银客户数共计 1 186.72 万户，比 2013年年末增加 155.58 万户，与 2013 年同期相比增加 304.13 万户；个人移动端用户数（包括个人手机银行客户数和异度支付 App 用户数）共计 912.66 万户，比 2013 年年末增加 570.78 万户，增长 1.67 倍，与 2013 年同期相比增加 688.23 万户，增长 3.07 倍；公司电子银行客户数（包括公司网银、银企直联、网关、手机银行、电话银行、短信银行等客户数）共计 23.27 万户，增加 1.76 万户，同比增加 3.36 万户，增长 16.88%。

据了解，中信银行本年度针对电子银行推向多项业务创新：个人网银新增大宗商品签约、银期保证金存管系统相关功能，优化理财、基金、转账、缴费等模块；个人手机银行新增登录密码键盘控件，保障客户账户信息安全；公司网银增加中央财政授权支付功能，方便预算单位使用本行公司网银进行财政支付。于 2014 年 3 月 28 日成功上线跨境电子商务外汇支付业务系统，与支付宝在内的 16 家支付机构签署了跨境支付合作协议，成为签约支付公司家数最多的银行之一。

中报提到中信银行发展电子银行业务将兼顾产品创新与风险防范，称将积极推动网络渠道建设，为客户提供更丰富的产品和服务，优化界面和流程，提高客户满意度。同时进一步加强渠道风险监控力度，优化风险预警监控系统规则，开展信息安全风险自查，为个人网银、移动银行、网上支付等渠道构建行之有效的风险防范机制。

中信银行相关负责人表示，当下互联网金融发展如火如荼，中信银行在网络金融领域，将会继续坚持理念创新、产品创新和 IT 创新，打造在互联网经济中的核心竞争力。

（资料来源：中国电子银行网，2014 年 9 月 2 日 15:43:00，http://bank.hexun.com/2014-09-02/168118264.html）

网络银行是网络经济时代的一个新兴术语，是一种崭新的金融商务形式，可以说是银行电子化和信息化建设的高级阶段，借助互联网方便地提供多种金融服务。网络银行提高了对电子交易各方的服务质量。身份识别技术、通信安全技术、黑客防范、实时监控等技术，为网络银行业务从技术上提供了充分的保障。不断发展的企业财务软件系统，为网络银行在企业中广泛地运用奠定了基础。网络银行使银行成为一个高效率、低成本的金融机构，使金融机构能提供高质量的金融信息增值服务。电子交易用户还可以任意选择一种适合自己的网络银行服务渠道，动态、交互地享受各种金融服务（如财经新闻的获取、银行资金账户的管理、理财咨询和投资建议等）。

本章结合中国实际发展情况，分别介绍了网络银行的概念、网络银行的产生与发展、网络

银行的特点和分类，并对网络银行与传统银行进行了比较，接着详细讲解了个人网络银行和企业网络银行等相关内容，最后告诉读者网络银行存在的风险以及如何去进行防范。

7.1 网络银行概述

网络银行是在互联网时代金融电子化与信息化建设的最新内容，是电子银行的高级发展阶段，它是伴随互联网近年来在全世界的广泛深入应用而出现的新术语与新商务形式。

7.1.1 网络银行的概念与运作模式

1. 网络银行的概念

网络银行（Internet Bank 或 Network Bank 或 Web Bank），又称网上银行、在线银行、虚拟银行。它实际是银行业务在网络上的延伸。网络银行依托迅猛发展的计算机和计算机网络与通信技术，利用渗透到全球每个角落的互联网，突破了银行传统的业务操作模式，摒弃了银行由店堂前台开始的传统服务流程，把银行的业务直接在互联网上推出。这种新式的网络银行包括虚拟家庭银行、虚拟联机银行、虚拟银行金融业以及银行金融业为主的虚拟金融世界等，几乎囊括了现有银行金融业的全部业务，代表了整个银行金融业未来的发展方向。

网络银行的应用目标，是在任何时候（Anytime）、任何地方（Anywhere）、以任何方式（Anyhow）为客户提供金融服务，所以，网络银行也称为 AAA 银行或 3A 银行。

2. 网络银行的广义和狭义之分

网络银行按其服务内容和发展模式的不同又有广义和狭义之分。

广义的网络银行是指在网络中拥有独立的网站，并为客户提供一定服务的银行，这种服务可以是一般的信息和通信服务、简单的银行交易、所有银行业务。

狭义的网络银行是指在互联网开展一类或几类银行实质性业务的银行，这些业务包括简单的银行交易、所有银行业务。一般都执行了传统银行的部分基本职能。

由 Janes S. Mahar 和 Michael C. Chemey 创建的美国安全第一网络银行（Security First Network Bank，SFNB）是全球第一家网络银行也是目前最成功的一家网络银行，于 1995 年 10 月 18 日正式开通，于 1998 年被加拿大皇家银行以 2 000 万美元收购了除技术部门外的所有部门。尽管在发展的过程中并非一帆风顺，但是它确实代表着一种全新的业务模式和发展方向，在网络银行的发展史上具有里程碑的意义。2015 年 6 月，中国首批民营银行试点之一——网商银行在杭州宣布正式开业，网商银行将以互联网方式经营、不设物理网点、不做现金业务，没有分行、没有柜台，纯粹线上运营。

7.1.2 网络银行的产生和发展

1. 网络银行迅速发展的原因

自从安全第一网络银行 SFNB 在美国诞生以来，网上银行业务在世界各国已获得了迅速发展，究其原因，大致包括以下几个方面。

（1）技术原因。20 世纪末，信息时代的到来，计算机技术、网络技术和通信技术的飞速发展，互联网的普及，卫星、有线电视的连接，家用计算机的广泛使用，给现代人的生活方式和经济生活带来了新的生机和活力，给各种经济活动提供了更加广泛的活动空间和便利手段，给传统银行的经营模式、服务方式带来了极大冲击。充分利用现代科技的成果，最大限度地满足客户的要求，为客户提供方便、快捷、安全的金融服务并占领市场是银行必然的选择——为网络银行的发展提供了技术基础。

（2）社会原因。电子商务的发展构成了网络银行的社会商业基础，网络用户的壮大则构成了网络银行的客户基础。网络用户利用互联网消费的产品，主要有金融服务、软件、娱乐、CD、书刊杂志、音乐、贺卡、教育等，其中金融服务首当其冲。

（3）行业内部的原因。网络银行发展的最根本的原因，既是出于对服务成本的考虑，又是出于对行业竞争优势的追求，也就是说，是来自银行业内部发展的原因。由于经济贸易的急速发展，银行与公司客户、私人客户、其他银行和金融机构之间出现了大量的、经常的往来，这些量大面广、重复烦琐的交易由于使用人工方法操作，采用落后的支付方法，不但增加了银行经营的成本，而且降低了银行经营的效率，且容易出错。上述缘由成为网络银行迅速发展的原因之一。

2．互联网为商业银行带来的优势

20 世纪 90 年代以来，随着金融全球化、自由化的出现和金融创新的发展，金融领域的竞争日趋激烈，金融风险不断增加。为改善交易条件以提高效率和增强竞争力，出现了全球范围内金融业的网络化浪潮。一般认为，互联网能为商业银行带来以下优势。

（1）降低商业银行的经营业务成本。

（2）降低商业银行的管理维护成本。银行雇员大量减少，节省了工资支出；不需要大量的物理办公场所，节省了租金和装修、照明、水电等大量杂费。

（3）客户足不出户就能随时享受优质、高效的银行服务，极大地方便了客户。

3．网络银行的发展阶段

网络银行是银行业务处理和经营管理信息化、电子化发展的产物，网络银行的发展过程经历了 3 个阶段。

（1）计算机辅助银行管理阶段（20 世纪 50 年代到 80 年代中后期）。自从 20 世纪 50 年代末以来，计算机逐渐在一些发达国家的银行业务中得到应用，但是，最初银行应用计算机的主要目的是解决手工记账速度慢、提高财务处理能力和减轻人力负担的问题。因此，早期的金融电子化基本技术是简单的脱机处理，主要用于分支机构及各营业网点的记账和结算。商业银行的主要电子化设备是管理存款、计算本息的一般计算机，财务统计和财务运算的卡片式编目分类打孔机，由计算机控制的货币包装、清点机，鉴别假钞、劣钞的鉴别机，以及计算机打印机等。此外，也开始利用计算机分析金融市场的变化趋势供决策使用。

到了 20 世纪 60 年代，金融电子化开始从脱机处理发展为联机系统，使各银行之间的存、贷、汇等业务实现电子化联机管理，并且建立起较为快速的通信系统，以满足银行之间汇兑业务发展的需要。70 年代，发达国家的国内银行与其分行或营业网点之间的联机业务，逐渐扩大为国内不同银行之间的计算机网络化金融服务交易系统,国内各家银行之间出现通存通兑业务。可以说,80 年代前期,发达国家的主要商业银行基本实现了业务处理和办公业务的电子自动化。在此期间,商业银行出现了两次联机高潮,一次是在 60 年代,使各商业银行的活期存款可以直接经过计算机处理传输到总行,加强了商业银行的内部纵向管理;另一次是在 80 年代,实现了水平式的金融信息传输网络,电子资金转账网络成为全球水平式金融信息传输网络的基本框架之一。

（2）银行电子化或金融信息化阶段（20 世纪 80 年代中后期到 90 年代中期）。电话银行兴起于 20 世纪 70 年代末的北欧国家,到 80 年代中后期得到迅速发展。电话银行是基于电话通信技术的发展而出现的金融服务品种的创新结果。然而,电话银行服务最大的缺陷之一是迄今依然主要依靠语音识别、记录系统提供金融服务,这给客户带来了诸多不便。电话银行的上述缺陷影响了其发展范围和速度,随着计算机普及率的提高,商业银行逐渐将发展的重点从电话银行调整为 PC 银行,即以个人计算机（PC）为基础的电子银行业务。20 世纪 80 年代中后期,在国内不同银行之间的网络化金融服务系统基础上,形成了不同国家之间不同银行之间的电子信息网络,进而形成了全球金融通信网络。在此基础上,各种新型的电子网络服务,如在线银行服务（PC 银行）、自动柜员机系统（ATM）、销售终端系统（POS）、家庭银行系统（HB）和企业银行系统（FB）等也就应运而生了。

银行的电子化使传统银行提供的金融服务变成了全天候、全方位和开放型的金融服务,电子货币成为电子化银行所依赖的货币形式。随着信息技术的进步,银行电子化水平也在逐步提高,ATM 技术从最初只能提供少数几种交易发展到可以处理 100 多种交易。

知识链接

家庭银行（HB）是一种银行服务,金融机构的零售业务客户可利用电话、电视、终端或个人计算机作为与金融机构的计算机中心进行电讯连接的手段进行访问。

（3）网络银行阶段（20 世纪 90 年代中期至今）。20 世纪末 90 年代中期,在互联网的商业性应用过程中逐渐出现了网络银行,安全第一网络银行在美国亚特兰大的开业,是银行服务从传统到现代的一次重大变革,也标志着网络银行阶段的真正开始。

尽管网络银行与计算机辅助银行管理和银行电子化都是在计算机及其通信系统上进行操作的,但是,网络银行的软件系统不是在终端上运行,而是在银行服务器上运行的,因而使网络银行提供的各种金融服务不会受到终端设备及软件的限制,具有更加积极的开放性和灵活性。因此,网络银行与企业银行、家庭银行、电话银行、自助银行和无人银行等不属于同一个概念,前者比后者具有更强的服务适应性和开放性。

网络银行的出现使得网上消费真正变为现实,如网上旅游、网上订票、网上购物、网上教学、网上办公、网上证券等。总之,网络银行是网络时代的产物。网络银行满足了市场需求,使其客户可以不受时间、空间的限制,在家里、旅途上和跨国界享受每周 7 天、每天 24 小时的交互式、自助式服务。网络银行能有效地降低银行运营成本;开展网上业务促进了银行业务的发展。网上银行在电子商务经济框架中是必不可少的重要组成部分,是电子商务开展的必要条件。无论是对传统的交易,还是新兴的电子商务,资金的支付都是完成交易的重要环节。所不同的是，电子商务强调支付过程和支付手段的电子化。我们知道，电子商务交易过程分为两个环节：交易环节和支付环节，而支付环节是由支付网关、收单银行、发卡银行等金融专用网络支撑的，也就是说，银行作为电子化支付和结算的最终执行者，起着联系买卖双方的纽带作用。网络银行所提供的电子支付服务是电子商务中关键要素和最高层次的，直接关系到电子商务的发展前景。从这个意义上讲，随着电子商务的发展，网络银行的发展是必然趋势。

目前，网络银行正处在迅速发展变化的进程中，其流行的发展模式和总体框架也在不断变化。

7.1.3　网络银行的特点

1．打破传统商业银行的结构和运行模式

网络银行可以使任何规模的银行运用较少的投资购置最好的计算机系统，使用最先进的银行应用软件连接到用户，并以此向大型商业银行挑战。过去银行聚集廉价存款的分支机构正变成耗资巨大的包袱。

2．"3A"式的服务

"3A"式的服务是指网络银行能在任何时间（Anytime）、任何地点（Anywhere）、以任何方式（Anyhow）为用户提供各项金融服务的 24 小时不关门银行。"3A"式服务的网络银行突破了时间、空间的限制。网络银行在各种安全机制的保护下，用户可以随时随地在不同的计算机终端上登录互联网办理各项银行业务。

3．银行业务运营的电子化

传统银行使用的票证被全面电子化，如电子支票、电子汇票和电子收据等，同时，电子货币，即电子钱包、电子现金和安全零钱等被全面使用；银行的业务文件和办公文件完全改为电子化文件、电子化票据，签名也采用数字化签名；利用计算机和数据通信网完成票据和文件的传送，由电子资料交换进行往来结算，用户在家上网就可获得网络银行令人满意的服务；电子化办公提高了服务的准确性和精确度，提高了服务质量和效率。

4．银行标准化的服务

网络银行标准化的服务接口，使提供的服务速度快、效率高、内容广、方式多、成本低。传统经营模式下的因人力资源造成的响应时间慢、服务水平参差不齐的问题迎刃而解。同时，通过互联网进行金融交易的网络银行具有费用开支少的特点，经济效益明显。

7.1.4　网络银行的分类

网络银行的理论、应用体系、形式其实都在发展中，因此世界上出现一些网络银行的不同称呼，涉及网络银行的分类问题。目前，网络银行主要有两种分类方式。

1．按网络银行的主要服务对象分类

（1）企业网络银行，主要适用于企业与政府部门等企事业组织客户。企事业组织可以通过企业网络银行服务实时了解企业财务运作情况，及时在组织内部调配资金，轻松处理大批量的

网络支付和工资发放业务，并可处理信用证相关业务。对电子商务的支付来讲，一般涉及的是金额较大的支付业务，因此对安全性要求很高，如中国工商银行企业网络银行。

（2）个人网络银行，主要适用于个人与家庭的日常消费支付与转账。客户可以通过个人网络银行服务，完成实时查询、转账、网络支付和汇款功能。个人网络银行服务的出现，标志着银行的业务触角直接伸展到个人客户的家庭 PC 桌面上，方便实用，真正体现了家庭银行的风采，如中国工商银行个人网络银行。

2．按网络银行的组成架构分类

（1）纯网络银行，是一种完全依赖于互联网发展起来的全新网络银行，也叫"虚拟银行"。这类银行开展网络银行服务的机构除后台处理中心外，没有其他任何物理上的营业机构，雇员很少，银行的所有业务几乎都在互联网上进行。纯网络银行又分成两种情况：一是直接建立的独立网络银行，二是以原银行为依托，成立新的独立的银行来经营网络银行业务。如美国安全第一网络银行为 SFNB（Security First Network Bank）、Telebank 等就属于纯网络银行，它们可以通过互联网提供全球性的金融服务，提供全新的服务手段，客户足不出户就可以进行存款、取款、转账、付款等业务。

（2）以传统银行拓展网络业务为基础的网络银行，是指在传统银行基础上运用公共的互联网服务，设立新的网络服务窗口，开展传统的银行业务交易处理服务，并且通过发展个人网络银行、企业网络银行等服务，把传统银行业务延伸到网上，在原有银行基础上再发展网络银行业务，是实体与虚拟结合的银行。与前一种形式不同之处在于其实利用互联网辅助银行开展业务，而不是完全电子化和网络化。

7.2　网络银行与传统银行的比较

银行业的历史已经有 400 多年了，但最近这些年可以说更具有划时代的意义。以互联网为代表的信息技术的发展，改变着人们的思维、生活和行为方式，以从未有过的广度和深度影响着银行业的服务内容和服务方式，并改变着银行业的发展方向。发达国家的银行能够提供全方位、多品种、多渠道的金融产品。

传统的商业银行目前不仅面对着传统的保险公司、基金公司、信用卡公司等非银行金融机构的资本性"脱媒"，而且还面临着网络技术发展带来的技术性"脱媒"。一些 IT 企业开始介入社会支付服务领域，挑战传统银行在社会支付体系中的地位。同时，网络银行的发展降低了银行获取、传递、处理信息的成本，银行的中介作用逐渐减弱，银行的传统特权面临着极大的危机。因此，金融服务创新也由单一的提高服务质量阶段，发展成为调整市场营销与客户服务的方式，向客户提供多元化、全方位的金融服务阶段。这对传统的商业银行经营管理是一个严峻的挑战。

7.2.1　网络银行的功能

网络银行提供的服务一般包括两类：一类是传统商业银行的业务品种的网上实现，传统商业银行把网络银行作为自身业务品种的一个新兴的分销渠道来对待；另一类是完全针对互联网的多媒体互动的特性来设计提供的创新业务品种；同时，在组织机构和业务管理模式上也从根本上打破了传统商业银行的各种条框，成为真正意义上的网络银行。

从业务品种细分的角度来讲，网络银行一般包括以下几个方面的功能：用户的咨询投诉；公共信息的发布；财务的查询勾兑；申请和挂失；网上支付功能；在线账务处理功能和金融创新。

7.2.2　网络银行的优势

新兴的网络银行与传统银行相比具有很多优势。

1. 网络银行实现了无纸化网络运作，大幅提高了服务的准确性和时效性

网络银行要求一切交易、银行的各种业务和办公基本或完全实现无纸化、电子化和自动化，它是以前各种电子化银行如电话银行、家庭银行、自助银行、机器人银行、电子货币银行、自动化银行和自我服务银行的深入发展。网络银行的无纸化运作大幅度提高了银行业务的操作速度和操作水平，降低了服务成本，提高了服务的准确性和时效性，从而提高了服务质量。

2. 网络银行通过互联网提供内容更加丰富的高质量金融服务，吸引更多优良客户，满足客户个性化需求

由于计算机网络具有资源共享、实时通信的特点，因此网络银行不但可以对外提供快速便捷的信息，还能向客户提供更直接、更多样化的各种服务。网络银行在互联网上所提供的金融服务大致分为两大类：信息咨询服务和进行实际资金交易。对使用互联网的客户研究分析发现，网上客户群具有高收入、高学历、集中于白领阶层的特点。网络银行的客户平均受教育程度比传统银行的客户要高。可见，网络银行可以充分利用互联网的互动与多媒体性，以丰富的服务内容吸引更多的客户，为金融机构赢得更高的市场占有率，并且提供方便、快捷、高效的"3A"式服务，满足客户的多样化与个性化需求，使得更具个性化和人情味。

3. 网络银行打破时空限制，实现银行机构虚拟化，优化传统金融机构的结构和运行模式，极大地方便了客户

传统银行机构的扩展是通过增设实体的分支机构和营业网点来实现的，而网络银行则只需通过扩展支行和营业的互联网网站来实现。银行机构的虚拟化对于促进网络银行的迅速扩展起着极其重要的作用，而网络银行又可以很方便地设立或增加虚拟支行，这是因为创办一个虚拟银行比较方便，通常只要有 20 平方米的场地和 2 名员工就可以了。对于网络银行来说，银行的物理结构和物理建筑几乎成了不必考虑的问题，而是重点研究提高网络银行的高新技术含量和技术水平，即使把网络银行设在很廉价的地段或位置上，也同样能够面向全世界开展各种银行金融服务。因此，网络银行能使银行的房地产投资大幅度减少，并使金融机构不再有规模上的大小之分，而无处不在，无时不在。网络银行的跨时空运作也为客户带来了方便。无论客户有多少，无论业务量有多大，无论什么时间，无论什么地方，只要能够上网都可以立即根据需要跨进网络银行的"大门"。客户则坐在家中、办公室或远在异地他乡享受银行的在线服务，每周

7天，每天 24 小时不间断。

4．网络银行降低了银行、客户的交易成本，简化了银行系统的维护升级

现代商业银行面临的是资本、技术、服务和管理水平全方位的竞争。银行服务手段不同，完成每笔交易所花的费用也不同。从表 7-1 可以看出，网络银行的完成每笔交易的成本最低，甚至是普通营业点的 1/100。此外，网络银行不局限在银行业务大厅内，其员工也比传统银行少得多，而且可以减少固定网点数量，降低经营成本。从表 7-2 可以看出，网络银行显然是传统银行业务网的一种极其经济合算的替代系统，这无疑预示着未来银行电子化发展的方向。

表 7-1　银行不同服务手段完成每笔交易的成本

银行服务手段	银行完成每笔交易的成本
营业点	1.08 美元
电话银行	0.54 美元
ATM	0.27 美元
PC 机专用网络	0.15 美元
网络银行	0.01~0.13 美元

（资料来源：英国艾伦米尔顿国际管理顾问公司调查）

表 7-2　传统银行与网络银行经营成本对比表

成本项目		传统银行	网络银行
经营成本占经营收入的百分比		60%	15%~20%
开办银行成本（万美元）	基本成本	150~200	100
	附加经营成本	35~50	0

网络银行采用的大量开放技术和软件，也能降低银行软、硬件的系统开发和维护费用。通过将客户业务转移到低成本的作业渠道，银行可节省大量的人力资源，节省大量网点建设成本，符合成本效益原则。

5．网络银行可以拓宽银行的金融服务领域，向全能型银行发展

网络银行能够融合银行、证券、保险等行业经营的金融市场，减少各类金融企业针对同样客户的劳动重复，拓宽金融企业的创新空间，向客户提供更多量体裁衣式的金融服务。今后，银行将能从事全能银行业务，借助自身的网点和网络，从事如资信评估、气象发布甚至联合其他实体的网络从事旅游组团、商品零售等，开展"保姆行"业务。这正如广告语所说，在人们将来的生活中，"有病找医生，有纠纷找律师，其他都可以找银行"。

6．网络银行能够辅助企业强化金融管理，科学决策，降低经营风险

银行业务的电子化、网络化运作使客户的信息容易收集，也便于银行与客户间的互动，使双方更加了解。银行对各种信息进行统计、分析、挖掘的结果，有助于强化银行的金融管理，提高管理的深度、广度和科学性。

综上，基于互联网平台的网络银行能够比电话银行、ATM 和早期的企业终端服务提供更丰富、快捷、方便的金融服务。与银行的物理营业点相比，网络银行提供的金融服务更加标准化、规范化，运作成本更低，效率更高。因此，和传统银行相比，网络银行作为一种高科技的产物具有相当明显的优势。

7.2.3 网络银行与传统银行的区别

网络银行与传统银行相比，在产业组织、业务品种、经营管理模式、资产负债结构等方面都有所变化。

1．在产业组织方面

传统银行的销售渠道是分行及其广泛分布的营业网点，网络银行的主要销售渠道是计算机网络系统。网络银行使银行传统的销售渠道通过互联网实现虚拟再现，在网络环境支持下，银行客户可以随时随地和以任意方式进入网络银行享受金融服务。网络银行竞争方式已不再是主要靠其规模、分支网点的多少、服务环境的好坏等，市场更接近于完全竞争均衡；银行内部组织以专家型人员为主等。经济社会中传统银行之所以存在似乎回归到了最古老的概念：安全和人们对"面对面"服务的心理满足感，能提供期限转换、风险转换、评价监督借款者行为、减少和节约信息加工成本以及提供支付机制等。传统银行的产业组织形式无论是单一银行还是分支银行体制，构成银行主体的是实施这种优势的各类业务人员，而且银行规模有不断膨胀的趋势。

2．在业务品种方面

网络银行最终的发展目的不是将传统银行对私和对公业务搬到网上来做。网络银行虽然也从事对私和对公业务，出于风险的考虑，初期一般也只从事零售或小额等传统银行业务。对于一些必须依赖于人工操作，或需要委托其他相关机构的业务，网络银行存在一定的局限性。但在账务查询、转账、挂失、批量业务、缴费和咨询等方面，网络银行为客户提供了传统银行无法比拟的便利。网络银行还提供三种新的业务：公共金融咨询服务、投资理财服务和综合金融经营等一揽子服务品种。

3．在经营管理模式上

传统银行侧重于达到流动性要求，获得利润最大化。业务风险主要取决于自身的管理水平和内控能力。网络银行对互联网的依赖性决定了其风险超出传统意义的金融风险。网络银行的安全性是其生存的关键，因为互联网技术是一把双刃剑，它给银行带来利润的同时，也带来日益突出的技术安全风险。网络银行于高科技的数字化、无纸化、理念化的产品，风险更加隐蔽，为了防范和避免经营风险，提高经营管理的安全性和高效性，网络银行采用的数字传输、入侵检测、数字证书、电子签名等方面的技术协议标准，需要在说明、监测、升级等方面进行统一规范的安排和管理。基于网络银行资源共享的特性，通过数据仓库和数据挖掘等技术，对客户业务记录数据分析统计后，进行归纳性的推理，预测客户行为，从中挖掘潜在的服务模式和有价值的商业信息，一方面提高对客户的服务水平；另一方面帮助决策者正确判断即将出现的机会，调整策略规避风险，实现银行获得最大盈利。

4．在资产负债结构方面

货款和存款始终是传统银行的主要资产和负债，其利率差也是银行经营利润的主要来源。网络银行除了这些优势以外，更强调发挥作为支付中介的优势。它为客户提供的快捷、便利、全天候的服务，大大节省了客户的交易费用。在资产结构上介于金融中介与金融服务商之间，约 50%的利润来源于中间业务和表外业务。

5．在政府监管方面

网络银行的高技术性、虚拟化和实时性的特点，决定了其经营风险要高于传统银行业务的风险，传统形式的监管不能满足网络银行的需求，建立新的监管标准，调整监管的结构和更新技术，改变传统的银行监管方式，建立全方位和系统性的更强调运用高科技手段进行监管的框架成为摆在各国监管当局重要课题。

7.2.4 网络银行对传统银行的影响

网络技术的发展对传统银行业的经营模式和理念形成巨大冲击，网络银行对传统银行的影响主要体现在以下几个方面。

1．网络银行改变了传统银行的经营理念

网络银行的出现改变了人们对银行经营方式的理解和对国际金融中心的认识，一系列传统的银行经营理念将随之发生重大转变。例如，前台店面装修的富丽堂皇不再是银行的标志，没有店面，银行也可以提供跨区域的品牌服务，突破时空限制改变银行与客户的联系方式，削弱了传统银行分支机构网点的重要性，取而代之的将是支持银行业务开展的信息设备。

2．网络银行降低了交易成本

一方面，网络银行由于节省了大量的房租和人员工资等支出，运营成本大为降低。另一方面，由于网络银行节省了大量的经营成本，因此可以把节省下的巨额资金返还给客户，提高利息以吸引客户。传统银行越来越难以吸收大量的资金形成规模经济，在降低交易成本上的优势正逐步丧失。

3．网络银行改变了传统银行的营销方式和经营战略

网络银行能够充分利用网络与客户进行沟通，使传统银行营销以产品为导向转变为以客户为导向，通过提供更迅捷和高效的服务，以速度赢得客户，变被动为主动。网络银行将业务重点转为向客户提供个性化服务，通过积极与客户联系，获取客户的信息，了解不同客户的不同特点，提供更为个性化的服务，同时也能处理与客户的关系，将服务转向"人际化"，如咨询和个人理财业务，向客户提供更加具体全面的服务。

4．网络银行改变了传统银行经营目标的实现方式

银行经营目标实现方式的改变主要体现在安全性、流动性上。从库存现金向电子现金的转变使安全概念也发生转变。因为电子货币的使用使银行资金的安全已经不再是传统的保险箱或

者保安人员所能保障的，对银行资金最大的威胁是"黑客"的攻击与偷盗，很可能不知不觉间资金已经丢失。因此，银行必须转变安全概念，从新的角度特别是保护信息资源的角度确保资金安全。电子货币的独特存取方式也带来流动性需求的改变，电子货币流动性强的特点取消了传统的货币层次的划分，更不可避免地导致银行的流动性需求发生改变。

5. 网络银行服务的开展促使银行更加重视信用的作用

在信息社会里，银行信用评估的标准正在发生改变，表现为银行获取信息的速度和对信息的优化配置将代表信用。在如今的电子商务时代，银行获取信息的能力将在很大程度上体现其信用，而电子商务也要求传统银行在信息配置方面起主导作用。信息配置较之传统经济学中的资源配置，将发挥同样巨大甚至更大的作用，对经济学的发展也是一个推动，这也将是银行信用的一个重要方面。

6. 网络银行加快金融产品的创新

网络金融产品易诞生也易消亡的特点对银行的金融产品创新提出了更高的要求。在网络时代，新的金融衍生工具创造将翻倍加速，但也可能被淘汰、消失得更快。这一方面为银行突破传统的历史阶段性发展模式而利用技术创新进行跳跃式发展提供了可能，另一方面则对银行自身的创新能力提出更高的要求。如果银行自身没有具备创新的实力，就有可能长期处于"跟随者"的不利地位，时刻有被淘汰的危险。

7. 网络银行正改变传统银行的竞争格局

基于互联网平台的网络银行提供的全球化服务，使金融业全面自由和金融市场全球开放，银行业的竞争也不再是传统的同业竞争、国内竞争、服务质量和价格竞争，而是金融业与非金融业、国内与国外、网络银行与传统银行等的多元竞争。

8. 网络银行将给传统的金融监管带来挑战

由于网络的广泛开放性，网络银行可在全球范围内经营，这也给金融监管带来新的课题。专家指出，网络银行以其方便、快捷、超时空等特点，通过计算机网络，可以在瞬间将巨额资金从地球的一端传到另一端。大量资金突发性的转移无疑会加剧金融市场的波动，而网络快速传递的特性则会使波动迅速蔓延。同时，网络银行的整个交易过程几乎全部在网上完成，金融交易的"虚拟化"使金融业务失去了时间和地域的限制，交易对象变得难以明确，过程更加不透明。这无疑加大了监管的难度。因此，金融领域商务的电子化给传统的金融监管提出了更高的要求。

应用案例　阿里解释为何缺席首批民营银行：坚持纯网络模式

对于错失首批筹建机遇的原因，阿里小微金融服务集团（筹）副总裁俞胜法 30 日对 21 世纪经济报道记者表示，"股东结构和比例不是问题，我们完全按照监管要求的持股比例来，阿里没有意愿要控制很高的持股比例。"

俞胜法强调，目前还没有递交筹建申请的主要原因是，筹建方案的很多方面还未成熟，一旦落地将很快向银监会递交筹建申请："应该快了，我们要做纯网络银行模式是原因之一，因为目前还没有先例，此外对于市场环境等方面的调研也还需要时间。"

俞胜法还透露，与银监会进行沟通的银行筹建小组即将成立。而俞本人，履职阿里之前是杭州市金融办副主任，此前曾任杭州银行行长，是未来阿里银行的行长人选。

7月25日银监会发布消息称，已正式批准三家民营银行的筹建申请。分别是腾讯、百业源、立业为主发起人，在广东省深圳市设立深圳前海微众银行；正泰、华峰为主发起人，在浙江省温州市设立温州民商银行，以及华北、麦购为主发起人，在天津市设立天津金城银行。

令人错愕的是，呼声颇高的阿里巴巴却错过了第一批筹建。早在今年3月，银监会就在各地转报推荐的试点方案中择优确定首批5家民营银行试点方案，阿里巴巴、万向、腾讯、百业源、均瑶、复星、商汇、华北、正泰、华峰等均在其列。

1. 详解"网络银行"

宁可错过"头班车"，阿里也要坚持其纯网络银行的模式。

根据此前银监会在民营银行试点方案新闻通气会上的介绍，阿里巴巴的银行方案特色为：第一，小存小贷模式设置了存贷款上限，特色清楚，符合差异化经营导向；第二，网络银行模式，利用互联网技术来开展银行业务，客户来自电商。

所谓网络银行模式，就是完全依赖于互联网开展业务的网络银行，没有线下的物理网点。目前国内尚无先例，对于网络银行的相关法律法规亦是空白。比如，没有地域限制，没有线下的面签环节，交易合同难以确定签约地和履约地，电子合同和电子签名等创新都急需相应的监管法规完善。这或许也是阿里迟迟没有上报申请所考虑到的因素之一。

目前国内首家也是唯一的网络保险公司众安在线，阿里巴巴便是其最大的单一股东。

除了完全靠互联网开展业务外，网络银行的市场定位也与传统银行不同。其目标客户为在电子商务平台进行贸易的小企业和开店经营者个人（提供网络信用贷款、网络订单贷款），以及网络购物的消费者（提供消费贷款）。

阿里在这方面不仅有其独特的大数据和客户优势，事实上，专为阿里系电商网络放小额贷款的阿里小贷已经为其积累了一定的风控和信贷经验。历年来，数以亿计的用户在阿里巴巴电子商务平台上积累的财务信息、行为数据都是其网络银行运营的依据。

同时，如果网络银行的账户与支付宝的账户进行绑定，将支付宝账户中的留存资金自动转存到网络银行账户中，其存款资金来源看起来也不成很大问题。当然，如何与余额宝平衡和竞争也需要权衡。

显而易见，如果只是一家杭州本地的实体银行，很容易成为局限于本地业务的小城商行。而网络银行不仅不受时空限制，更可大量节约成本。

传统线下的银行网点铺设需要大量人力物力和财力投入，网络银行业务的边际成本却可以小到接近为零。此前曾有银行测算过，一笔业务通过银行物理柜台办理的成本大约为3.06元，而通过网络办理却只需要0.49元，大幅节约的交易成本可以提高银行效益。

2. 阿里二度申请银行

早在2009年，马云就有筹建网络银行的行动。2009年8月，浙江省青田县，马云在某企业家座谈会上提出，阿里巴巴利用电子商务平台优势，可以联手金融机构组建一家网络银行。而在此之前，马云这一设想已经取得了浙江省政府分管领导的支持。

据知情人士介绍，当年年底，浙江省政府、建设银行和阿里巴巴三方就创建网络银行进行了商谈，并签订了合作备忘录。阿里网络银行的第一次筹建由此拉开帷幕。一直到 2010 年年中，银监会还专门派专家组赴杭州现场研究论证。"当时我们都以为进展很顺利，应该能获批，但最后还是夭折了。"前述知情人士称。

而这一次的阿里银行申请、筹建团队的负责人之前为阿里小微金融服务集团（筹）首席风险官胡晓明，但目前银行的筹建申请工作已经全部由俞胜法接管。

阿里网络银行的放贷模式和阿里小贷极为类似，未来是阿里银行直接将阿里小贷纳入麾下，还是采取其他合作模式，俞胜法称目前尚无定论。

此外，阿里银行和现在阿里小贷的股东结构也颇为相似。在阿里小贷上，阿里和万向已经有了较为顺畅的数年合作关系，似乎在其他民营银行筹建过程中出现的股东不和及争权现象可能不会在阿里银行出现。

根据银监会批复，阿里巴巴将和中国万向控股有限公司作为发起人申请民营银行牌照。而阿里三家实体小贷公司中，两家均由阿里巴巴和万向合资设立。

其中，"重庆阿里小贷"由"阿里金融控股"与宁波金润资产（银泰集团旗下）、上海复星工业（复星集团旗下）、万向租赁（万向集团旗下）共同出资创建。阿里最早成立的小贷公司为浙江阿里巴巴小贷公司，其股东分别为阿里巴巴电子商务公司、万向租赁等。

虽然阿里巴巴没有饮上头啖汤，浙江省还是抢到了头筹，温州民商银行挤入头班车。

浙江银监局表示，首批试点确定为浙江后，银监局先后多次与浙江省、温州市政府相关部门、主发起人及拟入股企业、外部咨询公司等多方进行座谈，就政策要求、民营银行的经营定位、风险对策、监管思路等内容进行沟通和指导，完善筹建方案。

经反复沟通、严格审查把关，温州民商银行的筹建方案及审查意见于 7 月中旬正式提交至银监会，并成为首批获批筹建民营银行之一。获批筹建后，按照相关规定，须在 6 个月（经申请最长可延至 9 个月）内向银监部门提交开业申请。

下一步，浙江银监局将重点推进开业准备工作，主要包括占股 10% 以下小股东审核、"三会一层"管理架构搭建、高管人员审核、内控制度建设等；通过督促温州民商银行筹建工作小组倒排时间表，紧抓关键节点，有序安排、全力推进筹建工作开展；并在其开业后加强对关联交易等动态跟踪监管。

同时，浙江银监局将继续指导阿里巴巴开展民营银行试点的筹建申报工作。

（资料来源：21 世纪经济报道，2014 年 7 月 31 日 8∶53∶31，http://money.sohu.com/20140731/n402950571.shtml）

7.3　个人网络银行

个人网络银行和企业网络银行都是网络银行提供的一项分别针对个人用户和企业用户的业务，本节先介绍个人网络银行。

7.3.1　个人网络银行的概念

个人网络银行是指银行利用互联网技术，通过建立自己的互联网站点和 WWW 主页，向个体消费者提供开户、销户、查询、缴费、对账、行内转账、跨行转账、支付结算、信贷、网上证券、投资理财等传统服务项目，使消费者足不出户就能安全便捷地管理活期和定期存款、支票、信用卡及个人投资等，它是网络银行提供的一种针对个人用户的业务。

个人网络银行客户分为注册客户和非注册客户两大类。注册客户是指办理了客户注册手续，申请了客户号，与银行签订了网络银行服务协议，并从银行取得了客户证书的个人或企业。注册客户按照注册方式分为柜面注册客户和自助注册客户，按是否申领证书分为证书客户和无证书客户。非注册客户是指未办理客户注册手续的公共客户，非注册客户可以享受商业银行网络银行提供的信息及账户查询等服务。可以说，个人网络银行是在互联网上的虚拟银行柜台。

7.3.2 个人网络银行的特点

下面以建设银行为例，介绍个人网络银行的特点。

（1）便捷易用。只要进入建设银行网站，填写 6 项基本要素，即可成为个人网络银行客户。从此不用跑网点排长队，不再发愁错过营业时间，足不出户即可享受 7×24 小时全天候个人金融服务。站内功能设计人性化，无须学习即会使用。

（2）安全可靠。为客户提供国际最先进的建设银行网银盾和动态口令等安全产品，并提供短信通知、身份认证、限额控制、多重密码验证、银行后台实时交易监控，预留防伪信息验证、私密问题设置，以及国际最先进的软、硬件网络技术保障信息传输的安全性，重重保护客户的资金安全。

（3）经济实惠。申请免费，省去奔波成本；使用免费，办理业务手续费相比柜台均有不同程度折扣和优惠（如转账汇款，申购基金等）。

（4）功能丰富。八大类功能、百余项专业金融服务，包括账户查询、转账汇款、缴费支付、信用卡、个人贷款、投资理财（基金、黄金、外汇等）等各类金融服务。

（5）服务超值。账户查询、转账汇款服务直观便利，并提供 e 家亲账户、公积金查询、跨行转账、外汇汇款、为他人信用卡还款、电子客票支付、个性化 DIY 等多项独具特色的服务；同时利用网银特有的优势，提供相关服务预约、资金管理等服务。

（6）便捷新体验：特别制作了全自动智能安装包，让用户轻松开始网络银行之旅。

7.3.3 个人网络银行的系统功能

1. 个人公共客户

（1）银行卡余额查询。

（2）银行卡明细查询。

（3）银行卡密码修改。

（4）银行卡临时挂失。

（5）网络银行注册申请。

2. 个人注册客户

（1）信息查询：账户余额查询、账户明细查询、网上缴费查询、交易流水查询。

（2）转账交易：网上缴费、内部交易、支付转账。

（3）个人信息管理：基本信息维护、账户密码修改、网上临时挂失、收款方管理、网上缴费信息维护。

7.3.4　个人使用网络银行应注意的问题

（1）网络银行用户名和密码必须易记但难被猜中，切勿使用出生日期、电话号码、家人的名字或常用的名字等。

（2）为网络银行设置专门的用户号和密码，区别于在其他场合中（例如，其他网上服务、ATM、存折和银行卡等）使用的用户名和密码，避免因某项密码的丢失而造成其他密码的泄露。

（3）将网络银行登录密码和用以对外转账的支付密码设置为不同的密码，多重验证以保证资金安全。

（4）切勿向任何人（包括银行职员及警方）透露密码。

（5）登录网络银行前，应先关闭所有浏览器窗口，以免其他网站非法取得你的个人资料。每次使用网络银行后，使用"退出"账户，不要简单地关闭窗口。

（6）切勿通过电子邮件内的链接或网上搜索引擎登录网络银行。每次应在浏览器上输入网址或将真正的网站记录在计算机的收藏夹内，由此进入网络银行页面。

（7）切勿使用公用计算机（如网吧、图书馆提供的电脑等）登录网络银行的网站。

（8）取消浏览器提供的自动记忆功能，坚持每次重新输入用户名和密码。注意某些浏览器可以记录所输入的资料。

（9）随时查阅银行账户余额及交易记录，如发现任何错漏或未经授权的交易，立即通知银行。

（10）定期留意和遵照银行提供的安全提示。

7.3.5　实例：中国建设银行个人网络银行申请

中国建设银行个人网络银行界面如图 7-1 所示。

图 7-1　中国建设银行个人网络银行界面

1．中国建设银行个人网络银行开通条件

（1）在建设银行开设有银行账户，包括各种龙卡、定期存折、活期存折、一折通或一本通账户等，并拥有有效身份证件，包括身份证、护照、军官证等。

（2）具备使用互联网的机器和网络条件，使用 IE6.0 以上浏览器。

开通指南如图 7-2 所示。

用户类型	普通客户	便捷支付客户	高级客户
开通方式	在线开通 或通过柜台、E动终端开通	在线开通 或通过柜台、E动终端开通	网点、E动终端 ▶查询最近的营业网点
手机绑定	需要	需要	需要
注意事项	身份证件类型、证件号码需与签约账户开户时一致	账户开户时预留的手机号码和目前使用的手机号码一致	开通后首次使用网上银行，需设置网上银行登录密码 ▶了解首次登录
开通流程	◉观看演示		领取并填写网银申请表，交由工作人员办理 ▶在线下载申请表
可享服务	・账户查询 ・投资理财 ・本人信用卡还款	・小额转账汇款 ・单笔缴费支付 ・网上支付功能	网银提供的全部功能 ・我的账户 ・转账汇款 ・缴费支付 ・信用卡 ・个人贷款 ・投资理财

图 7-2　中国建设银行个人网络银行开通指南

2．使用中国建设银行个人网络银行步骤

（1）进入中国建设银行个人网络银行页面，点击左上角的"个人网络银行登录"按钮下面的"下载中心"，如图 7-3 所示。

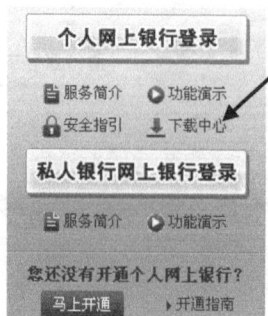

图 7-3　个人网络银行的"下载中心"

（2）进入"下载中心"页面后选择中国建设银行 E 路护航安全组件，然后根据自己的系统

选择 32 位或 64 位版本，如图 7-4 所示。建设 E 路护航安全组件包括网银安全检测工具、网银盾管理工具以及网银盾证书更新工具，可一次性完成所有控件、驱动程序安装。

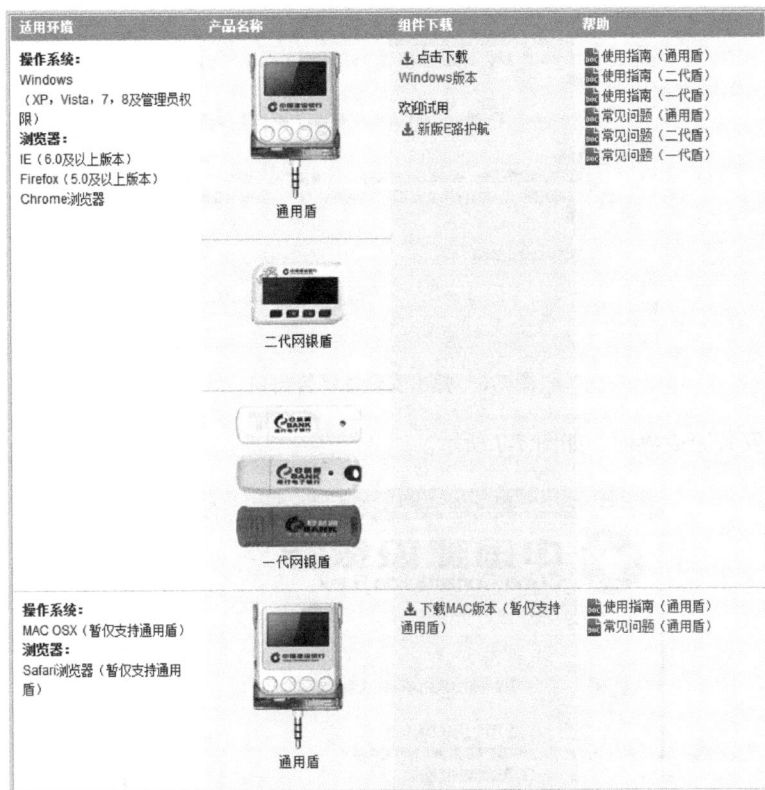

图 7-4 个人客户 E 路护航网银安全组件下载界面

（3）下载成功后，开始安装中国建设银行 E 路护航安全组件，安装界面如图 7-5 所示。

图 7-5 组件安装界面

（4）如果中间出现是否安装这个组件，直接点击"是"按钮，如图 7-6 所示。

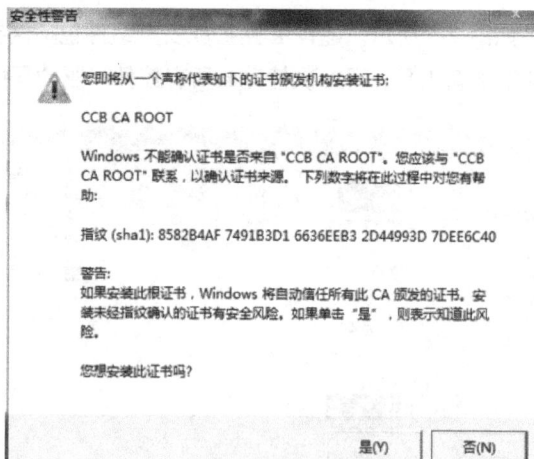

图 7-6　弹出安全性警告窗口

（5）组件安装完成界面，如图 7-7 所示。

图 7-7　组件安装完成界面

（6）单击"完成"按钮，弹出中国建设银行网银盾窗口，输入 6～8 位的密码，如图 7-8 所示。

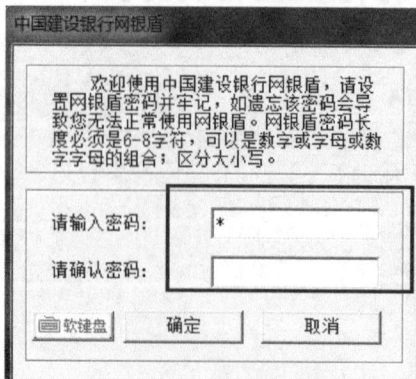

图 7-8　中国建设银行个人网络银行网银盾口令设置

（7）在柜台签约或通过网站开立并激活 E 账户后首次使用个人网上银行，需设置网上银行登录密码。首次登录流程如下，输入证件号码和姓名，如图 7-9 所示。

图 7-9　中国建设银行个人网络银行设置登录密码界面 1

（8）此处输入用户的账户取款密码，如图 7-10 所示。

图 7-10　中国建设银行个人网络银行设置登录密码界面 2

（9）接着设置登录密码，这一次输入的是 6~10 位字符，此处要注意与前面用户设置的网银盾密码区别，如图 7-11 所示。

图 7-11　中国建设银行个人网络银行设置登录密码界面 3

（10）全部设置完成以后，点击确认，会提示设置网上银行交易密码，如图 7-12 所示。

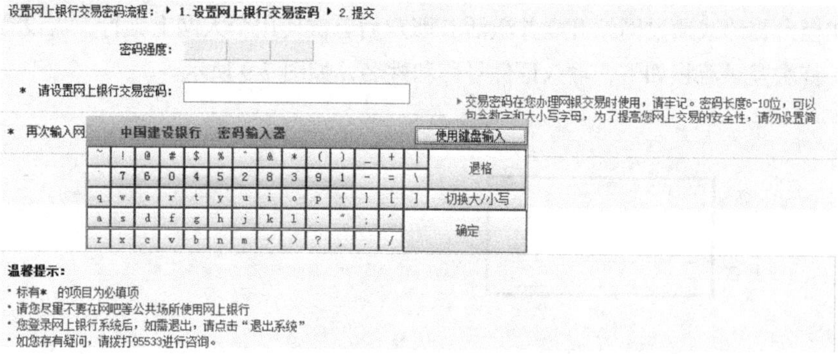

图 7-12　设置网上银行交易密码

（11）以上全部设置完成后，便会提示完成首次登录，如图 7-13 所示。

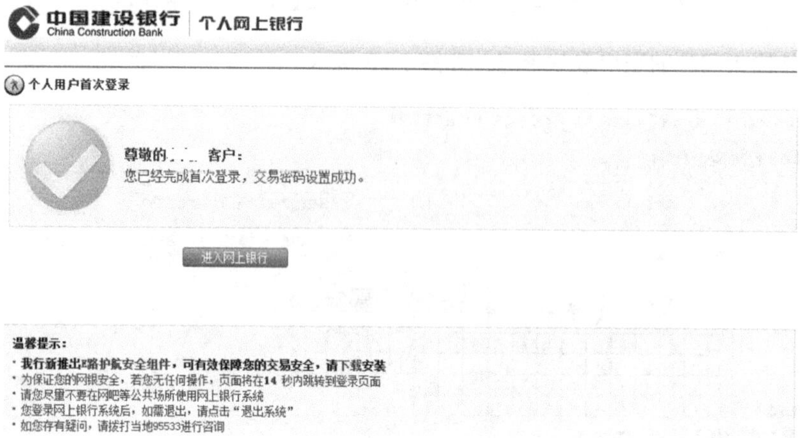

图 7-13　完成首次登录界面

（12）以后就可以登录属于用户自己的网络银行了。在如图 7-14 所示的登录界面中，第一行输入自己的身份证号，第二行输入网银登录密码，第三行输入附加码，点击登录，便可进入图 7-15 所示的登入界面。

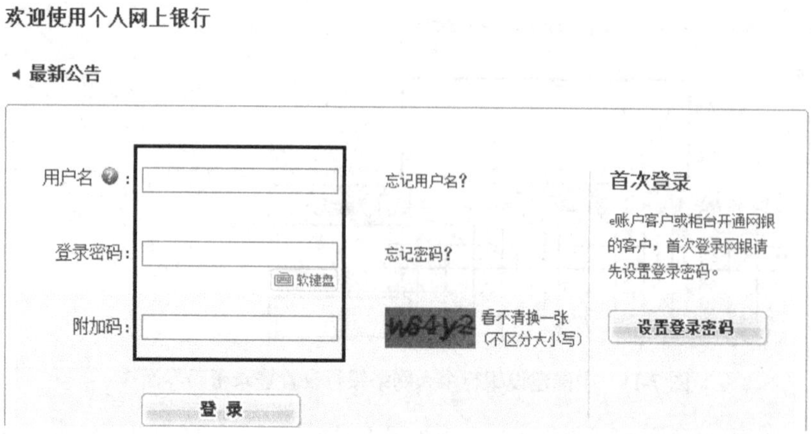

图 7-14　中国建设银行个人网络银行登录界面

图 7-15　登录中国建设银行个人网络银行

7.4　企业网络银行

随着电子商务规模的扩大,越来越多的企业与政府组织部门拓展了电子商务以及电子政务,B2B 或 B2G 等网络交易正迅速发展，G2G 与 G2B 等电子政务也在逐步付诸实施，这些均迫切需要发展适合中大额网络交易与服务的网络支付手段。

7.4.1　企业网络银行的概念

企业网络银行是指银行利用互联网技术，通过建立自己的互联网站点和 WWW 主页，向企业客户提供账务查询、内部转账、对外支付、代发工资、集团公司资金头寸管理、银行信息通知、金融信息查询等服务，可为具有资金统一管理需求的集团企业客户提供结算中心服务的网络金融服务形式。

申请了企业网络银行的企业客户只要通过连接互联网的计算机就可以借助网络银行方式实现 B2B 或 B2G 电子商务的网络支付与结算。目前中国大多数商业银行都推出了企业网络银行业务。

7.4.2　企业网络银行的管理机制

企业网络银行除了能实现和完成对外处理资金业务（如支付、转账、缴费等业务）的功能外，也能对有关账户信息进行查询、维护和管理。同时，所有商业银行的网络银行还能对企业内部的子公司和部门在资金调度、分配和对外业务的权限规定和管理上承担资金清结算的中心功能，以合理调度和使用企业资金，加快企业内部资金周转和提高使用的效益。

为了保证资金使用的安全，从制度上，网络银行企业客户采用管理员和操作员双重管理机制。

1．角色分配

管理员负责对操作员进行监督管理、设定业务模式、收款方账户和集团授权维护管理；操作员负责录入企业的交易、复核执行交易。

企业可根据需要设置一个管理员和两个管理员这两种管理模式。在一个管理员模式下，该管理员维护的信息立即生效；在两个管理员模式下，该管理员维护的部分信息不能立即生效，需要另外一个管理员进行审核后方能生效。在两个管理员模式下，操作员账户管理、业务属性信息维护和缴费信息维护需要另外一个管理员进行审核后方能生效，其他业务功能由一个管理员即可操作。企业采用哪种管理员模式，由企业在银行网点注册时确定，企业成为网络银行客户后也可以进行更改。

企业可根据实际情况申请多个操作员进行具体业务操作。每笔转账业务必须经过管理员设定业务属性后，由具有相应权限的操作员进行录入、复核方能生效，以此对业务指令进行有效的安全控制。

2. 管理员权限

（1）查询。管理员拥有对所有注册账户信息的查询权限，具体包括：余额查询、明细查询、对账单查询、被拒绝交易查询、网上缴费查询、支票状态查询、贷款账户查询、网上银行流水查询、子公司账户余额查询、子公司账户明细查询、子公司账户当日交易查询。

（2）操作员管理。管理员负责对操作员权限进行维护，并具有对操作员的监督、管理权限，具体包括：操作员基本信息管理、操作员账户管理、操作员历史交易信息查询、操作员权限查询。

（3）账户与交易管理。管理员负责对交易权限进行维护，具有对账户及交易设定业务模式的权限，具体包括：业务属性管理维护、收款方信息维护、网上缴费信息维护、组别管理、账户组别设置。

（4）系统管理。管理员负责对系统功能进行管理，同时在两个管理员模式时对另一个管理员的部分操作进行复核。具体包括：授权书修改、操作员转授权维护、管理员审核（仅需要对操作员账户管理、业务属性维护、缴费信息三项操作进行复核）。

3. 操作员权限

（1）查询。具有查询权限的操作员可以对相应账户进行查询，与管理员相同。

（2）转账交易。具有每项业务所要求的录入权限的操作员负责对转账业务进行录入，具体包括：内部转账、支付转账、网上缴费、企业卡内部转账、企业卡支付转账、从子公司上划、向子公司下拨、子公司之间内部调拨、用子公司账户支付。

（3）系统管理。具有每项业务所要求的复核权限的操作员负责对转账业务进行复核、打印，被授权的操作员可以用其操作员的身份登录进行相应操作。具体包括：交易复核、打印，转授权登录。

4. 操作员交易验证签名

数字签名是网络银行的安全防范措施之一，所有关键业务均需由注册客户通过客户证书发出"确认签名"的电子指令，用以保证数据传递的安全性。关键性业务信息输入完毕后，系统会出现"验证签名"的页面，操作员单击"确认签名"按钮即可对本次操作进行验证签名。

7.4.3 实例：中国建设银行企业网络银行申请

1. 中国建设银行企业网络银行界面和开通指南

中国建设银行企业网络银行界面如图 7-16 所示。

图 7-16 中国建设银行企业网络银行界面

开通指南如图 7-17 所示。

用户类型	海外版客户	简版客户	高级版客户
开通方式	柜台 ▶查询最近的营业网点	柜台 ▶查询最近的营业网点	柜台 ▶查询最近的营业网点
手机绑定		—	—
注意事项	—	开通后需要在我行下载中心下载简版企业证书	开通后需要在我行下载中心下载安装高级版签名通和网银盾管理工具
开通流程	携带商业登记证件原件及复印件；或者全球唯一银行代码证原件及复印件并提交申请书交由工作人员办理	携带组织机构代码证正（副）本或营业执照代码证件正（副）本和其他证件等资料，并提交客户服务申请书交由工作人员办理	携带组织机构代码证正（副）本或营业执照代码证件正（副）本和其他证件等资料，并提交客户服务申请书交由工作人员办理
可享服务	·账户查询 ·转账 ·汇款 ·代理清算 ·管理设置	·查询业务 ·电子对账 ·服务中心	网银提供的全部功能 ·查询服务 ·账户管理 ·结算服务 ·投资理财 ·信贷融资

图 7-17 中国建设银行企业网络银行开通指南

2. 安装使用中国建设银行企业网络银行步骤

客户申请开通高级版及简版企业网银后，到建行互联网站下载 E 路护航安全组件，下载安装成功后可正常登录使用。企业客户 E 路护航安全组件可支持一代网银盾、二代网银盾及文件证书用户。

（1）登录建行互联网站→公司机构客户页面，企业网络银行登录区，点击"下载中心"按钮，如图 7-18 所示。

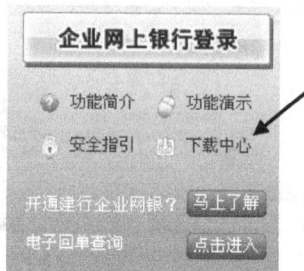

图 7-18　企业网络银行的"下载中心"

（2）在"下载中心"页面，选择"企业客户 E 路护航网银安全组件"，点击"下载"按钮，将安全组件下载至本地计算机，如图 7-19 所示。

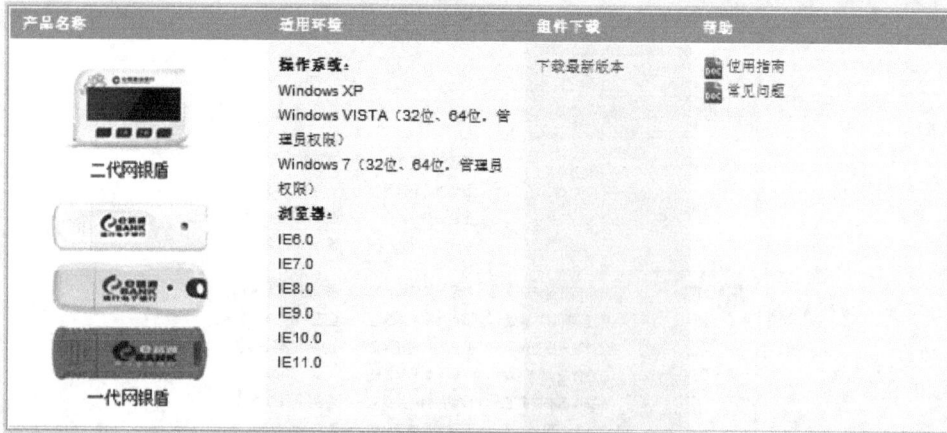

图 7-19　企业客户 E 路护航网银安全组件下载界面

（3）双击下载至本地电脑的安全组件图标，进入安装界面。安装界面提示客户安全组件安装成功，点击"完成"后即可使用安全组件的相关功能。安装完成后，在桌面出现"中国建设银行 E 路护航®网银安全检测工具"的快捷图标，如图 7-20 所示。

图 7-20 快捷图标

（4）插入网银盾，电脑屏幕弹出修改默认口令的提示，客户输入口令，如图 7-21 所示，并点击"确定"按钮。

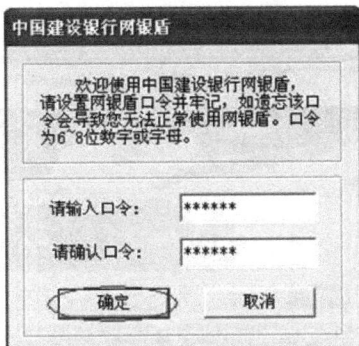

图 7-21 中国建设银行企业网络银行网银盾口令设置

（5）网银将弹出"提示客户"对话框，如图 7-22 所示。用户按需要选择此次操作。对话框同时显示二代网银盾图示，"确认"按钮闪烁。

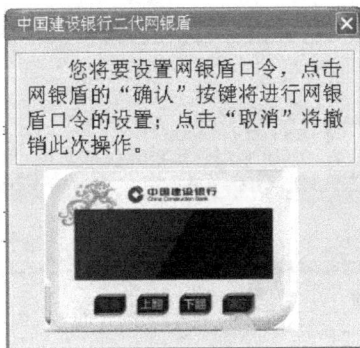

图 7-22 网银盾界面

（6）点击网银盾上的"确认"按键，网银盾口令完成设置，如图 7-23 所示。

图 7-23 网银盾口令设置成功界面

（7）网银盾密码设置完成后，客户插入网银盾，点击企业网银登录链接，输入网银盾密码，可正常跳转到登录页面。其中，在弹出证书选择对话框中，选择对应的证书（高级版为插入网银盾对应的证书，简版为客户号对应的证书），点击"确认"。输入网银盾密码（简版客户仅选择证书即可，无须输入网银盾密码），点击"确定"。进入登录界面后，系统自动反显"客户识别号"与网银盾对应的"操作员代码"，请输入登录密码，点击"登录"，如图 7-24 至图 7-28 所示。

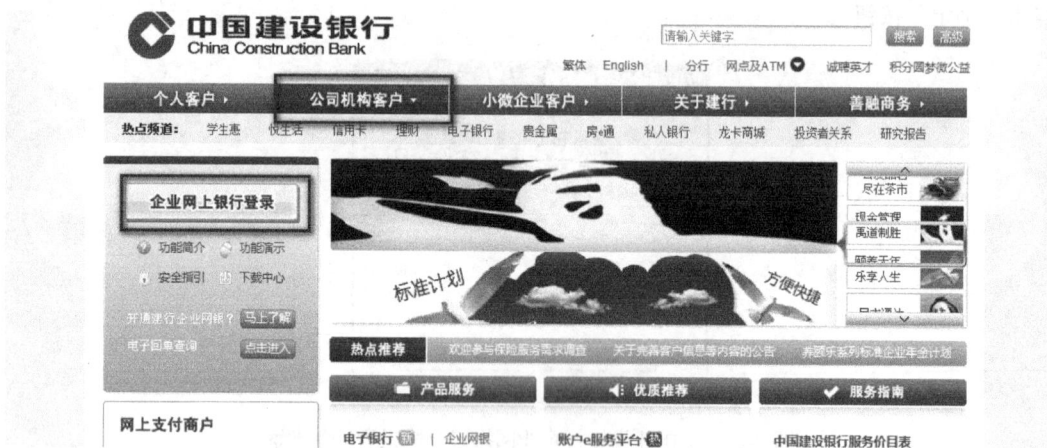

图 7-24　中国建设银行企业网络银行登录界面

图 7-25　证书选择界面

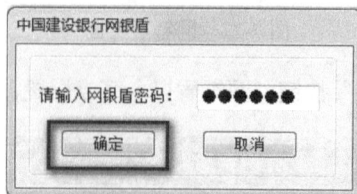

图 7-26　输入网银盾密码界面

图 7-27　中国建设银行企业网络银行登录界面

图 7-28　中国建设银行企业网络银行登入界面

7.5　网络银行的风险与防范

网络银行是银行业发展的趋势之一，网络银行的发展有力地促进了电子商务的发展，不仅方便了客户，也为交易商创造了新的交易机会，但网络银行的安全问题一直让人十分担忧。在开放的网络环境下，网络银行的风险来自方方面面，诸如外部黑客入侵、内部人员作案、网上数据资料被窃取和篡改、非法授权访问、互联网金融欺诈、病毒干扰破坏等网络银行不安全事件在国内外时有报道。

7.5.1　网络银行风险

随着传统的、封闭性的银行业务网络逐渐与开放的网络相融合或连接，网络银行所面临的风险越来越高。网络银行风险通常是指网络银行交易数据丢失、被窃、遭破坏的可能性。

网络银行交易数据直接关系到参与交易各方的利益。由于技术上的、管理上的原因使网络银行数据丢失；由于黑客的攻击、病毒的泛滥以及其他人为的或自然的原因，会使网络银行数据被窃、遭到破坏。因此，在网络银行交易过程中，买卖双方和银行中介机构都承担着来自内部和外部的各种风险，所以对网络银行风险的识别和防范是非常必要的。

7.5.2 网络银行的风险的防范

由于网络范围不断扩大和延伸、网络技术不断发展和进步，网络银行风险越来越显示出危害大、影响深、波及面广的特点，网络银行安全面临的挑战日益严峻。因此，网络银行的风险防范迫在眉睫。

网络银行的风险防范就是要确保网络银行系统的可靠性，网络银行数据的完整性、真实性、可用性、保密性和网络银行交易的不可抵赖性。为此，我们必须制定切实可行的风险防范措施，包括：采用网络银行风险防范的安全技术，加强网络银行风险防范的体系建设，制定网络银行风险防范的制度，实施网络银行风险防范的管理控制等，以构筑一个完备的、先进的、可扩展的网络银行安全体系。

1．网络银行风险防范的安全技术

网络银行风险防范的安全技术主要包括加密技术、认证和鉴别技术、防火墙技术、访问权限控制技术、监控审计技术、病毒防治技术等，除此之外，还有安全评估技术、备份和恢复技术、冗余技术和网络隔离技术等。

2．网络银行风险防范的体系建设

有效的风险防范体系是确保网络银行正常发展的关键。该体系的建立需要综合考虑：交易数据的机密性和完整性、信息验证与认可、访问控制授权、病毒防范机制、数据的保存和备份等要素。

3．网络银行风险防范的宏观管理与制度建设

网络银行风险的防范，除了技术手段外，还可以通过国家的宏观管理和相关制度建设来实现，其中包括：大力发展中国的自有知识产权和先进的信息技术；建立银行机构的总体规划和统一的技术标准；加强网络银行风险控制管理的国际协调与合作；加强网络银行的法律制度建设；加强网络银行的社会信用制度建设。

4．网络银行风险防范的内部管理控制

网络银行风险防范的管理控制措施除包括国家层面的宏观管理和相关制度建设外，还要加强网络银行企业自身风险防范的内部管理控制，包括信息保密制度、系统维护制度、数据备份制度、组织和人员管理制度等多个方面。

7.5.3 网络银行的金融监管

中国网络银行的建设始于 20 世纪 90 年代后期，经过几年的发展，网络银行业务已经成为商业银行的一项重要业务，是商业银行为高端客户提供服务的重要方式。随着网络银行业务品种的不断增加和业务量的快速上升，网络银行面临的风险也随之增加，中国网络银行在行业规划、经营管理、风险控制和监管等方面的一些深层次问题开始逐步显现。在推动网络银行发展的同时，如何提高商业银行的网络银行风险控制能力，加强网络银行的监管，已经成为中国金融监管部门的重要工作内容。

1. 网络银行监管的基本原则

世界上并不存在一个全球统一的网络金融监管的标准模式，不同的国家需要根据网络经济发展战略、网络金融发展阶段、国内金融环境等具体情况，制定其不同的监管策略。但是，网络银行的监管仍需遵循以下一些基本原则。

（1）网络银行监管的国际性标准、国际合作日益重要，过分强调一国金融业的特殊性，有可能成为全球金融一体化外的"孤岛"，而在竞争中失败。

（2）网络银行监管离不开网络经济的协调发展和有关立法的完善。

（3）传统银行监管的审慎性原则，同样适用于网络银行的监管。

（4）在存款人利益得到有效保护的情况下，适当降低银行开展网络金融业务的市场准入要求，有利于金融机构降低成本、改善服务，实现银行间资源共享、成本分担。

（5）信息的有效收集、分析和共享，是网络银行日常监管的关键。

（6）严格控制网络银行已办业务的终止和市场退出。

（7）监管的有效实施依赖于综合性人才的培养和使用。

（8）对消费者的教育是提高监管绩效的根本保证。

2. 网络银行监管应注意的问题

网络金融促进了金融交易工具的创新，进一步促进了银行风险对冲能力和风险管理效率的提高，为网络银行开展多种金融业务提供了必要条件。网络信息技术使不同金融业务间的信息转换成本大大降低，增加了进入不同金融业务市场的通道，又为网络银行开展多种金融业务提供了充分条件；而银行业竞争加剧导致的利差缩小，形成了银行业寻找其他利润渠道的客观压力。对于网络银行来说，拓展与证券、保险有关的各种金融服务，不仅具有技术上的优势，也是其发展的必经之路。网络银行监管应注意的主要问题有：

（1）监管主体间的协调。由于不同类型的金融机构，在开展电子金融业务方面不可避免地存在互相交叉，因此多个监管主体间必须加强协调，共享信息，统一监管标准和方式，防止监管重复或监管真空，避免不同监管机构间的意见分歧和信息要求上的不一致。

（2）监管的整体化考虑。网络信息技术的发展，使得一些非金融机构开始介入金融或准金融业务。金融监管的范围随之扩大。网络金融的监管，需要纳入网络经济、电子商务整体管理框架中考虑，尤其要注意网络金融监管与管理的协调。

（3）监管的国际性合作。随着网络在世界范围内的延伸，各国监管当局都将面临跨国性的业务和客户，金融监管的国际性合作日益重要。这就要求在对网络金融实施监管时，要建立与国际体系中其他金融制度相适应的规则体系和市场标准。

3. 中国网络银行的监管政策

中国作为发展中国家，在对网络银行进行监管时，除了借鉴国际上其他国家的监管经验外，还必须充分考虑中国网络银行发展的实际、互联网的发展水平和使用情况、网络客户群的特点等，制定适合中国实际的监管对策，主要包括以下几方面。

（1）密切金融监管的国际合作，提高对网络银行的监管效率。

（2）推进监管体制改革，走混业监管的道路。

（3）建立并完善网络银行的法律法规，规范网络银行的经营行为。

（4）建立一流的监管技术装备和高素质人才库，夯实网络银行发展的基础。

（5）坚持与时俱进的原则，及时完善和补充监管内容。

7.5.4 网络银行的资源管理

1．对网络银行信息技术安全的管理

信息技术安全包括系统环境安全和应用交易安全。

（1）系统环境安全。环境安全包括物理安全、运行环境安全、网络安全、系统关键设备的备份和应急措施、灾难备份等。对网络银行系统风险的监管，包括对产生系统风险的各种环境及技术条件的监管。中央银行需要监管网络银行支付系统的安全性，确保为支付系统提供服务的网络主机系统和数据库是安全的，在人为或非人为因素干扰下支付系统都能正常运行。对网络银行使用的系统软件和应用软件要进行严格测试、审核，确保网络银行支付系统安全运行。

（2）应用交易安全。应用交易安全是保证合法用户在系统的规定权限内操作。网络金融交易双方的身份、交易资料和交易过程是安全的，交易过程中客户的身份、数据和资料不会被非法盗取、删除或修改，交易支付是有效的。对于未经合法授权交易的安全性的监管，也是中央银行需要对支付系统进行安全监管的内容。

2．对网络银行业务安全的管理

对网络银行业务安全的监管，必须强化内部监控，防范违规行为和计算机犯罪，注意监管机构与金融机构的密切合作，外部监管与内部自律自控相结合。据统计，网络银行安全事故中出于员工疏忽的占 57%，外部恶意攻击占 24%，病毒发作占 14%，用户误操作占 5%。由此可知，如果加强了网络银行业务管理性安全的监管，有 70% 以上的安全事故是可以避免的。中央银行必须注意督促商业银行加强内控建设和管理，及时分析，将潜在的风险消灭于萌芽之中。

为了加强中央银行对网络银行的监管，政府部门需要制定和发展强有力的司法制度。一是建立和健全各种相关的网络银行法律和管制措施。二是形成确保这些法律及管制措施得以执行的执法系统。网络银行安全离不开网络法规环境的支持。网络银行立法的内容有以下几个方面：电子合同、电子商务认证、电子数据认证、网上交易与支付、网上知识产权、电子商务管辖权、在线争议解决等。

同时，对网络银行业务操作过程中单位、相关人员的监管还包括对借用网络银行方式进行非法避税、洗黑钱等行为的监管；对利用网络银行方式进行跨国走私、非法贩卖军火武器及贩卖毒品等活动进行监管；对利用网络银行方式非法攻击其他国家网络银行以及其他国际犯罪活动进行监管；对利用网络银行方式传输危害本民族文化和伦理道德观念的信息进行监管等。

扩展阅读　阿里网商银行正式开业：最多贷款 500 万元

今日，首批民营银行试点之一网商银行在杭州宣布正式开业。目前，网商银行的管理团队已经全部到位，具体业务有望在 7 月开展。网商银行是中国首批民营银行试点之一，在 2014 年 9 月底获准筹建，由蚂蚁金服、复星、万向、宁波金润、杭州禾博士和金字火腿六家股东发起设立，注册资本 40 亿元。2015 年 5 月 27 日，网商银行获开业批复。

网商银行是中国第一家将核心系统架构在金融云上的银行。基于金融云计算平台研发的银行核心系统，让网商银行拥有处理高并发金融交易、海量大数据和弹性扩容的能力，利用互联网和大数据的优势，给更多小微企业提供金融服务。

目前，网商银行的管理团队已经全部到位。据浙江银监局批复文件显示，蚂蚁金服总裁井贤栋任网商银行董事长、俞胜法任行长、赵卫星任副行长、唐家才任首席信息官、冯亮任产品总监、童正任合规总监、车宣呈任财务部门负责人、廖旭军任内审部门负责人。

网商银行董事长井贤栋在开业仪式上表示，从筹建之初，网商银行就将普惠金融作为自身的使命，希望利用互联网的技术、数据和渠道创新，来帮助解决小微企业融资难融资贵、农村金融服务匮乏等问题，促进实体经济发展。井贤栋说："网商银行要以技术与数据驱动，做一家服务最好、有情有义的银行。"

在开业之前，网商银行行长俞胜法曾表示，网商银行将立足于服务小微，不做 500 万元以上的贷款，不做"二八法则"里 20% 的头部客户，而是以互联网的方式，服务"长尾"客户。"小微企业、个人消费者和农村用户，是网商银行的三大目标客户群体。"俞胜法说，作为现有金融机构的补充，网商银行要探索一套新的运营方式，来服务好这三类客户，必须要了解他们的真正需求。比如说，小微企业用贷款，最看中时效，希望能"即贷即到即用"。以往银行的贷款审批流程都比较长。曾有小微企业主打趣说："贷款买凉席，等钱到了都能买棉被了。"此外，小微企业贷款还看中灵活性，希望能随借随用、随时还款。"网商银行与客户的关系，将由信贷关系、合同关系，还要加上朋友关系，了解朋友的需求，帮助朋友分担困难。"俞胜法说，网商银行要在提供金融服务的同时，还要从小陪伴、帮助客户成长。

依托移动互联网"永远在线"的特性，网商银行将真正实现为用户提供"随时、随地、随心"的金融服务。比如，小微企业主或创业者需要贷款时，打开手机，就能获得贷款。就像"自来水"一样，打开龙头，随开随用。同时，提前还款的功能，也让贷款灵活性更高，可支持随时还款。

网商银行副行长赵卫星表示，依托大数据的分析与刻画，网商银行会比用户自己更了解用户。"就像是根据天气预报，做到雨前送伞。"赵卫星说，这样做，网商银行就能真正把金融服务融入场景里。

在俞胜法看来，网商银行的"有情有义"就体现在提前洞察客户的需求，帮助用户分担困难，陪伴用户成长。这也是网商银行的一个不同之处。另一个不同，在于对信用的理解。俞胜法说，网商银行希望做一家经营信用的银行。"以往，银行经营贷款都需要抵押、质押或担保，但是，这些都不太适用于小微企业和个人消费者。"俞胜法表示，他希望网商银行能够建立一套互联网信用体系，帮助用户发现、积累、创造和消费信用，最终让信用等于财富。

想做一家服务长尾客户的"有情有义"的银行，网商银行凭借的是自己创新的技术和数据能力，以及平台化的思维。根据规划，网商银行将以互联网方式经营，不设物理网点、不做现金业务，没有分行、没有柜台，纯粹线上运营。

俞胜法透露，网商银行将基于云计算的技术、大数据驱动的风险控制能力，采取"轻资产、交易型、平台化"的运营思路。所谓轻资产，是指不走依赖资本金、物理网点、人员扩张的发展模式，而是用互联网的方式，数据化运营。所谓交易型，是指不以做大资产规模，追求商业利润为目标，更快速地实现资金的循环流动。平台化的思路，则是网商银行将风险管理能力、技术支撑能力、场景化的客户服务能力，开放共享给同业金融机构，进而更高效地实现金融服务需求与供给的高效匹配，形成开放式、生态化的平台。

"比如，一些小微企业发展壮大之后，超出了网商银行服务的能力范围，我们会把这些客户推荐给其他银行。还有，农村金融是网商银行的战略重点之一，但一家银行远无法满足农村市场的巨大需求，网商银行可以把自己的技术和风控能力输出给其他的农村金融机构，协助他们开拓新的服务渠道，完善服务手段，共同服务农村市场。"俞胜法说，网商银行同时也可以通过平台化的方式输出自己的技术能力和风控能力，其他金融机构可以提供资金，一起服务小微企业。

平台化运营的基础，则来自网商银行的技术与数据。网商银行是中国第一家将核心系统运行在"云"上的银行。基于金融云的架构，网商银行在大幅降低IT成本的同时，还能实现计算能力的弹性扩容，随时应对突然增长的互联网业务。

此外，基于金融云，网商银行已经实现了"同城双活"系统架构，并计划在一年内实现"异地多活"。目前，网商银行的300多名员工里，技术与数据人员占比约2/3。

数据则是网商银行的另一项核心竞争力。俞胜法透露，未来，网商银行与蚂蚁小贷的部分业务将逐步融合。这意味着，网商银行将继承蚂蚁小贷的大数据风控体系。这套体系已经实践了5年。在过去5年里，蚂蚁小贷已经为160多万家小微企业和个人创业者解决了融资需求，累计发放贷款超过4 000亿元，整体不良率低于1.5%。

俞胜法表示，在云计算技术与大数据驱动的基础上，通过"轻资产、交易型、平台化"的经营思路，网商银行希望最终形成一个"小银行、大生态"的局面，与同业金融机构一起为小微企业、个人消费者和农村用户提供普惠金融服务。

（资料来源：新浪科技，2015年6月25日18：58：40，http://www.techweb.com.cn/internet/2015-06- 25/2167860. shtml）

■自测题

一、关键概念

网络银行　个人网络银行　企业网络银行

二、判断题

1．目前，网络银行的服务对象和业务范围涵盖了对公、对私的所有银行业务。（　　　）

2．网络银行是指银行网点采用互联网接入的方式来办理银行的业务。（　　　）

3．网络银行由于基于计算机网络来进行业务的办理，因此它的风险是不可控的。（　　　）

4．网络银行是电子银行发展的最高级阶段，是互联网时代的电子银行。（　　　）

5．网络银行通过互联网提供内容更加丰富的高质量金融服务，吸引更多优良客户，并且可以满足客户个性化需求。（　　　）

三、单选题

1. 按照网络银行的（　　）分类，可分为企业网络银行和个人网络银行。

A．服务对象　　　　　　　　　　B．组成架构

C．业务品种细分　　　　　　　　D．服务载体

2. 网络银行对互联网的依赖性决定了其风险与传统意义的金融风险相比（　　）。

A．小　　　　　B．大　　　　　C．大体相同　　　　　D．不确定

3. 网络银行能够充分利用网络与客户进行沟通，使传统银行营销以（　　）为导向转变为以客户为导向。

A．服务　　　　B．产品　　　　C．银行　　　　　　　D．金融

4. 银行业务风险主要取决于自身的管理水平和（　　）。

A．内控能力　　　　　　　　　　B．员工素质

C．计算机网络应用水平　　　　　D．业务量

四、多选题

1. 网络银行服务包括（　　）。

A．网上企业银行　　　　　　　　B．网上个人银行

C．网上证券　　　　　　　　　　D．网络支付

2. 电子商务交易过程分为两个环节，即（　　）和（　　）。

A．订购环节　　　　　　　　　　B．交易环节

C．支付结算环节　　　　　　　　D．安全保证环节

3. 网络银行又称（　　）。

A．网上银行　　　　　　　　　　B．在线银行

C．虚拟银行　　　　　　　　　　D．网商银行

4. 中国建设银行个人网上银行开通条件为：在建设银行开设有银行账户，并拥有有效身份证件，包括（　　）等。

A．身份证　　　B．护照　　　　C．学生证　　　　　　D．军官证

5. 网络银行的特点包括（　　）。

A．打破传统商业银行的结构和运行模式

B．"3A"式的服务

C．银行业务运营的电子化

D．银行标准化的服务

五、简答题

1. 简述网络银行的特点和分类。

2. 与传统银行的相比，网络银行有哪些优势？

3. 使用网络银行应注意哪些问题？

4. 网络银行存在哪些风险，如何防范？

5. 简述中国网络银行监管的基本政策。

第8章 移动电子商务与移动支付

本章导读

进入 21 世纪，随着手机或移动电话、个人数字助理、笔记本电脑以及其他手持式智能设备在人们生活中扮演的角色不断丰富，移动商务的需求日益强烈。面向金融业的移动商务需求就是移动金融服务，其中移动支付是主要内容。商务的日益繁荣与互联网的广泛应用也使人们在生活或工作中经常发生一些微额的资金支付，如下载一段音乐、发一条短信、在线阅读一篇论文，在线观看一部电影等。当前的移动支付中，特别是手机费用支付，大多属于微支付的范畴。因此，移动支付与微支付成为目前支持电子商务深入发展的热点之一。

本章学习要求

- ◉ 掌握移动电子商务的概念；
- ◉ 了解移动电子商务的支撑技术及行业应用；
- ◉ 掌握移动支付的概念；
- ◉ 了解移动支付业务的运作模式；
- ◉ 了解移动支付的具体流程及价值链；
- ◉ 了解移动支付面临的安全威胁及其防范；
- ◉ 了解移动支付的发展趋势。

引导案例 中国邮政布局移动支付

有消息称，中国邮政将投资 1 亿元建立电子支付服务基地，发力手机及互联网支付，拟申请的支付业务类型为"互联网支付"及"移动电话支付"，业务范围覆盖全国。公告显示，中国邮政集团公司出资 8 200 万元，占比 82%；重庆市与陕西省邮政分别出资 900 万元，各占 9%，办公地点设于重庆。

1. 移动支付的市场机会

根据相关数据显示，2013 年，第三方支付市场规模达到 16 万亿元。其中，当年共处理互联网支付业务 150.01 亿笔，金额 8.96 万亿元，分别较 2012 年增长 43.47%和 30.04%；支付机构共处理移动支付业务 37.77 亿笔，金额 1.19 万亿元，分别较 2012 年增长 78.75%和 556.75%。

结合这份数据，我们只可以理解为中国邮政垂涎这个万亿元市场。要知道这个万亿元市场的相关政策尚未明朗、竞争格局也谈不上稳定。虽然银联、支付宝与财付通三家占据了大部分市场份额（接近垄断），但是它们的业务方式却有着天壤之别，前者是 POS 收单，后两者是二维码、互联网相关支付方式。

最关键的是，央行曾明令暂停使用二维码支付。也就是说，这个市场的通用业务方式非常矛盾，且还没有最终确定，可能中国邮政正是看到了这个机会，所以才选择此刻入局。还有可能的就是，中国邮政未来将上线自己的电商或互联网金融业务，做支付是在为电商或互联网金融业务布局。其与顺丰当时布局电商业务的逻辑一样，是想反哺物流、银行等业务、开启新商业路径。

那么问题就来了，中国邮政与支付宝、财付通等数百家第三方支付机构相比，优势何在？参照顺丰艰难的电商路，我们可以预见，物流企业反攻电商很难成功，网点优势也很难最终呈现，抛开战略、执行层面，用户习惯也是最大的问题，这些问题都是未来中国邮政可能遇到的问题。

2. 现在转身，或为时已晚

换个方向来看，中国邮政此刻才"转身"，或许有些为时过晚。根据其之前招股书显示，EMS 在 2009—2011 年，每年实现营业收入分别为 196 亿元、225 亿元、258 亿元，实现归属于上市公司股东净利润 2.23 亿元、4.88 亿元、8.65 亿元。换句话说，与中国物流行业的高速增长相比，中国邮政的增长基本属于停滞状态，且利润率明显低于 DHL、UPS 等国际巨头。

另外，随着网购市场的高速增长，以"四通一达"为主的民营快递企业正在慢慢崛起，中国邮政的市场逐步萎缩。不仅如此，当前很多电商现在都选择自己做物流，随着这些物流企业的崛起，就意味着中国邮政的衰退。虽然中国邮政已经放低身段、降价应对，包括"5 元同城件"等，但是其收效甚微。而银行收单的业务也不容乐观，无论是与四大商业银行相比，还是与新兴的招商银行、民生银行等相比，邮政储蓄都毫无优势可言。同样也是网购部分，邮政储蓄的网银布局比其他行的步调慢了很多，而在移动端也是如此，其他几家银行早在 2013 年就已经布局移动端的"快捷支付"、"WAP 支付"等（各家叫法不一样），而邮政却迟迟没有行动。

至于现在邮政布局移动支付，则更像理所当然的事情，这是大势所趋、用户需求，因为邮政储蓄面临的是，你不做移动支付，用户就不断流失。而中国邮政的网银用户盘子，本身就不算丰腴，由于邮政储蓄没有公开过数据，所以并不知道它到底有多少网银用户，但是从身边使用情况，以及各电商使用的独立支付网关来看，其份额应该不会太大。

现在看来，中国邮政的转身，更像被互联网企业倒逼，无论是物流，还是银行等业务都是如此。转身之余，稍不留神就有可能被市场淘汰，即使其现在还有很多其他竞争对手没有的优势，譬如三线城市以外的网点等。

（资料来源：http://ec.iresearch.cn/e-payment/20140709/ 234129. Shtml，2014 年 7 月 9 日 13:39:02）

移动电子商务（M-Commerce）由电子商务的概念衍生而来，电子商务以 PC 为主要界面，是"有线的电子商务"；而移动电子商务，则是通过手机、PDA（个人数字助理）这些可以装在口袋里的终端与我们谋面，无论何时、何地都可以开始。有人预言，移动商务将决定 21 世纪新企业的风貌，也将改变生活与旧商业的地形地貌。与移动电子商务密切相关的移动支付发展前景巨大。

本章首先介绍移动电子商务的概念及其支撑技术和行业应用，接着主要阐述移动支付，其中包括移动支付的概念、移动支付业务的运作模式、移动支付的具体流程及价值链、移动支付面临的安全威胁及其防范，最后对移动支付的发展趋势做了展望。

8.1 移动电子商务

互联网经济泡沫的破裂，使一度风风火火的电子商务徘徊不前。然而，从 2001 年起，随着无线通信技术的快速发展，手持设备用户激增，无线技术与电子商务结合的产物——"移动电子商务"发展势头良好，为电子商务注入了一股新鲜血液。

8.1.1 移动电子商务概述

1. 移动电子商务的概念

移动电子商务是指通过手机、个人数字助理和掌上电脑等手持移动终端进行的商务活动。与传统通过计算机（台式计算机、笔记本电脑）平台开展的基于互联网的电子商务相比，移动电子商务增加了移动性和终端的多样性。无线系统允许用户访问移动网络覆盖范围内任何地方的服务，通过对话交谈和文本文件直接沟通。由于移动电话的广泛使用，小的手持设备将比个人计算机具有更广泛的用户基础，因此具有更为广阔的市场前景。用户至少可以从移动电子商务中享受到 4 个方面的好处。首先是方便，用户在需要时能够随时访问金融服务，因此能够在任何时间、任何地点进行电子商务交易和支付。其次是灵活，用户可以根据他们的个人需要灵活地选择访问和支付方法。再次是安全，移动终端能够确保移动电子商务交易具有很高的安全性。最后是熟悉，用户可以使用他们非常熟悉的移动电话作为交易和支付工具，并且可以根据用户的爱好设置个性化的信息格式。

2. 移动电子商务的发展

（1）第一代移动商务系统是以短信为基础的访问技术，这种技术存在着许多严重的缺陷，其中最严重的问题是实时性较差，查询请求不会立即得到回答。此外，由于短信长度的限制也使得一些查询无法得到一个完整的答案。这些令用户无法忍受的严重问题也导致了一些早期使用基于短信的移动商务系统的部门纷纷要求升级和改造现有的系统。

（2）第二代移动商务系统采用基于 WAP 技术的方式，手机主要通过浏览器的方式来访问 WAP 网页，以实现信息的查询，部分地解决了第一代移动访问技术的问题。第二代的移动访问技术的缺陷主要表现在 WAP 网页访问的交互能力极差，因此极大地限制了移动电子商务系统的灵活性和方便性。此外，WAP 网页访问的安全问题对于安全性要求极为严格的政务系统来说也是一个严重的问题。这些问题也使得第二代技术难以满足用户的要求。

（3）新一代移动商务系统采用了基于 SOA 架构的 Web Service、智能移动终端和移动 VPN 技术相结合的移动访问和处理技术，使得系统的安全性和交互能力有了极大的提高。新一代移动商务系统同时融合了 3G 移动技术、4G 移动技术智能移动终端、VPN、数据库同步、身份认证及 Web Service 等多种移动通信、信息处理和计算机网络的最新前沿技术，以专网和无线通信技术为依托，为电子商务人员提供了一种安全、快速的现代化移动商务办公机制。

8.1.2　移动电子商务的特点

与传统电子商务相比，移动电子商务具有许多优点。比如，移动交易不受时间和地点的限制，移动交易效率高，大大节约客户交易的时间，而且移动终端的身份固定，能够向用户提供个性化移动交易服务，并可以提供与位置相关的交易服务。移动电子商务将用户和商家紧密联系起来，而且这种联系将不受计算机或连接线的限制，使电子商务走向个人。通过移动电子商务，用户可随时随地获取所需的服务、应用、信息和娱乐。通过个人移动设备来进行可靠的电子交易的能力被视为移动互联网业务的一个重要方面。

移动电子商务具有如下几个特点。

1．全天候

移动交易不受时间和地点的限制，因而移动电子商务具有无所不在的特点，移动终端如手机便于人们携带，可随时与人们相伴。这将使得用户能够更有效地利用空余时间间隙来从事商业活动。移动用户可在旅行途中利用可上网的移动设备来从事商业交互活动，如商务洽谈、下订单等，这已经成为电子商务发展的新方向。移动电子商务市场从长远看，具有超越传统电子商务规模的潜力，这是因为移动电子商务具有一些无可匹敌的优势，因为只有移动电子商务才能在任何地方、任何时间真正解决交易的问题。

2．个性化

移动终端的身份固定，能够向用户提供个性化移动交易服务。移动电子商务的主要特点是灵活、简单、方便。例如，跟传统媒介类似的，开展个性化的短信息服务活动，要依赖于包含大量活跃客户和潜在客户信息的数据库。数据库通常包含了客户的个人信息，如喜爱的体育活动、喜欢听的歌曲、生日信息、社会地位、收入状况、前期购买行为等。能完全根据消费者的个性化需求和喜好定制服务，设备的选择以及提供服务与信息的方式完全由用户自己控制。移动电子商务将用户和商家紧密联系起来，而且这种联系将不受计算机或连接线的限制，使电子商务走向了个人。

3．精准性

由于移动电话具有比微型计算机更高的贯穿力，因此移动电子商务的生产者可以更好地发挥主动性，为不同顾客提供精准化的服务。利用无线服务提供商提供的人口统计信息和基于移动用户当前位置的信息，商家营销可以通过具有精准化的短信息服务活动进行更有针对性的广告宣传，从而满足客户的需求。要提供精准化服务，其内容传送模式的关键之处在于准确的个人信息。如用户的前期交易或偏好，与交互的时间及地点相关的当前选择。促进一位顾客进行在线预订餐厅的也可能是一个移动引导地图或吃饭前的一件事，所有这些都基于顾客的前期行为。然而，精准化将意味着顾客暴露自己的偏好及行为。如果对他们自己有利，顾客是十分愿意向公司提供个人信息的。

4．开放性

移动电子商务因为接入方式无线化，使得任何人都更容易进入网络世界，从而使网络范围延伸更广阔、更开放；同时，使网络虚拟功能更带有现实性，因而更具有包容性。

5. 定位性

位置敏感的服务可以充分体现出移动电子商务的特有价值，移动电子商务可以提供与位置相关的交易服务。以定位为中心不仅使移动电话可到任一处，GPS 也可以识别电话的所在地，从而为用户提供相应的个性化服务。知道互联网用户的地理位置，给移动电子商务带来有线电子商务无可比拟的优势。利用这项技术，移动电子商务提供商将能够更好地与一特定地理位置上的用户进行信息的交互，将是今后移动电子商务领域比较有前途的产业化方向。当然，有的服务位置敏感，但是时间不紧迫，比如旅游景点移动广告、自我定位服务等。这些移动电子商务的服务内容，根据其所处的环境不同，也都能体现出移动电子商务的价值，也是具有发展潜力的领域。

6. 快速性

确保可靠的传送速度，从互联网诞生开始，数据包的传送速度就成为一个关键因素。随着用户的增加，传送速度变得更为重要。在移动通信中，对于需额外交费的服务，传送速度必须是可靠的。假如用户通过固定线路可以定制的服务比通过移动网络更快捷、方便，那么移动应用的存在也就无优势可言。在不久的将来，会存在一定程度的网络专业化，视频点播或网上冲浪将通过固定网络，而地区交通信息或交通新闻的发送将会成为移动网络的业务，由于效率高，可大大节省用户交易的时间。

7. 便利性

人们在接入电子商务活动时，不再受时间及地理位置的限制。然而，移动电子商务的接入方式更具便利性，使人们免受日常烦琐事务的困扰。例如，消费者在排队或陷于交通阻塞时，可以进行网上娱乐或通过移动电子商务来处理一些日常事务。消费者的舒适体验将带来生活质量的提高。移动服务的便利性使顾客更忠诚。因此，移动电子商务中的通信设施是传送便利的关键部分。使用的简单性是交易模式的关键成功要素。为了使消费者享受更方便快捷的服务，体验移动交易的魅力，移动服务提供商可从以下方面努力：提供友好的用户界面，只设定肯定及否定选项；为顾客自动地提供无处不在的计费交易服务；在出售机器、票务、汽车时，利用小额支付技术；提供实时的无处不在的在线拍卖活动；为移动游戏、娱乐等找零钱；在任何时间、任何地点提供实时交易的便利性。

8. 可识别性

与计算机的匿名接入不同的是，移动电话利用内置的 ID 来支持安全交易。移动设备通常由单独的个体使用，这使得商家基于个体的目标营销更易实现。通过 GPS 技术，服务提供商可以十分准确地识别用户。随着时间和地理位置的变更而进行语言、视频的变换，移动提供了不同的细分市场发送个性化信息的机会。

9. 应急性

应急性是指面对突发事件如自然灾害、重特大事故、环境公害及人为破坏等所需的应急管理、指挥、救援等。实践证明，移动通信和移动电子商务在我国紧急公共卫生事件、地震、冰雪、紧急社会事件中都发挥了巨大作用，移动通信和移动电子商务对完善的应急组织管理指挥、强有力的应急工程救援保障、综合协调备灾的保障供应等都是必需的。

10. 广泛性

从目前计算机和移动电话的普及程度来看，移动电话远远超过了计算机，用户更为广泛。而从消费用户群体来看，手机用户中基本包含了消费能力强的中高端用户，而传统的上网用户中以缺乏支付能力的年轻人为主。由此不难看出，以移动电话为载体的移动电子商务不论在用户规模上，还是在用户消费能力上，都优于传统的电子商务。

移动电话的使用让电子商务的开展摆脱了地理位置的限制，使商家对客户的服务无处不在。在预先定位的基础上，广告商可以选择用户感兴趣的或能满足用户当前需要的信息，确保消费者所接受的就是他所想要的。通过对广告的成功定位，广告商可以获得较高的广告阅读率。同时，商家可以通过基于地理位置的服务产生或巩固虚拟社区，以满足客户进行社交、与人沟通的需求。

11. 易于推广使用

移动通信所具有的灵活、便捷的特点，决定了移动电子商务更适合大众化的个人消费领域。比如：自动支付系统，包括自动售货机、停车场计时器等；半自动支付系统，包括商店的收银柜机、出租车计费器等；日常费用收缴系统，包括水、电、煤气等费用的收缴等；移动互联网接入支付系统，包括登录商家的 WAP 站点购物等。

12. 易于技术创新

移动电子商务领域因涉及 IT、无线通信、无线接入、软件等技术，并且商务方式更具多元化、复杂化，因而在此领域内很容易产生新的技术。随着我国 4G 网络的兴起与应用，这些新兴技术将转化成更好的产品或服务。所以移动电子商务领域将是下一个技术创新的高产地。

总之，移动电子商务具有许多传统的电子商务所不具备的特有属性，当各类服务能充分体现出以上特性时，移动电子商务服务更能体现出它特有的价值，发展前景也更广阔。早在本世纪初，IDC 的专家就对移动电子商务今后发展的前景进行了预测，并总结了十个关键的发展趋势，现如今大部分已成为事实，其发展迅速可见一斑。

8.1.3　移动电子商务的支撑技术及行业应用

1. 移动电子商务的支撑技术

（1）无线应用协议。无线应用协议（WAP）于 1998 年年初公布，其是一种网络通信协议，是全球性的开放标准。它的出现使移动互联网有了一个通行的标准，标志着移动互联网标准的成熟。

WAP 是开展移动电子商务的核心技术之一。通过 WAP，手机可以随时随地、方便快捷地接入互联网，真正实现不受时空限制的移动电子商务。WAP 充分借鉴了互联网的思想，其应用程序和网络内容用标准的数据格式表示，使用与 PC 使用的浏览器软件相类似的微浏览器，按标准的通信模式进行网上浏览。它提供了一套开放、统一的技术平台，用户使用移动设备很容易访问和获取以统一的内容格式表示的互联网或内联网信息和各种服务。它定义了一套软硬件的接口，具备这些接口的移动设备和网站服务器使人们可以利用移动电话收发电子邮件甚至上网浏览。同时，WAP 提供了一种应用开发和运行环境，支持当前最流行的嵌入式操作系统，如PalmOS、Windows CE、FLEXO、JavaOS 等。WAP 可以支持目前使用的绝大多数无线设备，包括移动电话、FLEX 寻呼机、双向无线电通信设备等。

（2）移动 IP。移动 IP 通过在网络层改变 IP 协议，而实现移动计算机在互联网上的无缝漫游。移动主机通过截获归属代理和外地代理广播的代理广播消息来确定自己所处的位置。当它连在归属链路上时，移动主机就像固定主机一样工作。如果移动主机移动到外地链路上，它可以向归属代理注册它得到的转交地址，然后由归属代理根据移动主机注册的转交地址，通过隧道技术将数据包传送到移动主机。移动 IP 技术使得节点在从一条链路切换到另一条链路上时无需改变它的 IP 地址，也不必中断正在进行的通信。移动 IP 技术在一定程度上能够很好地支持移动电子商务的应用，但是目前它也面临着移动 IP 运行时的三角形路径问题、移动主机频繁移动时外地代理间的平滑切换问题、移动主机的安全性和功耗问题。

（3）蓝牙技术。蓝牙（Bluetooth），是一种支持设备短距离通信（一般 10m 内）的无线电技术，能在包括移动电话、PDA、无线耳机、笔记本电脑、相关外设等之间进行无线信息交换。利用蓝牙技术，能够有效地简化移动通信终端设备之间的通信，也能够简化设备与互联网之间的通信，从而数据传输变得更加迅速高效。蓝牙采用分散式网络结构以及快跳频和短包技术，支持点对点及点对多点通信，工作在全球通用的 2.4GHz ISM（即工业、科学、医学）频段。其数据速率为 1Mbps，采用时分双工传输方案实现全双工传输。

（4）移动通信网络技术。

1）分组无线业务（GPRS）技术。GPRS 技术位于第二代（2G）和第三代（3G）移动通信技术之间，经常被描述成"2.5G"。它通过利用 GSM 网络中未使用的 TDMA 信道，提供中速的数据传递。GPRS 突破了 GSM 网只能提供电路交换的思维方式，只通过增加相应的功能实体和对现有的基站系统进行部分改造来实现分组交换，这种改造的投入相对来说并不大，但得到的用户数据速率相当可观。而且，因为不再需要现行无线应用所需要的中介转换器，所以连接及传输都会更方便容易。如此，使用者既可联机上网，参加视讯会议等互动传播，而且在同一个视讯网络上（VRN）的使用者，甚至无须通过拨号上网，而持续与网络连接。GPRS 分组交换的通信方式在分组交换的通信方式中，数据被分成一定长度的包（分组），每个包的前面有一个分组头（其中的地址标志指明该分组发往何处）。数据传送之前并不需要预先分配信道，建立连接。而是在每个数据包到达时，根据数据报头中的信息（如目的地址），临时寻找一个可用的信道资源将该数据报发送出去。在这种传送方式中，数据的发送和接收方同信道之间没有固定的占用关系，信道资源可以看作由所有的用户共享使用。

2）码分多址（CDMA）技术。CDMA 是在数字技术的分支——扩频通信技术上发展起来的一种崭新而成熟的无线通信技术。CDMA 技术的原理是基于扩频技术，即将需传送的具有一定信号带宽信息数据，用一个带宽远大于信号带宽的高速伪随机码进行调制，使原数据信号的带宽被扩展，再经载波调制并发送出去。接收端使用完全相同的伪随机码，与接收的带宽信号作相关处理，把宽带信号换成原信息数据的窄带信号即解扩，以实现信息通信。

CDMA 是移动通信技术的发展方向。在 2G 阶段，CDMA 增强型 IS95A 与 GSM 在技术体制上处于同一代产品，提供大致相同的业务。但 CDMA 技术有其独到之处，在通话质量好、掉话少、低辐射、健康环保等方面具有显著特色。在 2.5G 阶段，CDMA2000 1X RTT 与 GPRS 在技术上已有明显不同，在传输速率上 1X RTT 高于 GPRS，在新业务承载上 1X RTT 比 GPRS 成熟，可提供更多的中高速率的新业务。从 2.5G 向 3G 技术体制过渡上，CDMA2000 1.X 向 CDMA2000 3.X 过渡比 GPRS 向 WCDMA 过渡更为平滑。

　　3）第三代移动通信（3G）技术。第三代移动通信技术（3rd Generation，3G）的发展和商用进程是近年来全球移动通信产业领域最为关注的热点问题之一。目前，国际上最具代表性的 3G 技术标准有三种，分别是 TD-SCDMA、WCDMA 和 CDMA2000。其中 TD-SCDMA 属于时分双工（TDD）模式，是由中国提出的 3G 技术标准；而 WCDMA 和 CDMA2000 属于频分双工（FDD）模式，WCDMA 技术标准由欧洲和日本提出，CDMA2000 技术标准由美国提出。目前 3G 技术标准的特点、功能及其关键技术主要体现在以下几个方面。第一，RAKE 技术，也称为多径分集接收技术。RAKE 接收机在利用多径信号的基础上可以降低基站和移动台的发射功率。第二，智能天线技术。智能天线包括两个重要组成部分：一是对来自发射台的多径电波方向进行到达角度估计，并进行空间滤波，抑制了其他移动台的干扰。智能天线技术能够在较大程度上抑制多用户干扰从而提高系统容量。第三，多用户检测技术。多用户检测技术是抑制多地址干扰技术中最有潜力的一种方法。它具有提高带宽利用率，抑制多径干扰；消除或减轻远近效应，降低了对功控高度精度的要求，可简化功控；弥补扩频码互相关性不理想造成的影响；减少发射功率，延长移动电台电池的使用时间，同时也减少移动台的电磁辐射；改善系统性能，提高系统容量，增大小区覆盖范围。第四，高效编译码技术。在 3G 主要提案中，除了采用 IS-95CDMA 系统相类似的卷积编码技术及交织技术外，还采用了 Turbo 编码技术及 RS-卷积及联码技术。采用此编码技术不仅不会降低频谱利用率，而且其性能比约束长度 9 的卷积码提高 1～2.5dB。第五，功率控制技术。常见的 CDMA 功率控制技术为开环、闭环和外环功率控制三种类型。在 IS-95 中，闭环功率控制技术只用在上行信道中。而在 WCDMA 和 CDMA2000 系统中，上行信道则采用了开环、闭环和外环功率控制技术，下行信道则采用了闭环和外环功率控制技术。因此，采用这种功率控制技术可以有效地减少远近效应的影响。

　　4）第四代移动通信技术（4th Generation，4G）。该技术包括 TD-LTE 和 FDD-LTE 两种制式。4G 是集 3G 与 WLAN 于一体，能够快速、高质量传输数据、音频、视频和图像等。4G 能够以 100Mbps 以上的速度下载，能够满足几乎所有用户对于无线服务的要求。此外，4G 可以在 DSL 和有线电视调制解调器没有覆盖的地方部署，然后再扩展到整个地区。4G 有着不可比拟的优越性：通信速度快、网络频谱宽、通信灵活、智能性能高、兼容性好、频率效率高、通信质量好等。但其也有一定缺陷：标准多、技术难、容量受限、市场难以消化、设施更新慢等。

　　（5）移动定位技术。移动定位技术是利用无线移动通信网络，通过对接收到的无线电波的一些参数进行测量，根据特定的算法对某一移动终端或个人在某一时间所处的地理位置进行精确测定，以便为移动终端用户提供相关的位置信息服务，或进行实时的监测和跟踪。根据移动定位的基本原理，移动定位大致可分为两类：基于移动网络的定位技术和基于移动终端的定位技术，还有的把这两者的混合定位作为第三种定位技术。应用领域包括：可开展周边信息查找的信息服务，如就近的银行、餐馆、加油站等；本地黄页服务；小范围内的天气预报；就近的交通信息发布；定向广告和基于位置的电子赠券；与动态位置相关的会员俱乐部服务；位置格斗游戏；就近交友聊天业务；公众信息服务；紧急呼叫，如 110、119、120、122 等。与 GPS 卫星定位相比，移动定位系统具有成本低、覆盖好、响应时间快和定位业务双向可执行等优点，并将为旅游业、零售业、娱乐业和餐饮业的发展带来巨大商机。

2. 移动电子商务的行业应用

中国互联网络信息中心（CNNIC）2015 年 7 月发布的第 36 次"中国互联网络发展状况统计报告"显示：截至 2015 年 6 月底，我国网络购物用户规模达到 3.74 亿人次，较 2014 年年底增加 1249 万人，半年度增长率为 3.5%；2014 年上、下半年，这一增长率分别为 9.8% 和 9.0%，该数据表明我国网络购物用户规模增速继续放缓。与整体市场不同，我国手机网络购物用户规模增长迅速，达到 2.70 亿人次，半年度增长率为 14.5%，手机购物市场用户规模增速是整体网络购物市场的 4.1 倍，手机网络购物的使用比例由 42.4% 提升至 45.6%。

互联网、移动通信技术和其他技术的组合创造了移动电子商务，但真正推动市场发展的却是多样的服务。我国移动电子商务的业务发展经历了两个阶段。第一阶段，主要为用户提供信息服务，如天气和路况的预测、股市行情、新闻等。这些服务的特点是用户在消费前必须和商家签订合同，属于预付费服务，支付以非在线方式进行，资金的流动形式比较简单。第二阶段，开始为用户提供具有在线支付能力的移动电子商务，如移动电子银行、移动贸易、移动购物、移动证券、移动缴费等。目前，移动电子商务正处于第二个发展阶段。移动电子商务主要提供以下服务。

（1）银行业务。移动电子商务使用户能随时随地在网上安全地进行个人财务管理，进一步完善互联网银行体系。用户可以使用其移动终端核查账目、支付账单、进行转账以及接收付款通知等。

（2）交易。移动电子商务具有即时性，因此非常适合股票交易等应用。移动设备可用于接收实时财务新闻和信息，也可确认订单并安全地在线管理股票交易。

（3）订票。通过互联网预订机票、车票和入场券等已经发展成为一项主要业务，其规模还在继续扩大。移动电子商务使用户能在票价优惠或航班取消时立即得到通知，还可随时支付票款或在旅行途中临时更改航班或车次。借助移动设备，用户可以浏览电影剪辑、阅读评论，然后订购邻近电影院的电影票。

（4）购物。借助移动电子商务，用户能够通过移动通信设备进行网上购物，如订购鲜花、礼物、食品或快餐等。传统购物也可通过移动电子商务得到改进。例如，用户可以使用无线电子钱包等具有安全支付功能的移动设备，在商店里或自动售货机上购物。

（5）娱乐。移动电子商务将带来一系列娱乐服务。用户不仅可以利用移动设备收听音乐，还可以订购、下载特定的曲目，而且可以在网上与朋友们玩交互式游戏，还可以参加快速、安全的博彩活动。

（6）无线医疗。无线医疗服务是在时间紧迫的情形下，向专业医务人员提供关键的医疗信息。医疗产业十分适合移动电子商务的开展。在紧急情况下，救护车可以作为治疗的场所，而借助无线技术，救护车可以在行驶中同医疗中心和病人家属建立快速、实时的数据交换，这对每一秒钟都很宝贵的紧急情况来说至关重要。无线医疗使病人、医生、保险公司都可以获益，也会愿意为这项服务付费。

（7）移动应用服务。一些行业需要经常派遣工程师或工人到现场作业。在这些行业中，移动应用服务提供商（MASP）将有开展业务的巨大空间。移动应用服务提供商结合定位服务技术、短消息服务、无线应用协议技术以及呼叫中心技术，为用户提供及时的服务，提高用户的工作效率。过去，现场工作人员在完成一项任务后，需要回到总部等待下一项任务。现在，现场工作人员直接用他们的手持通信设备接受工作任务，并根据所在的位置、交通的状况以及任务的紧急程度，自动安排各项工作，使用户得到更加满意的服务。

8.1.4　移动电子商务的发展趋势

1．企业应用将成为移动电子商务领域的热点

移动商务在我国既有广泛的应用空间，又有庞大的用户群体，相关技术也已经具备一定的成熟度。移动电子商务的快速发展，必须是基于企业应用的成熟。企业应用的稳定性强、消费力大，这些特点个人用户无法与之相比。而移动电子商务的业务范畴中，有许多业务类型可以让企业用户在收入和提高工作效率上得到很大帮助。企业应用的快速发展，将会成为推动移动电子商务的最主要力量之一。

2．移动信息将成为移动电子商务的主要应用

在移动电子商务中，虽然主要目的是交易，但是实际上在业务使用过程当中，信息的获取对于带动交易的发生或间接引起交易有非常大的作用，比如，用户可以利用手机，通过信息、邮件、标签读取等方式，获取股票行情、天气、旅行路线、电影、航班、音乐、游戏等各种内容业务的信息，而在这些信息的引导下，有助于诱导客户进行电子商务的业务交易活动。因此，获取信息将成为各大移动电子商务服务商初期考虑的重点。

3．安全性问题仍将是移动电子商务中的巨大机会

由于移动电子商务依赖于安全性较差的无线通信网络，因此安全性是移动电子商务中需要重点考虑的因素。与基于 PC 终端的电子商务相比，移动电子商务终端运算能力和存储容量更加不足，如何保证电子交易过程的安全，成了大家最为关心的问题。

4．移动终端的机会

随着终端技术的发展，终端的功能越来越多，而且考虑人性化设计的方面也越来越全面，比如显示屏比过去有了很大的进步，而一些网上交易涉及商品图片信息显示的，可以实现更加接近传统 PC 互联网上的界面显示。又如，智能终端的逐渐普及或成为主流终端，如此一来，手机更升级成为小型 PC，虽然两者不会完全一致，也不会被替代，但是手机可以实现的功能越来越多，对于一些移动电子商务业务的进行，也更加便利而又不失随身携带的特点。以后终端产品融合趋势会愈加明显，你很难清楚界定手上这个机器是手机、电子书还是 MP4，在你手上它就是一个有应用价值的终端，就看消费者的需求方向。

5. 移动支付将成为最有潜力的支付手段

移动商务的发展离不开完善的支付方式和支付手段。移动支付可以简单定义为借助手机、掌上电脑、手提电脑等移动通信终端和设备，通过手机短信息、IVR、WAP 等方式所进行的银行转账、缴费和购物等商业交易活动。使用手机小额支付方式时，费用一般会直接加到用户的话费中。大额支付时，手机和信用卡一般是绑定的，由于数据是通过无线的方式传送的，而且还有用户确认的过程，因而安全性能较高。在电子商务中，支付手段一直是令消费者和在线销售商十分关注的事情，移动支付实现了一种很好的解决方案。

应用案例 监管层酝酿放开订单类二维码支付

近期，被央行暂停将近半年的二维码支付市场暗流涌动。

8 月中旬，微信发布最新升级版本的功能中，扫二维码"面对面收钱"功能引起市场对其重启二维码支付业务的猜测；有消息称邮储银行在全国范围内正式推出二维码支付，部分分行已推出话费充值业务……尽管涉事各方均不愿过多回应，但第三方支付、银行等诸多动作试探监管底线的意味甚浓。

与此同时，监管层也在抓紧对二维码支付业务的调研。《中国经营报》记者获悉，自今年3 月央行暂停二维码支付业务后，中国支付清算协会受央行委托，牵头组织银行、第三方支付机构、银联等机构完成了针对二维码支付的安全性分析报告初稿（下称报告初稿），并提出二维码支付存在的安全风险及防范建议。其中，该报告初稿认为二维码支付属于移动支付的一种，二维码支付宜遵循移动支付的相关法律法规，尤其是交易限额要求；在遵循相关防范建议并进行适当额度控制的情况下，二维码支付的安全性是可控的。

随着第三方支付、银行抓紧布局二维码支付，以及相关各方对二维码支付安全风险分析不断深入，监管层的监管思路也在发生微妙变化。记者从相关渠道了解到，央行内部已对二维码支付业务监管进行讨论，初步想法是根据风险高低程度，有顺序、分阶段地放开二维码支付业务，最先放开订单类应用场景的二维码支付在央行内部获得默许。"目前对二维码支付的监管不应操之过急，报告初稿中对二维码支付风险防范建议的结论仍需要检测，央行对二维码支付的监管思路也需要再论证。"央行一位知情人士说。

1. 订单类二维码料最先放行

今年 3 月，出于风险考虑，央行暂停二维码支付业务，同时被暂停的还有虚拟信用卡。在暂停上述两项业务后央行有关负责人在答记者问中表示，央行将会同各方从多方面进行充分论证，以安全为底线，支持有关支付机构在进一步完善业务流程和规则、保护支付资金安全等基础上，按照试点先行的原则开办相关业务，以维护支付市场健康有序发展。央行关于"按照试点先行的原则开办相关业务"的表态实际上已经为后续监管埋下伏笔。

随后支付清算协会受央行委托，组织相关成员单位对二维码支付展开研讨，听取了来自银联、银行及第三方支付机构的意见，最终形成针对二维码支付业务技术安全分析报告初稿。

当前，国内市场上各家机构对二维码使用的尝试和广度差异较大，所推出的二维码支付业务实际上也各不相同，亟须进一步厘清二维码支付的不同应用场景和不同模式。

报告初稿中对目前市场上的二维码支付模式进行了分类。按照扫码动作的发起者划分，二维码支付模式可以分为主读模式（用户主动扫描商户的二维码）和被读模式（用户展示二维码被商家扫描）；按照交易的流转过程可以分为纯线上和线上线下相结合两种支付业务模式。同时，根据二维码承载信息的不同，目前市场上的二维码支付业务可分为订单类、账户类和商品信息类三种应用场景。其中，订单类二维码承载的信息是商户端生成的订单信息；账户类二维码是作为账户信息的载体；商品信息类二维码则保存商品相关的信息，属于二维码支付的导流环节。

一般而言，订单类二维码和商品信息类二维码对应主读模式，账户类既可以用于主读模式也可以用于被读模式。举例来说，订单类二维码主读模式下，根据是否涉及实体商户而有不同，如果涉及实体商户，即消费者读取实体商户端展示的订单二维码完成交易的流程；如果不涉及实体商户时是网页版商城订单支付转手机支付，该业务模式属于纯线上的业务。支付宝、财付通、工商银行等机构已有订单类二维码相关产品。

账户类二维码分为主读模式和被读模式，前者允许消费者扫描商户账户二维码，完成消费者指定金额的线下交易，或者个人扫描其他个人账户二维码，完成付款人指定金额的线上转账交易或完成收款人指定金额的线上转账交易；后者则是商户扫描用户的二维码，完成交易扣款。支付宝、财付通、天翼电子商务、中国银行已有账户类二维码相关产品。

"订单类二维码和账户类二维码最大区别在于，订单类二维码并未储存用户银行账户信息，而是扫码该订单二维码后，让用户到支付后台查询该订单后再在手机上确认付款。而账户类应用场景中生成的二维码则会直接读取用户银行账户/卡信息甚至安全认证信息，风险比订单类账户要相对大一些。"上述知情人士表示。

2. 建议进行交易限额控制

尽管二维码在零售业、物流业等领域早有广泛应用，但从全球范围内来看，各国对二维码支付在金融领域的应用较为谨慎。

一位第三方支付机构人士告诉记者，二维码目前已经成为移动互联网的重要入口之一，除了支付方面，在微博、微信等社交平台上都有广泛应用。二维码目前面临的主要风险是不法分子利用二维码暗藏木马链接，诱骗消费者扫描后在消费者手机上植入木马程序。"暂停发展二维码支付并不能完全解决二维码风险的问题，因为扫码添加微信好友、关注微信公众号、购买商品等应用已经非常普遍，不法分子以这些名义一样能够达到目的。"上述第三方支付机构人士认为，"对于消费者来说，可以通过以下方式避免风险：不管是线上还是线下，不扫描陌生人或不可信的网站或店铺里的二维码；扫描二维码如果出现了以.apk 结尾需要授权安装的文件，一定不要同意安装，以免手机中木马造成危害。"

目前报告初稿认为，二维码支付主要有两大类风险隐患：一是二维码技术使用不当引起的安全风险；二是二维码支付体系的安全风险。两大类风险隐患中又细分为 11 类风险。其中，首类风险包括二维码信息泄露风险、信息被篡改风险、木马病毒风险、信息复制风险、钓鱼风险等。

"二维码支付有两个关键环节，即二维码信息存储和二维码信息读取，这两个环节使用不当会隐藏风险。"某国有银行电子银行部人士表示。该人士分析，如果二维码内明码存储用户身份信息、银行账户/卡信息、安全认证信息等敏感信息，不法分子有可能篡改相应交易数据或信息；即使二维码信息采用加密技术，恶意二维码扫描软件也能以钓鱼等方式诱骗用户进入虚假支付流程或填写安全认证信息，导致敏感信息泄露。

据悉，针对上述二维码支付存在的风险隐患，支付清算协会与业界沟通后提出诸多风险防范建议。比如对于二维码信息存储，建议二维码中不允许存储任何与用户和账户相关的敏感信息；二维码中保存的信息必须采取足够强度的加密手段，并采用相应的技术手段保证信息不可篡改。

报告初稿还认为，作为一种新型的移动支付方式，二维码支付安全性及风险级别应向移动支付看齐，应遵守与移动支付相一致的交易限额控制标准。此外，对于二维码用于线下支付，如在账户类被读支付场景下的二维码支付，报告初稿认为这种应用场景与传统的 POS 机刷银行卡收单高度类似。

"在目前市场已推出或者开发的二维码支付产品中，大部分产品的交易流转过程实际属于线上线下相结合，而二维码用于线下支付实际上已是一种线下刷'账户'的消费行为，未来是否需遵守线下收单业务管理规定，以及与支付机构是否存在超范围经营等问题，还需要监管层进一步研究。"上述知情人士称。

（资料来源：中国经营报，2014 年 8 月 31 日，http://tech.ifeng.com/a/20140831/40780338_0.shtml）

8.2　移动支付

8.2.1　移动支付概述

1．移动支付发展的背景

以互联网为基础的信息技术、信息产业正以惊人的速度改变人类的生活方式、工作方式和商务方式。电子商务以前所未有的速度向社会生活的各个领域渗透，并且迅速演变成一场全球性的发展浪潮。与此同时，随着手机的不断更新换代，其附加功能越来越多，从内置数码相机到内置音乐播放器，再到内置迷你电视，手机为人们提供的服务形式越来越丰富。

由于移动网络的快速发展，从 2.5G 演进到 3G，再到现在的 4G 和 4G+网络所支持的移动数据速率得到了快速提升，面向移动商务领域发展的趋势日益明显。越来越多的人喜欢上网购物，同时，增值的短信业务（Short Messaging Service，SMS）也大受欢迎，而且大量的预付费充值购买活动可以通过移动电话进行。还有全球拥有手机和掌上电脑等移动通信工具的人数远超过拥有台式电脑的人数，所有这些使得移动商务正成为现在及今后移动应用的重要内容。可以预见，伴随着智能手机和 4G 网络的普及，手机作为个人移动终端必将成为日常生活中最主要的支付工具，同时将为移动支付产业发展提供更良好的客户应用基础。

计算机技术和移动技术日益完善的结合、手机用户的不断增加以及手机终端的高速替换，正在驱动电子商务从网络时代逐渐步入移动时代，移动电子商务和移动银行业务将在未来呈现高速增长趋势。

2．移动支付的概念

移动支付又称手机支付，是在商务处理流程中，基于移动网络平台特别是日益广泛的互联网，随时随地地利用现代的移动智能设备如手机、PDA、笔记本电脑等工具，为服务于商务交易而进行的有目的的资金流动。

　　移动支付应该属于电子支付与网络支付的更新方式，主要支持移动商务的开展，具有强烈的无线网络计算应用的特点。由于移动支付拥有随时随地和方便、快捷、安全等诸多特点，所以客户只要拥有一部手机，就可以完成理财和交易，享受移动支付带来的便利。其应用领域一般包括充值、缴费、小商品购买、银证业务、商场购物和网上服务等。

3．移动支付的分类

　　（1）按照支付金额的大小，可以将移动支付分为小额支付（微支付）和大额支付（宏支付）。小额支付业务是指单笔交易金额较小的移动支付业务，运营商与银行合作，建立预存费用的账户，用户通过移动通信的平台发出划账指令代缴费用，如游戏、视频下载等。大额支付是指交易金额较大的支付行为，把用户银行账户和手机号码进行绑定，用户通过多种方式对与手机捆绑的银行卡进行交易操作，如在线购物或近距离支付（微支付方式同样也包括近距离支付，如交停车费等）。

　　（2）按照支付时支付方与受付方是否在同一现场，可以将移动电子支付分为远程支付和现场支付。如通过手机购买铃声就是远程支付，而通过手机在自动售货机上购买饮料则是现场支付。

　　（3）按照实现方式的不同，可以将移动支付分为两种：一种是通过短信、WAP 等远程控制完成支付。另一种是通过近距离非接触技术完成支付，主要的近距离通信技术有 RFID、NFC、蓝牙、802.11 等。

　　（4）按照与商家的交互方式，可以将移动支付分为手机—手机、手机—移动 POS 机、手机—专用设备三种类型。手机—手机，指付款方与收款方均为手机银行客户，付款方通过手机银行向收款方支付消费款项，双方均通过手机银行得到结算结果的通知。此方式适用于有固定营业人员的消费场所，如出租车、批发市场等。手机—移动 POS 机，付款方通过手机银行支付消费款项，收款方通过移动 POS 机接受收款信息。此方式适用于大型商城、超市。手机—专用设备，是指收款方装备了红外线、蓝牙、USSD（非结构化补充数据业务，一种新型基于 GSM 网络的交互式数据业务）等专用设备。此方式适用于小型商店、摊位等营业人员不固定的场所。

　　（5）按照业务种类，可将移动支付分为购买电信卡、话费充值卡、游戏卡之类的卡类应用；宽带内容、流媒体服务、远程教育服务、网游等的宽带服务类应用；移动增值服务类应用；彩票、保险、票务、旅游服务等其他类应用。

　　（6）按照账号设立方式，可以将移动支付分为运营商代收费、银行卡绑定两类。其中运营商代收费方式中，移动运营商为客户提供信用，费用通过手机账户支付。在银行卡绑定方式中，银行为客户提供信用，将客户的银行账号或信用卡号与其手机号连接起来，费用从客户的银行账户（借记账户）或信用卡账户中扣除。

　　不同形式的移动支付对安全性、可操作性、实现技术等各方面都有着不同的要求，适用于各类不同的场合和业务。一般大额支付采用现场支付方式，对支付的安全级别要求较高，有必要通过可靠的金融机构进行交易鉴权；而对于小额支付来说，可以采用非现场支付，使用移动网络本身的 SIM 卡鉴权机制就足够了。

8.2.2 移动支付业务的运作模式

1. 以移动运营商为运营主体

当移动运营商作为移动支付平台的运营主体时，移动运营商会以客户的手机话费账户或专门的小额账户作为移动支付账户，客户所发生的移动支付交易费用全部从客户的话费账户或小额账户中扣减。因此，客户每月的手机话费和移动支付费用很难区分，而且通过这种方式进行的交易也仅限于 100 元以下的交易。

以移动运营商为运营主体的移动支付业务具有如下特点：直接与客户发生关系，不需要银行参与，技术实现简便，技术成本较低。但是由于移动运营商参与金融交易，需要承担部分金融机构的责任和风险，若没有经营资质，如果发生大额交易，将与国家的金融政策发生抵触，并且无法对非话费类业务出具发票，税务处理复杂。

此模式典型的例子是日本移动运营商 NTT DoCoMo 推广的 Felica 手机电子钱包服务，客户将 IC 卡插入手机就可以进行购物。

知识链接

Felica 是索尼公司推出的非接触式智能卡。名称由英语中代表"幸福"的"Felicity"和"Card"（卡片）组合而成，是 Sony 的注册商标。

2. 以银行为运营主体

银行通过专线与移动通信网络实现互联，将银行账户与手机账户绑定，客户通过银行卡账户进行移动支付。银行为客户提供交易平台和付款途径，移动运营商业只为银行和客户提供信息通道，不参与支付过程。当前我国大部分提供手机银行业务的银行（如招商银行、广东发展银行、中国工商银行等）都有自己运营的移动支付平台。客户在手机上可以直接登录所在银行的账户，进行手机支付交易。这种模式的典型案例是中国工商银行推出的手机银行业务。中国工商银行的客户使用手机直接登录或发送特定格式的短信到银行的特服号码，银行按照客户的指令可以为客户办理查询、转账以及缴费等业务。

以银行为运营主体的移动支付业务具有如下特点：各银行只能为本行客户提供手机银行服务，移动支付业务在银行之间不能互联互通；各银行都要购置自己的设备并开发自己的系统，因而会造成较大的资源浪费；对终端设备的安全性要求很高，客户需要更换手机或银行需要为客户的手机将 SIM 卡换为 STK 卡，特定的手机终端和 STK 卡置换也会造成客户成本的上升；移动运营商只负责提供信息通道，不参与支付过程。应当看到，每位客户正常情况下只拥有一部手机，但他可能同时拥有几个银行的账户。如果一部手机只能与一个银行账户相对应，那么客户将无法享受到其他银行的移动支付服务，这会在很大程度上限制移动支付业务的推广。

3. 以第三方支付服务提供商为运营主体

在此模式中，第三方支付服务提供商（或移动支付平台运营商）是独立于银行和移动运营商之外的第三方经济实体，其自己拓展客户，与银行及移动运营商协商合作，提供移动支付业务。同时，移动支付服务提供商也是连接移动运营商、银行和商家的桥梁和纽带。通过交易平台运营商，客户可以轻松实现跨银行的移动支付服务。比如，Paybox 与 IBM 公司合作开发的 Web Sphere 平台、北京泰康亚洲科技有限公司的"万信通"平台、广州金中华通信公司的"金钱包"等，就是由独立的平台运营商运营的移动支付平台。

以第三方交易平台为运营主体提供移动支付业务具有如下特点：银行、移动运营商、平台运营商以及移动增值服务提供商之间分工明确、责任到位；平台运营商发挥着"插转器"的作用，将银行、运营商等各利益群体之间错综复杂的关系简单化，将多对多的关系变为多对一的关系，从而大大提高了商务运作的效率；客户有了多种选择，只要加入到平台中即可实现跨行之间的支付交易；平台运营商简化了其他环节之间的关系，但是在无形中为自己增加了处理各种关系的负担；在市场推广能力、技术研发能力、资金运作能力等方面，都要求平台运营商具有很高的行业号召力。

目前，最适合我国移动支付业务发展的商业模式是银行与移动运营商合作，第三方支付服务提供商协助支持的整合商业模式。采用合作的方式将实现资源共享，达到优势互补，促进价值链的高效运转。

8.2.3　移动支付的过程及其价值链构成

1. 移动支付的过程

实现电子商务移动支付的整个过程是：客户通过拨打电话、发送短信或者使用移动 WAP 功能接入移动支付系统，移动支付系统将此次交易的要求传送给移动应用服务提供商，由移动应用服务提供商确定此次交易的金额，并通过移动支付系统通知客户。在客户确认后，付费方式可通过多种途径实现，如直接转入银行、客户电话账单，或者实时在专用预付账户上借记，这些都将由移动支付系统（或与客户和移动应用服务提供商开户银行的主机系统协作）来完成。

总的来说，移动支付的大致过程如下：

（1）购买请求。客户可以对准备购买的商品进行查询，在确定了准备购买商品之后，通过移动通信设备发送购买请求给商业机构。

（2）收费请求。商业机构在接收到客户的购买请求之后，发送收费请求给支付平台。支付平台利用客户和这次交易的序列号生成一个具有唯一性的序列号，代表这次交易过程。

（3）认证请求。支付平台必须对客户和内容提供商账号的合法性及正确性进行确认。支付平台把客户账号和内容提供商账号信息发送给第三方信用机构，第三方信用机构再对账号信息进行认证。

（4）认证。第三方信用机构把认证结果发送给支付平台。

（5）授权请求。支付平台在收到第三方信用机构的认证信息之后，如果账号通过认证，支付平台就将交易的详细信息（包括商品或服务的种类、价格等）发送给客户，请求客户对支付行为进行授权。如果账号未能通过认证，支付平台则将认证结果发送给客户和商业机构，并取消此次交易。

（6）授权。客户在核对交易的细节之后，发送授权信息给支付平台。

（7）收费完成。支付平台得到了客户的支付授权之后，就开始客户账户和内容提供商账户之间的转账，并且将转账细节记录下来。转账完成之后，传送收费完成信息给商业机构，通知其交付客户商品。

（8）支付完成。支付平台传送支付完成信息给客户，作为支付凭证。

（9）交付商品。商业机构在得到了收费成功的信息之后，把商品交给客户。

2. 移动支付的价值链

移动支付系统中各环节之间相互配合使整个产业链表现出应有的功能。总的来说，移动支付产业链具备三种功能：商品提供功能、消费者认证功能和支付结算功能。各个环节及其相互之间的关系如下。

（1）消费者，指那些持有移动设备并且愿意用它来购买商品的组织和个人。购买的商品可以是书籍、饮料等实物，也可以是数字产品，例如电影、软件等。消费者是一个移动支付过程的发起者，其常见行为包括在第三方信用机构注册、查询所购商品的品种和内容、支付结算的授权、商品接收。

（2）商家。商业机构出售产品或服务给消费者。他们在接收到消费者的购买请求后，向支付平台运营商传递收费信息。在收到支付平台运营商的收费完成信息之后，商家就将商品提供给消费者。对于商家而言，在商场和零售店部署移动支付系统，在一定程度上能够减少支付的中间环节，降低经营、服务和管理成本，提高支付的效率，获得更高的客户满意度。

（3）移动运营商。移动运营商的主要任务是搭建移动支付平台，为移动支付提供安全的通信渠道。可以说，移动运营商是连接客户、金融机构和服务提供商的重要桥梁，在推动移动支付业务的发展中起着关键性的作用。

（4）移动支付服务提供商。移动支付服务提供商即移动运营商和银行之间联盟关系的桥梁，也是协调各个银行之间不同标准，实现跨行支付的主要技术力量。作为银行和运营商之间的衔接环节，第三方移动支付服务提供商（或移动支付平台运营商）在移动支付业务的发展进程中发挥着十分重要的作用。移动支付平台运营商在移动支付产业链中处于核心地位，负责支付结算的过程。它能够为手机客户提供丰富的移动支付业务，吸引客户为应用支付各种费用。独立的第三方移动支付服务提供商具有整合移动运营商和银行等各方面资源、协调各方面关系的能力，并传递各种授权请求、消费者账户信息和交易记录。一般支付平台运营商的角色可以由移动运营商、银行或信用卡组织等金融机构，或独立的支付平台运营商来担当。

（5）金融机构。作为与客户手机号码关联的银行账户的管理者，银行需要为移动支付平台建立一套完整、灵活的安全体系，从而保证客户支付过程的安全通畅。银行和信用卡组织承担第三方信用机构的角色，是提供信用信息的机构。它们接受消费者和内容提供商的注册，为支付平台运营商提供认证服务，防范交易及支付过程中的欺诈行为。

（6）设备终端提供商。设备提供商负责提供移动通信系统设备、包括移动支付业务在内的数据业务平台和业务解决方案，为支付平台运营商提供移动支付业务奠定基础。随着移动通信由3G向4G的演进和移动数据业务的不断兴起，移动设备厂商在向运营商提供移动通信系统设备的同时，还推出了包括移动支付业务在内的数据业务平台和业务解决方案，这为运营商提供支付业务奠定了基础。从终端的角度来看，如今，具有 STK 功能的 SIM 卡在日益普及，而支持各种移动数据业务的手机也被终端厂商不断推向市场，这些都为移动支付业务的不断发展创造了条件。

8.2.4　我国移动支付产业发展现状

近年来，随着交易规模的快速增长、参与主体逐渐多元化、产品不断创新，我国移动支付产业取得突破性的进展。

1．移动支付业务规模高速增长

自 2010 以来，我国电子支付业务增长较快，其中移动支付业务更是飞速发展。据中国人民银行发布的《2014 年第三季度支付体系运行总体情况》，2014 年 1~3 季度全国银行机构共处理移动支付业务 28.9 笔，金额 14.97 万亿元。如图 8-1 所示，2010 年至 2014 年第 3 季度，我国银行机构处理移动支付交易笔数由 1.18 亿笔增加至 28.9 亿笔，增长了近 24 倍；交易金额增长了 25 倍多。与此同时，我国第三方支付机构的移动支付交易规模也日趋扩大。如图 8-2 所示，根据第三方数据机构易观智库数据显示，2010—2014 年，我国第三方移动支付规模由 586.1 亿元发展至 77 660 亿元，上涨超过 130 倍，其中 2013 年交易规模增幅最大，较 2012 年上升超过 8 倍，2014 年较 2013 年上涨近 5 倍。我国移动支付业务的客户端市场近两年也进入高速发展阶段。

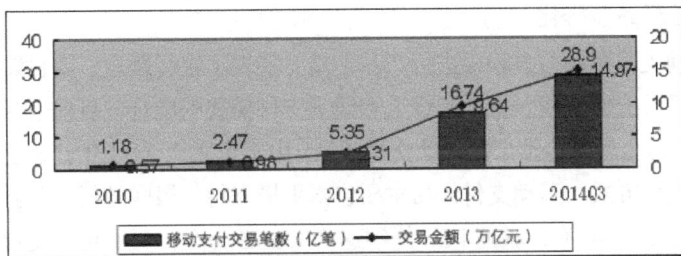

图 8-1　我国银行移动支付业务量

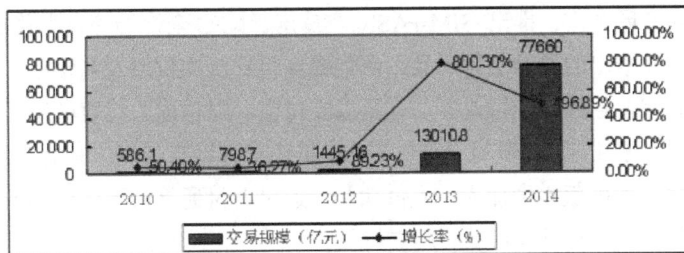

图 8-2　我国第三方支付机构移动支付交易量

2．参与主体不断扩大

2010 年《非金融机构支付服务管理办法》及相关配套制度的颁布实施，使非金融支付机构在支付服务市场获得了合法地位，为我国移动支付业务市场主体的多元化发展奠定了基础。

2011 年上半年，三家移动运营商分别成立中移动电子商务公司、沃易付网络技术有限公司、天翼电子商务有限公司，并取得第三方支付许可证。如表 8-1 所示，从 2011 年 5 月至 2014 年年底，央行八次下发第三方支付牌照，持牌企业达到 269 家，其中还包括了有外资背景的民营机构，表明央行对第三方支付企业设立的鼓励及开放的态度。随着移动支付参与主体数量不断增加，我国已初步形成银行机构、银联、通信运营商和第三方支付机构等共同参与的移动支付服务市场格局。

表 8-1　移动支付业务许可证获批情况（截至 2014 年年底）

批　　次	获得移动支付业务许可证机构数量	发证日期
第一批	27	2011 年 5 月 18 日
第二批	13	2011 年 8 月 29 日
第三批	61	2011 年 12 月 22 日
第四批	95	2012 年 6 月 27 日
第五批	1	2012 年 7 月 20 日
第六批	26	2013 年 1 月 6 日
第七批	27	2013 年 7 月 6 日
第八批	19	2014 年 7 月 15 日
合计	269	

3. 移动支付产品多样化

近年来，移动支付各参与方积极进行产品创新，实现了银行账户、支付账户、电子现金账户等在移动支付平台上的应用，推动了线上和线下支付模式的融合。目前较为成熟的产品主要包括以下几类。一是金融机构推出的移动支付产品。中国银联从 2011 年开始着力打造以移动支付为代表的快捷支付方式，移动支付产品主要包括手机支付、银联随行、"闪付"、卡乐付刷卡器业务等。截至 2014 年年底，联网 POS 终端达到 1593.5 万台，其中可以受理银联"闪付"的 POS 终端近 400 万台。商业银行在手机银行、短信银行、微信银行业务中，提供了转账汇款、公共事业缴费、购买理财产品等服务，基本涵盖了营业柜台的主要服务种类。部分银行积极与银联、电信运营商开展合作，推出 SIM-PASS、SD 卡、NFC 全终端等各类移动近场支付产品。二是移动网络运营商推出的移动支付产品，例如翼支付、沃支付以及与银联、银行机构合作推出"手机钱包"等综合性移动支付业务。三是以支付宝、财付通为代表的第三方支付机构推出的移动支付客户端。支付宝凭借其电子商务平台，推出了移动支付新方式客户端 NFC 支付和扫码支付。腾讯在微信 5.0 版本中加入了支付功能，通过财付通打通了微信端的支付通道，应用于公众号支付、扫二维码支付和移动应用支付等。

4. 移动支付各项技术标准日趋完善

2011 年 7 月，银联发布了《中国银联移动支付技术规范》，对与银联移动支付业务相关的产品设计、研发、集成等单位做出了技术方面的规范。2012 年 12 月，央行正式发布《中国金融移动支付标准》，涵盖了应用基础、安全保障、设备、支付应用、联网通用 5 大类 35 项标准，从产品形态、业务模式、联网通用、安全保障等方面明确了系统化的技术要求，覆盖金融移动支付各个环节的基础要素、安全要求和实现方案，确立了以"联网通用、安全可信"为目标的技术体系架构。2013 年 10 月，国标委发布了移动支付国家标准《基于射频的移动支付》，其中包括了移动支付射频接口、卡片、设备、多应用管理和安全、测试方法等技术内容。移动支付产业各项标准的制定，有利于增强我国移动支付安全管理水平和技术风险防范能力，为行业内实现互联互通、合作共赢奠定良好的基础。

8.2.5　移动支付面临的安全威胁及其防范

移动电子商务由于利用了很多新兴的技术和设备而带来了新的安全问题，而这些安全问题能否有效解决成为移动电子商务发展的关键。与传统电子商务相比，移动电子商务由于刚刚起步，技术标准不统一，所面临的安全问题更加复杂。2014 年全年，360 互联网安全中心累计截获 Android 平台新增恶意程序样本 326.0 万个，较 2012 年、2013 年分别增长了 25.3 倍与 3.86 倍，平均每天截获新增恶意程序样本近 8932 个；2014 年全年，360 互联网安全中心累计监测到 Android 用户感染恶意程序 3.19 亿人次，较 2012 年、2013 年分别增长了 5.17 倍和 2.27 倍，平均每天恶意程序感染量达到了 87.5 万人次。在所有手机恶意程序中，资费消耗类恶意程序的感染量仍然保持最多，占感染人次总数的 74.3%，之后为隐私窃取占 10.8%，恶意扣费占 10.6%。移动支付因其业务本身的特性，面临的安全挑战主要体现在 3 个方面：移动终端、病毒和黑客以及短信欺诈。

1．移动终端的安全隐患

移动支付中的终端设备主要包括个人数字助理（PDA）、智能手机（Smart Phone）、便携计算机、GPS 导航设备等，它们面临的安全问题包括以下几方面。

（1）加密和认证问题。与有线互联网环境相比，移动终端设备的计算能力和存储能力有限、电池寿命也比较短。一般来说，较好的安全性能需要强大的运算能力和存储能力作为支撑，考虑到移动终端设备自身的特点，在 PC 上广为使用的基于 RSA 的安全软件无法在移动终端上继续使用。目前已经开发出适用于在无线环境中使用的被称为椭圆曲线加密（ECC）的加密技术。ECC 能够完成同 RSA 一样的基本功能，但是需要的 CPU 能力更小，必须存储的数据项更少。从形式上看，ECC 更适合移动终端使用，但 ECC 在移动商务中的广泛应用却存在很多困难，因为互联网数字签名确认系统几乎都是采用 RSA 的。促进 ECC 与 RSA 的对接，或改进 RSA 的私钥操作，使之简化到能够在可接受的时间内完成，已成为解决移动支付加密和认证问题的关键。

（2）移动终端设备中机密资料的泄露问题。在 BYOD 日渐普及的今天，手机安全等移动安全受到了更广泛的关注。BYOD（Bring Your Own Device）是指携带自己的设备办公，这些设备包括个人电脑、手机、平板等（而更多的情况指手机或平板等移动智能终端设备）。用 BYOD 技术登录公司邮箱、在线办公系统，不受时间、地点、设备、人员、网络环境的限制。该模式为企业节约办公成本、提高办公效率带来了不少的方便，将成为未来办公的一大趋势，但同时也需要企业为员工开放内网数据的读取权限，这就给企业内网安全带来了隐患。

由于 BYOD 方便快捷等特性，很多企业员工会在工作中使用个人设备访问企业数据，而个人设备上安装的操作系统版本、应用程序以及 root 权限等皆不在运维人员管控范围内，如果企业不对手机等个人移动终端进行内部基础设施的访问控制，一旦个人设备感染了恶意程序或遭到黑客入侵，就会造成企业机密信息的泄露。

知识链接

2005 年 6 月 17 日，美国万事达国际组织宣布，美国专门为银行、会员、机构特约商店处理卡片交易资料的外包厂商的数据库遭到黑客入侵，包括万事达、威萨、运通、Discover 在内的高达 4 000 多万信用卡用户的银行资料面临被泄露的风险。其中，万事达信用卡用户数量达 1 390 万，威萨信用卡用户高达 2 200 万，这是美国有史以来规模最大的信用卡个人数据外泄事件。

（3）通信内容被窃听或偷窥。在公共场所使用移动终端的时候，使用者的私密信息很容易被邻近的行人偷听或偷看。人们使用移动设备的时候常常是在公共场合，周围行人比较多，距离较近，设备上显示的信息和通话内容很容易泄露给他人。

（4）用户自身的麻痹大意。用户缺乏安全防范意识，认为没有必要为移动终端设备设置密码和备份，导致信息的泄露。从操作的角度讲，设置密码显然使操作烦琐起来，一定程度上降低了移动终端的便利性。另外，由于移动终端设备是由用户自己保管的，只要不遗失，里面的资料基本上是比较安全的，用户一般认为自己不会保管不当，因此放松了警惕。SIM 卡可以被完整地"克隆"已经不是什么新闻。在电子市场上，一种叫作 SIM 卡克隆器的复制器只需要一百多元即可轻易购得。这种复制器使用的是很普通的 USB 接口，与这个接口配套出售的，还有一张用来写入数据的空白 SIM 卡和一张光盘。只要将欲复制的 SIM 卡接到 USB 接口，卡内的信息就可以被完整复制。在这种情况下，用户一定要避免将手机借给他人，否则，很难有效预防信息的泄露。

（5）安全制度漏洞。虽然现在的移动终端已经存储了大量的公司机密信息，但还是只有少数公司将对移动设备的管理纳入安全的管理制度中。商务人士越来越热衷于利用移动终端设备来处理公务，但他们的安全意识却显然十分欠缺。公司安全管理制度中没有关于这些终端设备的管理条例，为公司整体的网络环境留下了安全隐患。

2. 无线网络标准中的漏洞

移动商务涉及的网络标准很多，其中应用最广泛的是手机访问互联网的 WAP 标准、无线局域网（WLAN）的 802.11 标准和构建个人网络（WPAN）的蓝牙技术（Bluetooth）。但这 3 个无线网络标准都存在一定的安全隐患。

（1）WAP 的安全问题。WAP（Wireless Application Protocol，无线应用协议）技术的出现为无线平台上丰富的应用提供了基础。虽然现在基于 WAP 的应用较少，WAP 本身也在与其他的一些标准竞争，如 NT 的 DoCoMo，但是 WAP 在未来无线应用中的前景仍是十分广阔的。

WAP 环境的安全机制包括 4 个安全标准，这些标准应用于无线环境中的应用层、传输层和管理层，分别是：

1）WIM（WAP Identity Module）是安装在 WAP 设备（如手机、PDA 等）里的微处理器芯片，能够保存一些关键信息（如 PKI 的公钥和用户的私钥信息），WIM 通常使用智能卡实现。

2）WML Script（WAP Script Crypto API）是 WML Script Lib 库提供的应用编程接口，包含密钥产生、数字签名，以及处理一些常用的 PKI 对象（如密钥、证书等）的函数。

3）WTLS（Wireless Transport Layer Security）是基于互联网中的 TLS 的传输层安全协议。WTLS 能够实现对通信参与方的认证，对 WML 数据加（解）密，并能保证 WML 数据的完整性。WTLS 针对无线设备通信的低带宽特性进行了优化。

4）WPKI（Wireless Application Protocol PKI）是传统 PKI 在无线应用环境中的优化扩展。

在 WAP 安全机制中，Client 与 WAP Gateway 之间采用 WTLS 连接，保证 Client 与 WAP Gateway 之间的双向身份认证和加密传输；WAP Gateway 与 App Server 之间采用 SSL 连接，保证 WAP Gateway 与 App Server 自己的双向身份认证和加密传输。这样，Client 与 App Server 之间就建立了一个间接的安全连接。

在 WAP 的安全框架中，WTLS 和 SSL 协议起到了非常关键的作用。WTLS 和 SSL 本身的安全性都很高，但由于 WTLS 与 SSL 之间的不兼容，两者之间需要 WAP Gateway 的转换。用户的敏感信息会短暂以明文形式存于 WAP Gateway 上，会泄露一些敏感信息。WAP Gateway 虽然是连接用户移动设备和 App Server 的桥梁，但也是两者之间安全的鸿沟。

WAP Gateway 可以按照其在整个应用系统中的位置分为两种类型：一种是电信级的 WAP Gateway；另一种是用户级的 WAP Gateway。电信级的 WAP Gateway 工作在无线网络运营商（如中国电信）的机房中，同时为多个 App Server 提供桥梁作用以连接用户的移动设备。这样无线网络应用提供商就不需要使用自己的 WAP Gateway。当然，在这种应用模式下，无线网络应用提供商应该信任电信级的 WAP Gateway 是安全的。用户级的 WAP Gateway 工作在无线应用提供商的内部网络中。也就是说每个 App Server 都有自己的 WAP Gateway。这样，即使有短暂的敏感信息以明文的形式存在，但也是存在于无线网络 App Server 受到严格保护的内部网络中，从而避免了敏感信息的泄露。相对于电信级的 WAP Gateway，用户级的 WAP Gateway 能够在安全要求更高的环境下进行使用。WAP Gap 是由于 WAP 协议本身结构带来的问题，除了通过设置 WAP Gateway 的位置以外，还可以通过对 WAP 协议的安全机制进行扩展，来保证一些重要信息通过 WAP 协议传输时的点对点安全。

知识链接

WAP 是 WWW 向无线移动设备的延伸。由于移动设备的计算能力、显示能力有限，HTML 不能高效率地应用在无线环境中。WAP 协议中制定了 WML 标准——就是在无线环境中的 HTML。相对于 HTML，WML 更加简捷、高效，适合移动设备较小的显示屏幕。无线网络环境的应用和传统的网络应用一样，都包括 Client 和 App Server，不同的是由于 WML 与 HTML 协议的不相通，在无线网络环境中还包括一个 WAP Gateway。WAP Gateway 的主要作用是执行 WML 与 HTML 之间的协议转换。Client 与 WAP Gateway 之间使用 WML 协议。

（2）无线局域网安全。WLAN（Wireless Local Area Network）是指应用无线通信技术将计算机设备互联起来，构成可以互相通信和实现资源共享的网络体系。无线局域网本质的特点是不再使用通信电缆连接计算机与网络，而是通过无线的方式连接，从而使网络的构建和终端的移动更加灵活。WLAN 也存在一些安全问题。

1）802.11 标准使用的 WEP（有线等效加密）安全机制存在安全缺陷，公用密钥容易泄露而且难以管理，容易造成数据被拦截和窃取。

2）WLAN 的设备容易为黑客所控制和盗用，向网络传送有害的数据。

3）网络操作容易受到堵塞传输通道的拒绝服务攻击。

4）许多 WLAN 在跨越不同子网的时候往往不需要第二次的登录检查。

WLAN 目前主要通过在不同层次采取相应措施来保证通信的安全性，已有的主要安全机制如下：

1）通过在物理层采用适当的传输措施，如采用各种扩频技术，利用其很强的抗干扰性来满足安全性要求；

2）采取网络隔离和设置网络认证措施，可以防止不同局域网之间的干扰与数据泄露，如服务区标识符（SSID）；

3）在同一网中，设置严密的用户口令及认证措施，可防止非法用户入网，如 802.11b 定义的开放系统认证和共享密钥认证等；

4）对用户所发送的数据进行加密，WLAN 最关键、最独特的保密措施是在网络的媒体访问控制层使用 802.11b 定义的 WEP 加密算法。

（3）蓝牙无线个人网络的安全问题。蓝牙是无线数据和语音传输的开放式标准，可将各种通信设备、计算机及其终端设备、各种数字数据系统，甚至家用电器采用无线方式连接起来。它的传输距离为 0.1~10m，如果增加功率或是加上某些外设，便可达到 100m 的传输距离。蓝牙网络通信是一种基于邻近组网原则的对等通信，但链路级存在主从关系。一个微微网由一个单独的主控设备（Master）和邻近的从属设备（Slave）构成。多个微微网在时空上部分重叠，形成散列网（Scatternet）。当微微网中的设备处于链接状态时，根据功率消耗和响应灵敏度使用 4 种基带模式。安装了蓝牙设备，在一定距离内形成一个自组网（AdhocNetwork），这种网络有一些不同于固定网络的安全特性，它没有固定的节点和框架，网中设备能充当路由器来中转信息到发送端不能直接到达的节点上，可能会遇到以下攻击的类型。

1）鉴别攻击。鉴别是基于设备间相同链路密钥的共享。如果链路密钥是初始化密钥，那么每次通信都依赖于 PIN。PIN 一般是一个 4 位数，这使得密钥空间只有 10 000 个数值，攻击者用穷举法很容易获得 PIN。如果链路密钥由设备密钥产生，则会产生冒充攻击等。在使用设备密钥作为链路密钥的方案里，如果设备 A 和设备 B 通信，然后又和设备 C 通信。既然 A 和 C 使用 A 的设备密钥，假设 A 和 B 使用相同的密钥，那三个设备就可使用相同的密钥，且能够相互冒充身份。

2）加密攻击。一种攻击是基于 PIN 的弱点，在匹配创建链路密钥的过程中，入侵者截取第一次握手过程中的通信数据包，为了推导出各种相关参数（包括链路密钥），对 PIN 尝试强力攻击（Brute-force Attack）。另一种攻击是基于加密算法。链路级的加密算法一般都采用流密码系列算法 E0、E1、E21、E22 和 E3，这种算法加密速度快、易于硬件实现，但是没有块密码强健，易受到反折攻击（Reflection Attack）。

3）通信攻击。这种攻击扫描并记录下有效用户的移动标识号（MIN）和电子序列号（ESN），攻击者用 MIN 和 ESN 发出呼叫，通知那些没有对此引起怀疑的用户。蓝牙规范中，数据帧有 3 处要被编辑。用这些修改伪造过的数据帧，攻击者伪造用户的 ID 并发出呼叫，用编码扰频器搞乱用户和网络的通信，或以中转方式，重发先前的会话帧破坏被攻击者的重要数据。

4）跳频攻击。虽然跳频（FH）攻击方案较为困难，但是跳频本身有一些易遭攻击的弱点。蓝牙设备里运行者一个 28 位的内时钟，破坏性攻击者可以用低能量激光（LEL）电磁脉冲（EMP）来破坏时钟，使其不能和其他设备通信。但这种攻击可能性较小，电波的强度、穿透性、全方位传播和蓝牙设备的中转使得设备通信的范围扩大，使攻击者容易偷听到网络和通信的相关信息，包括跳频算法和相关参数。

总体来说，蓝牙技术对于比较小的网络来说是安全的，但对于经过蓝牙微网互联而构成的较大的网络来说，系统的安全性能是不够充分的，必须从硬件设计、跳频算法、鉴别与加密算法等方面来完善和提高蓝牙模块的安全性能；同时增添相关协议子集，完善蓝牙中间件协议组，进一步完善蓝牙协议的安全性；在基本的信息安全传输问题解决之后，还必须在网络高层上实施更加复杂的安全标准。

3. 手机病毒

手机病毒是一种具有传染性、破坏性的手机程序，可用杀毒软件进行清除与查杀，也可以手动卸载。其可利用发送短信、彩信、电子邮件、浏览网站、下载铃声、蓝牙等方式进行传播，会导致用户手机死机、关机、个人资料被删、向外发送垃圾邮件泄露个人信息、自动拨打电话、发短（彩）信等进行恶意扣费，甚至会损毁 SIM 卡、芯片等硬件，导致使用者无法正常使用手机。

历史上最早的手机病毒出现在 2000 年，当时，手机公司 Movistar 收到大量由计算机发出的名为"Timofonica"的骚扰短信，该病毒通过西班牙电信公司"Telefonica"的移动系统向系统内的用户发送脏话等垃圾短信。事实上，该病毒最多只能被算作短信炸弹。真正意义上的手机病毒直到 2004 年 6 月才出现，那就是"Cabir"蠕虫病毒，这种病毒通过诺基亚 s60 系列手机复制，然后不断寻找安装了蓝牙的手机。之后，手机病毒开始泛滥。手机病毒，受到 PC 病毒的启发与影响，也有所谓混合式攻击的手法出现。据 IT 安全厂商 McAfee 一个调查报告，在 2006 年全球手机用户遭受过手机病毒袭击的人数已达到 83%左右，较 2003 年上升了 5 倍。2010 年以来，手机病毒日趋活跃，先是"手机骷髅"，接着是"短信海盗"，手机病毒的花样层出不穷，智能手机遭遇手机病毒的多方"骚扰"。

2013 年 3 月，我国首次出现了感染国内手机支付银行客户端的病毒"洛克蠕虫"，该病毒感染了中国建设银行的手机客户端，通过二次打包的方式把恶意代码嵌入银行 APP，未经用户允许私自下载软件并安装，窃取银行账号及密码，继而盗走用户账号中的资金。手机支付现状堪忧。

手机病毒按病毒形式可以分为 4 类。

（1）通过"无线传送"蓝牙设备传播的病毒，如"卡比尔"、"Lasco.A"。

（2）针对移动通信商的手机病毒，如"蚊子木马"。

（3）针对手机 BUG 的病毒，比如"移动黑客"。

（4）利用短信或彩信进行攻击的"Mobile.SMSDOS"病毒，典型的例子就是出现的针对西门子手机的"Mobile.SMSDOS"病毒。

知识链接

"卡比尔"（Cabir）是一种网络蠕虫病毒，它可以感染运行"Symbian"操作系统的手机。手机中了该病毒后，使用蓝牙无线功能会对邻近的其他存在漏洞的手机进行扫描，在发现漏洞手机后，病毒就会复制自己并发送到该手机上。

Lasco.A 病毒与蠕虫病毒一样，通过蓝牙无线传播到其他手机上，当用户点击病毒文件后，病毒随即被激活。

"蚊子木马"隐藏于手机游戏"打蚊子"的破解版中。虽然该病毒不会窃取或破坏用户资料，但是它会自动拨号，向所在地为英国的号码发送大量文本信息，结果导致用户的信息费剧增。

"移动黑客"（Hack.mobile.smsdos）病毒通过带有病毒程序的短信传播，只要用户查看带有病毒的短信，手机即刻自动关闭。

"Mobile.SMSDOS"病毒可以利用短信或彩信进行传播，造成手机内部程序出错，从而导致手机不能正常工作。

从现有的情况看，手机病毒主要有以下几种攻击方式：

（1）攻击为手机提供服务的互联网内容、工具、服务项目等。

（2）攻击 WAP 服务器，使 WAP 手机无法接收正常信息。

（3）攻击和控制"网关"，向手机发送垃圾信息。

（4）直接攻击手机本身，使手机无法提供服务。

（5）破坏手机应用程序，使软件或者游戏无法正常运行。

（6）窃取手机私人信息，侵害个人隐私。

对付手机病毒的最好方法是防患于未然，预防手机病毒、减少病毒危害可以通过以下几个方法：

（1）在手机里存放有重要信息的用户，可以在各大品牌手机生产商的官方网站上申请有偿"电话号码管理"服务，这样，手机中毒后，还能有机会备份恢复。

（2）蓝牙手机的蓝牙功能，不用时一定要关闭或设置为隐形状态。

（3）接到陌生手机彩信，直接删除，不要看内容。

（4）平时做好备份，手机一旦中毒，立即关机并拿到维修点恢复，不然会传染更多的手机。

（5）在接电话时，发现来电显示带有不正常的乱码、英文等，不要接听。

8.2.6　我国移动支付的发展趋势

根据人民银行统计口径，电子支付包括网上支付、电话支付和移动支付。其中网上支付作为传统电子支付形式，市场占比依然是最大的，但开始呈现下降趋势；电话支付的占比一直较小，处于萎缩之中；移动支付作为新兴的电子支付形式，占比在快速上升。截至 2015 年第一季度，网上支付、电话支付和移动支付的占比分别为 93.4%、0.4% 和 6.2%，如图 8-3 和图 8-4 所示。

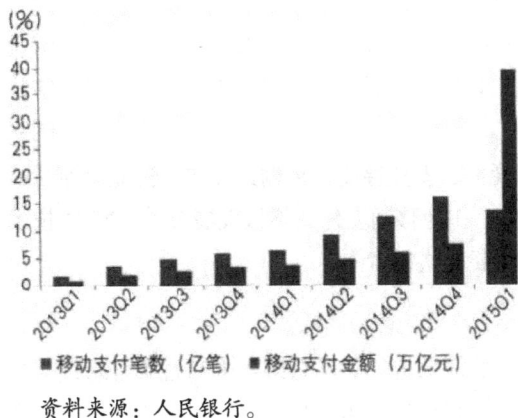

图 8-3　我国移动支付市场增长情况

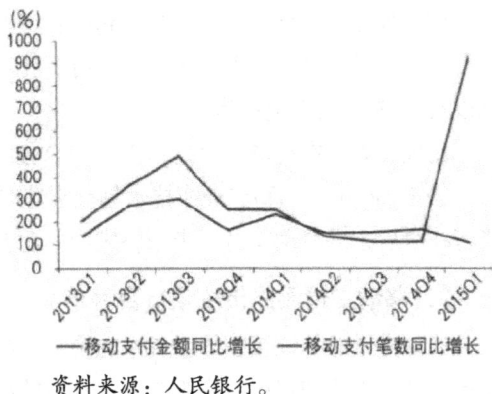

图 8-4　我国移动支付同比增长情况

1. 移动支付市场正在快速成长

在全球看来，移动支付是一个高速增长的千亿美金市场。而在中国，移动支付则正处于爆发式增长期，各类移动支付手段层出不穷。移动支付被归纳为 2014 年电子商务十大热点之一，2015 年更被称作移动支付元年。

2015 年 1 月，易观智库发布了《2014 年度中国互联网产业核心数据盘点报告》。报告显示，2014 年移动入口持续发力，"手淘"增长迅速，移动端第三方支付交易规模超 7 万亿元，移动支付环比暴增 5 倍。2014 年中国第三方支付企业互联网收单的规模达到了 88161 亿元，环比增长约 47.8%。

随着移动端对 PC 机的替代趋势越来越明显，移动支付已然成为互联网支付发展的重要方向。与此同时，电子商务从 B2B、B2C 向 O2O 方向发展，更加催生了支付宝、财付通等网络支付巨头竞相争夺移动支付市场。对于 2015 年中国移动支付交易规模，易观智库有数据预计显示，将达到 7123 亿元，第三方互联网支付交易规模将达到 13.9 万亿元，互联网支付注册账户规模达到 13.78 亿元。种种迹象表明，在政府监管部门的推动之下，移动支付迎来快速大发展的时机已经成熟。

2. NFC 终成移动支付发展的终极状态

从移动支付的发展历程来看，其经历了三个阶段，分别为移动互联网远程支付、O2O 电子商务支付和近场支付。

移动互联网远程支付，是一种把 PC 端照搬到移动互联网的模式，其典型代表为支付宝手机客户端、银行网银手机客户端。O2O 电子商务支付，其典型代表主要有四种，分别为二维码支付、声波支付、手机刷卡器支付和基于 LBS 技术的 iBeacon。其中，二维码是一种可读性的条形码，终端设备在扫描和识别了这些数据之后取得支付数据，并借助网络实现远程支付。声波支付利用声波的传输，完成两个设备的近场识别，进而借助网络实现支付。手机刷卡器是读取磁条卡信息的外接设备，通过手机设备上的 3.5mm 音频插孔来传输数据。iBeacon 技术是基于蓝牙 4.0 低能耗版协议所开发的技术，商家可通过部署 iBeacons 基站实现室内定位，但定位精度最高只能达到 1m，定位精度的不够导致其在支付领域困难重重，目前 iBeacon 在支付领域的应用还处在构想状态。而近场支付是指消费者在购买商品或服务时，即时通过手机向商家进行支付，支付的处理在现场进行，使用手机射频（NFC）、红外、蓝牙等通道，实现与自动售货机以及 POS 机的本地通信。

比较发现，在近场支付技术中，NFC 技术能耗低、安全性高、传输速度快、独立储存功能强，较 ibeacon 技术和红外线技术具有明显的优势。作为移动支付的终极发展方向，NFC 技术终将在今后主导移动支付，未来将成为移动支付发展的终极状态。

3. 移动支付倒逼传统银行自我革命

移动支付对传统银行体系带来的第一次冲击是脱媒效应，在不久的将来它直接进入到银行业务领域，对传统银行带来第二波强有力的冲击。银行已经意识到危机，逐步将传统银行业务向平台化转换。在移动支付平台背景下，未来银行可能在以下几个方面进行附加金融业务的拓展：①余额理财业务。自余额宝始，发端于互联网的余额理财已经是较为成熟的互联网金融模式。在达到一定的市场认可度之后，余额理财会向产品多元化的方向发展，不同的流动性、安全性和收益性组合，可以提供多层次的产品。②消费信贷。基于客户的支付信息，移动支付平台也同样可以提供消费信贷服务，最可能的路径是选择类信用卡模式。③信用评估和信用增进。电商和第三方支付机构掌握大量的交易数据，而银行拥有更加专业的信用风险评估技术。两者在大数据层面的合作，可以诞生出面向互联网经济的信用评估产业。同样地，移动支付平台还可以为客户提供信用增进服务。对于交易、支付记录良好的用户，在没有财务报表、可抵押资产的情况下，也可能获得移动支付平台的担保，从而从其他金融机构那里得到融资。

互联网的快速普及和迅速发展将世界划分成了二元世界，即实体世界和虚拟世界；而互联网经济的快速发展将经济划分为实体经济和虚拟经济。传统银行在实体市场是资本融通的佼佼者，但是在互联网的浪潮下不能顺势而变的话，最终只会拱手让出市场，承担被替代的恶果。因此，传统银行要在互联网浪潮下自我革命，才是正确的应对之路。

4. 移动支付将成"兵家必争之地"

移动互联网加速发展，相关的行业也经历着深刻的变革，而各商家均意图趁行业变革之际，率先进入移动互联领域，争夺市场份额。其中，移动支付这块大蛋糕，涉及金融业、餐饮业、零售业等多类行业，支持从线上到线下支付的多种应用场景，是重要的移动互联应用入口。

移动支付市场的快速发展主要取决于智能手机用户数量的增长、移动支付 APP 的普及度以及移动支付的实际使用率这三个要素。其中智能手机是移动支付的硬件基础，近两年来智能手机用户数呈几何级数增长。"得入口者得用户"，拥有了用户便拥有了价值变现的可能。移动支付未来的变现方式有多种，比如在大数据时代，利用海量的用户支付数据，可以了解用户的消费偏好、消费能力和消费种类，以此为基础进行精准营销，可以获得任何时代都无法企及的高性价比营销收入。移动支付战略位置如此重要，因此也成为各商家争夺的重点。未来现金及银行卡交易将逐步被移动支付所取代已基本可以预见，移动支付趋势不可逆转。

8.3　微支付

进入信息网络时代，高新技术发展与应用日新月异，世界经济有了长足的发展，人们的生活日益富足，各种消费欲望也日益加强。为了应对这种需求，在政府、企业等组织的努力下，各种新兴的、多样化的产品与服务正纷纷推出，特别是基于互联网的产品与服务，比如网上在线聆听一首歌曲、观赏一部电影、阅读一部小说、浏览一个收费的链接、有偿搜索一个产品、寻求一次位置定位、发送一则消息，以及各种传统票务、电子票务等，正快速进入人们的生活与工作。这些商务有一个共同点就是，对客户来讲均是较小的商务，资金结算金额较小，但次数颇多，消费频繁。面对这些微小金额的商务，发展快捷、简单易用、成本低廉的网络支付方式是商家与用户的共同要求，于是微支付方式的研发应用提上了日程。

8.3.1　微支付应用目标

随着有线与无线宽带接入越来越普及，而互联网上这种微额商务越来越多，用户也越来越喜欢与依赖网络生活，微支付发生的次数越来越多，使用频率也就越来越高，因此，方便有效的微支付方式也是促进电子商务普及开展的重要因素。

微支付方式虽然属于电子或网络支付方式，但鉴于微支付的特殊应用目的，微支付方式设计与应用上必须达到以下目标。

（1）很低的运作成本。这是首要解决的问题，要在支付机制上努力降低或取消不必要的费用，比如由商家直接控制退款，建立预先支付账户，在通信、处理、存储过程中减少计算量等。

（2）结算快捷，即延迟可以达到忽略的程度。减少像信用卡支付中使用大量密钥运算、银行授权等导致延迟情况的发生，比如离线授权，每次购买过程中只有一个或没有公钥操作，把支付信息附在互联网标准的信息请求中以减少额外通信、批量购买等。

（3）操作简单方便，实现"单击就可支付"，无须额外窗口。界面设计上尽量简单实用，交互次数少。

（4）普遍性和可伸缩性。可以支持互操作性系统、使用多种货币结算等功能。

（5）购买、销售、管理均很容易。比如借助手机存储、充值等就是不错的方法。

（6）用户易于接受，保证一定的安全。可以结合其他营销方式等来优化用户的应用感受。

8.3.2　微支付的优缺点

1．优点

（1）效率高。直接利用银行网络进行支付，支付指令立即生效，收款人立即可以得到收款确认，一般在 10 分钟内。

（2）费用相对低廉。如建行同城交易不收费，每笔异地同行转账服务费为千分之六，最低 1 元最高 30 元，这对百元左右的微支付很划算。

（3）安全性高。经过数字签名处理的支付命令一般无法被未经授权的第三方破解。

2. 缺点

（1）步骤烦琐。付款人需要向银行申请个人认证，并下载安装证书，如果希望在多台电脑终端使用，还需要对证书的导入导出使用方法加以了解，这些烦琐的步骤环节足以令消费者在交易前倍感麻烦，不符合微支付需要的便捷特点。

（2）买方利益缺乏保障。银行不提供中介认证服务，买方无法确定卖方是否在收款后履行交易，交易后纠纷也难以处理。

（3）小额交易不便。异地同行转账最低1元手续费，对几元钱的微支付来说很不方便。

此外，很多银行缺乏异地跨行支持业务，或者需要多个工作日才能到账，导致交易不便。

扩展阅读 国内首款可穿戴移动支付手环问世

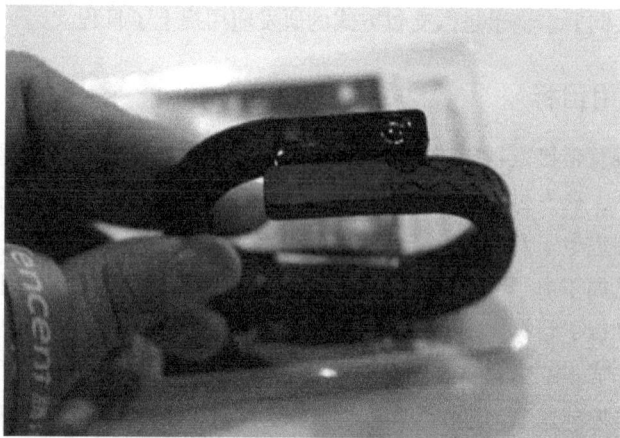

戴上运动手环，挥挥手就能付款，而且运动消耗的卡路里还可换信用卡积分。记者昨悉，中国银联与兴业银行、咕咚公司共同推出国内首款可穿戴的移动支付产品咕咚手环。武汉市民近日就能申请到这张新型信用卡。

据了解，这款移动支付手环不仅具备智能手环的计步、身体状况监测等功能，还可作为移动支付设备——只要佩戴这款移动支付手环，在带有银联"闪付（QuickPass）"标识的POS机或终端上手一挥即可完成支付。目前全国带有"闪付（QuickPass）"标识的机具达530万台，包括商场、地铁、便利店等。将手环与手机绑定的用户，还可以在手机上完成银行卡申领（空中开卡）、余额查询及账户圈存等业务。

有意思的是，持卡人打开咕咚App记录运动所消耗的卡路里，还可按照"1大卡=1信用卡积分"的标准将卡路里兑换成信用卡积分。

"手环是作为'兴动力'芯片信用卡附属卡存在的。"昨日，兴业银行武汉分行相关人士介绍，但手环是赠送还是需要购买，目前暂时未知。

移动支付安全性如何保证？据介绍，手环中放入了存储银行卡信息的专用安全芯片，与手环的运动芯片形成物理隔离，增强移动支付的安全性；手环的NFC天线经过特别设计，只在2～3厘米内产生效力，短距离通信有利于降低卡片盗刷风险等。

兴业银行同时建议持卡人设置联机交易密码，为移动支付手环的安全使用再增保障。

（资料来源：楚天金报，2015 年 5 月 29 日 10:41，http://wuhan.pbc.gov.cn/wuhan/123470/2573493/index.html）

■自测题

一、关键概念

移动电子商务　移动支付　手机病毒

二、判断题

1．移动支付指的就是手机支付。（　　　）

2．移动支付都是以移动运营商为主体的。（　　　）

3．手机病毒是一种具有传染性、破坏性的手机程序。（　　　）

4．移动商务从本质上归属于电子商务。（　　　）

5．移动支付平台运营商在移动支付产业链中处于核心地位，负责支付结算的过程。（　　　）

三、单选题

1．目前，（　　　）在移动支付产业链中处于核心地位，负责支付结算的过程。

A．消费者　　　　　　　　　　　B．移动支付平台运营商

C．商家　　　　　　　　　　　　D．金融机构

2．用手机在任何时间、地点对特定的产品和服务进行远程支付的方式是（　　　）。

A．虚拟支付　　　　　　　　　　B．手机钱包

C．在线支付　　　　　　　　　　D．POS 机现场支付

3．目前，手机银行的优点不包括（　　　）。

A．使用区域广泛　　　　　　　　B．安全性好、收费低廉

C．可以进行二次交易　　　　　　D．一卡通用

4．移动支付系统按照交易额的数量分类，10 元以上是（　　　）。

A．宏支付　　　　B．微支付　　　　C．小额支付　　　　D．以上都不是

5．影响我国移动支付发展的最主要因素是（　　　）。

A．安全性问题　　　　　　　　　B．利益分配机制尚待建立和完善

C．服务单一、支付内容不丰富　　D．缺乏运营商

四、多选题

1．移动支付产业链一般需具备（　　　）等功能。

A．商品提供功能　　　　　　　　B．消费者认证功能

C．支付结算功能　　　　　　　　D．通信功能

2．（　　　）属于移动商务中的微支付服务。

A．短信服务　　　B．数字音乐　　　C．移动无线电邮　　　D．移动搜索

3．支持移动商务的主流无线互联技术主要有（　　　）。

A．GPRS 技术　　　B．3G 技术　　　　　C．GSM 技术　　　　D．无线局域网技术

4．目前，移动电子商务主要提供服务有（　　　）。

A．银行业务　　　B．交易　　　　　C．订票　　　　D．购物与娱乐

5．用户微支付的优点主要包括（　　　）。

A．效率高　　　B．费用相对低廉　　　C．安全性高　　　D．小额交易方便

五、简答题

1．简述移动电子商务的特点。

2．简述主要的无线互联技术。

3．移动商务与有线商务相比具有哪些优势？

4．移动电子商务面临的安全威胁有哪些？

5．谈谈移动电子商务和移动支付的发展前景。

第9章 网络支付的相关法律问题

本章导读

电子商务以全新的贸易方式开拓了一个全新的超越国界的巨大市场，而与电子商务相伴随的且为电子商务重要支点的网络支付也就成为开展电子商务的国家、地区、企业乃至于网络消费者所共同关注的一个现实问题。网络支付是商务发展的瓶颈环节，只有进行网络支付，才能使电子商务优势得到充分的体现，从而促进电子商务的进一步发展。制定与网络支付相关的法律规范已迫在眉睫，这不仅是立法部门的任务，同时也需要国家、银行、消费者的共同努力。

本章学习要求

◉ 熟悉网络支付的立法；

◉ 了解电子资金划拨中的法律问题；

◉ 了解电子货币的法律问题；

◉ 了解网络银行的法律问题；

◉ 了解电子支票的法律问题。

引导案例　2015 年网络安全威胁事件大盘点

近日，以"互联互通、共享共治——构建网络空间命运共同体"为主题的第二届世界互联网大会 16 日上午在浙江乌镇拉开序幕，习近平主席首次出席会议并发表讲话。在致辞中习主席提到一点"'保障网络安全，促进有序发展'，安全和发展是一体之两翼、驱动之双轮。安全是发展的保障，发展是安全的目的"，深得业内人士的赞许。

如今，互联网的发展可以用日新月异来形容，正如习主席所说："互联网给人们的生产生活带来巨大变化，对很多领域的创新发展起到很强带动作用"。但同时，因为网络具有开放性、隐蔽性、跨地域性等特性，存在很多安全问题亟待解决。2015 年国际上就发生过很多网络安全事件，如美国人事管理局 OPM 数据泄露，直接导致主管引咎辞职；英宽带运营商 TalkTalk 被反复攻击，400 余万名用户的隐私数据最终泄露；摩根士丹利 35 万名客户的信息涉嫌被员工盗取；日本养老金系统遭网络攻击，上百万份个人信息泄露等。

但别以为网络安全问题离我们很遥远。中国有网民 6.7 亿人次、网站 413 万多家。现如今，互联网技术已经深度融入我们生活的方方面面，衣食住行、支付、理财、通信等全都离不开互联网。而在我们的日常生活中，网络安全事件也时常发生。

一、移动支付安全堪忧

随着互联网的发展，支付方式也发生的天翻地覆的变化。出门只需带个手机，就可以解决所有的消费、交易和支付行为。2015 年上半年，中国第三方移动支付市场规模达就已经达到40 261.1 亿元，环比增长 24.8%。如此庞大的数据，可以彰显出该行业的蓬勃前景。但网络安全问题一直是让移动支付巨头困扰的问题。

1. 支付宝大面积瘫痪无法进行操作

2015 年 5 月，拥有将近 3 亿个活跃用户的支付宝出现了大面积瘫痪，全国多省市支付宝用户出现电脑端和移动端均无法进行转账付款、出现余额错误等问题。而今年"十一"长假后，则有"资深"支付宝用户爆料称在登录支付宝官网后无意间发现，自己的实名认证信息下多出了 5 个未知账户，而这些账号都没有经过他本人的认证。

2. 财付通用户账号遭冻结余额不翼而飞

2015 年 8 月 10 日，腾讯一用户财付通账号无故被冻结，财付通客服解释为账户异常，但并未给出具体解释。从 11 日开始，该用户反复提交材料并与客服要求解冻未果。直至 26 日，账户终于解冻，但发现账户余额内 2 000 余元不翼而飞。随后，该用户申请冻结账户，账户在27 日下午被冻结后又在 28 日自动解冻。而客服解释是之前申请过冻结账户。"等于我丢了 2 000元，他们却不知道。"

3. 翼支付频遭盗刷系统疑存隐患

从 4 月起至今，翼支付绑定银行卡被盗刷事件就已经出现过 7 次，盗刷金额从几百元到几万元不等。多位银行卡被盗刷受害者表示，在持卡人不知情的情况下，银行卡中的资金通过翼支付被盗刷，且翼支付无法查询到被盗刷资金去向。没有开通翼支付的银行卡也被盗刷，并且被盗刷期间没有收到任何消费和支付的短信提醒，这让受害者百思不得其解。

二、理财平台频遭黑客攻击

近年来，随着人们的投资意识的增强和理财渠道的简便性，越来越多的人热衷于把自己的钱放在理财平台进行投资。理财平台的数量日益增长，但黑客攻击、黑客勒索等事件在互联网金融行业也频频发生。2014 年春节前夕，人人贷、拍拍贷、好贷网等多家平台就受到了黑客恶意攻击，规模越大的平台遭受的攻击次数越多。

1. 金海贷遭黑客攻击被索要 700 元

2014 年 8 月 9 日，深圳 P2P 平台金海贷发布公告称，因为遭遇黑客攻击，网站不能正常运营。金海贷运营总监肖海涛表示，8 月 9 日 15 点 55 分左右，金海贷客服收到来自"黑客"的消息，要求公司给 400 元，否则将会"封闭网站"，并且提供了一个支付宝账号。此后，金海贷网站开始受到攻击而打不开。此后，又有人通过 QQ 两次联系金海贷客服，索要的金额从 400元涨到了 600 元，再到 700 元。

2. 多家 P2P 平台同时遭流量攻击，网站访问受影响

"2015 年 6 月 15 日 11 时 04 分至 16 日 9 时，信融财富官网遭受到恶意流量攻击，造成网站无法访问的情况。"深圳 P2P 平台信融财富发布公告称，其官网遭到了黑客大规模 DDOS 恶意流量攻击，使平台网站访问受到影响，平台已于第一时间启动应急防御措施。几乎与此同时，另外两家平台宝点网和立业贷也均遭到了大规模黑客攻击。

根据乌云漏洞收集平台的数据显示，2014 年以来，平台收到的有关 P2P 行业漏洞总数为 402 个，其中，高危漏洞占 56.2%，中危漏洞占 23.4%，低危漏洞占 12.3%，8.1%被厂商忽略。自 P2P 平台频繁遭受黑客攻击后，网贷平台的技术性安全问题也越来越为投资人所关注。业内人士同时建议，风控对互联网金融企业的意义不言而喻，监管层在设定 P2P 平台门槛时应提出明确的技术标准，从而更好地规范网贷行业发展。另外，P2P 监管细则有望在明年出台并落地，相信随着监管细则的出台，P2P 平台的发展也会越来越规范，而风控也会有更高的标准。

三、信息漏洞时常发生

2015 年以来，各种安全漏洞被曝光，这其中就包括酒店客户信息、政府相关敏感机构数据等，信息泄露无一幸免。

1. 数千万社保用户信息泄露

2015 年 4 月 22 日，从补天漏洞响应平台获得的数据显示，围绕社保系统、户籍查询系统、疾控中心、医院等大量爆出高危漏洞的省市就已经超过 30 个，仅社保参保信息、财务、薪酬、房屋等敏感信息。这些信息一旦泄露，造成的危害不仅是个人隐私全无，还会被犯罪分子利用，如复制身份证、盗用信用卡、盗刷信用卡等一系列刑事犯罪和经济犯罪。

2. 7 大酒店被曝泄露数千万条开房信息

2015 年 2 月漏洞盒子平台的安全报告指出，知名连锁酒店桔子、锦江之星、速八、布丁；高端酒店万豪酒店集团、喜达屋集团、洲际酒店集团存在严重安全漏洞，房客的订单一览无余，包括住户的姓名、家庭地址、电话、邮箱乃至信用卡后四位等敏感信息，同时还可对酒店订单进行修改和取消。

3. 国家旅游局漏洞致 6 套系统沦陷涉及全国 6 000 万名客户

该漏洞于国庆长假前夕被补天漏洞响应平台披露，涉及全国 6 000 万名客户、6W+旅行社账号密码、百万名导游信息；并且攻击者可利用该漏洞进行审核、拒签等操作。

（资料来源：泡泡网，2015 年 12 月 19 日 00:12，http://www.pcpop.com/doc/1/1418/1418706.shtml）

电子商务脱离不了资金流环节，因此网络支付是电子商务的必要和关键环节。现阶段，我国电子商务以及网络支付发展迅速，新的电子货币形式不断出现，网络支付服务提供商大量涌现。技术创新大力促进网络支付发展的同时，也向现有法律制度提出了新的挑战。当前我国现有法律、法规并不能完全规范、解决网络支付中出现的新问题，通过比较研究国际相关立法并结合中国国情来完善我国网络支付的法律规定已迫在眉睫。

本章首先介绍了网络支付的相关立法，接着分别展开探讨了电子资金划拨中的法律问题、电子货币的法律问题、网络银行的法律问题和电子支票的法律问题。

9.1 电子支付相关立法概述

根据中国人民银行的统计归类，电子支付包括网络支付、电话支付和移动支付。无论是国际还是国内，就目前的情况看，其中移动支付作为新兴的电子支付形式，占比在快速上升。但网络支付作为传统电子支付形式的一种，市场占比依然是最大的。所以，所有电子支付的相关法律、法规对网络支付同样适用。

9.1.1 国内外电子支付的相关立法

1．美国电子支付相关立法

随着互联网和信息技术的广泛普及，特别是电子商务规模的不断增长，电子支付发展迅速，成为人类日常生活中最重要的货币支付方式之一。与此同时，电子支付安全问题也日益突出，已发展成为一个社会安全问题，危及国家经济安全。美国作为全球最早发展电子商务和电子政务的国家之一，建立了比较完善的电子支付系统，探索出了一系列确保电子支付安全的有效举措，其中，一些有益的做法，具有普遍的借鉴意义。

美国真正意义上的电子支付大约有 50 年的历史。20 世纪 60 年代，随着计算机的广泛应用，美国政府开始引入电子税务管理系统，使纳税人或企业通过电子支付方式进行税费管理。1972 年，美国建立起了第一个自动清算系统（ACH），用于商业、金融和政府机构之间的电子支付活动。20 世纪 80 年代初，美国政府实现了从美联储国库单一账户到商业银行账户之间的电子转账支付。1987 年，美国财政部财务管理局开始利用电子支付方式向联邦机构供应商支付资金。随后，又推行了"支付直达项目"，将联邦雇员工资、社会保险支出、退伍军人津贴等，由传统的支票支付改为电子转账支付。1991 年，世界上第一个互联网支付公司 Cyber Source 在美国硅谷创立，除提供网关支付处理外，还提供反欺诈和网上支付安全服务。1997 年，美国发布《全球电子商务框架》，阐述了发展电子支付系统的重大意义。1998 年，美国政府与兰德公司合作开展了一系列有关电子支付发展及安全的研究，引起了美国白宫、国会及其他一系列相关机构的关注。1999 年 1 月 1 日，美国要求联邦政府所有对外采购均采用电子商务方式，所有支付必须采用电子转账，不得再用支票支付。同年 12 月，美国公布了世界上第一个《互联网商务标准》，对电子商务中的电子支付进行了规范。2009 年，美联储支付报告称，电子支付已经占据了美国整个支付交易笔数的 78％。2010 年，美国发布《电子资金传输规则》，要求联邦资金原则上通过电子方式进行支付，规定自 2013 年 3 月 1 日起，要全部实行支付电子化管理。

针对电子支付中的安全问题，美国政府采取了出台政策战略、完善监管机构、颁布安全法规、制定安全标准、研发安全技术、健全安全机制等一系列举措，来加强电子支付安全，为电子商务和电子政务的健康发展提供可靠的环境。

为了确保电子支付系统的稳健运行，美国出台了一系列法律和规定。1968 年，美国颁布关于信用卡的《借贷真实法》，随后又颁布了其实施细则 Z 条例，用于规范信用卡交易，防止交易欺诈，保护消费者权益。1978 年美国颁布的《电子资金划拨法》适用于联储电划系统与消费者电子资金划拨，成为世界上最早出台的有关电子支付的专项立法，随后又颁布了其实施细则 E 条例，用于所有形式的电子资金转移，包括互联网、通过自助取款机进行的交易和通过借记卡进行的电子支付等。1989 年，颁布《统一商业法》第 4A 编，对大额电子支付系统进行调整，第一次通过法律对电子支付进行定义。1997 年，出台同时支持国内和全球电子商务的统一商业法律框架，促进美国及全世界的电子商务交易，对电子支付安全进行了规范。1999 年 7 月，公布《统一电子交易法》，对电子交易相关内容提出定义与规范，包括法律地位与效力、书面要件等。2000 年，通过《全球与国内商务电子签名法案》，规定电子签名和手写签名具有相同的法律效力，消除了电子签名无效在交易中造成的障碍。2002 年 12 月，颁布《联邦信息管理法》（FISMA），提出了加强电子政务中的电子支付安全措施。美国国会于 2003 年 10 月制定了《21世纪支票结算法》，该法赋予了"替代支票"与纸质支票相同的法律效力，是一部支票电子化的立法。2010 年 12 月 21 日，颁布《联邦机构支付规则》，明确规定联邦政府电子支付相关要求、收费标准、信息传输规范等，要求联邦所有非税收入与政府支出必须通过电子支付方式（EFT）进行，除非得到国库秘书官的批准。国库秘书官负责确保同意使用电子支付方式的个人，在合理负担内接受电子支付方式，并提供技术保障。此外，美国还出台了《互联网税收自由法案》、《网上电子支付安全标准》、《互联网保护个人隐私法案》等法规，都对电子支付中的安全进行了明确规范。

2015 年 1 月 26 日，美国发布《改善美国支付系统战略报告》，对电子支付系统的重要性和面临的威胁进行了分析，要求升级国内的 ACH、电汇和电子支票系统等电子支付系统，提高端对端支付的速度和安全性，并要求制定电子支付安全标准和协议，推进电子支付行业合作，实现"一个安全、高效、广泛可用的支付网络"的战略目标。

2．我国的电子支付相关立法

当前，我国的电子支付领域法律制度不完善，相关法律条文责权不明，效力等级不高，仅有一些行业规范。1996 年中国人民银行出台的《信用卡业务管理办法》，1999 年 3 月 1 日修订为《银行卡业务管理办法》。1997 年 12 月，中国人民银行公布了《中国金融 IC 卡卡片规范》和《中国金融 IC 卡应用规范》；1998 年 9 月，中国人民银行又公布了与金融 IC 卡规范相配合的 POS 设备的规范。这三个标准的制定为国内金融卡跨行跨地区通用、设备共享及与国际接轨提供了强有力的支持，为智能卡在金融业的大规模使用提供了安全性、兼容性的保障。1998 年年初，国家金卡工程协调领导小组根据国务院 22 号文件发出《关于加强 IC 卡生产和应用管理有关问题的通知》（以下简称《通知》），要求制定 IC 卡生产、应用的技术标准和规范，以及加强 IC 卡的管理、清理整顿 IC 卡市场、提高 IC 卡芯片的自主设计和开发能力等。根据《通知》的要求，《全国 IC 卡应用发展规划》、《IC 卡管理条例》、《集成电路卡注册管理办法》、《IC 卡通用技术规范》等相继出台，为各种电子支付系统的规范化和兼容化提供了契机，使得用中国标准金融 IC 卡作为电子商务中的支付前端成为最安全和最直接的解决方案。

在关于电子支付的网络安全保护方面已建立的部门规章，如国务院 1994 年 2 月 18 日颁布实施的《中华人民共和国计算机信息系统安全保护条例》，1997 年 12 月 16 日公安部发布的《计算机信息网络国际联网安全保护管理办法》，1998 年 8 月 31 日公安部与中国人民银行联合发布《金融机构计算机信息系统安全保护工作暂行规定》，1997 年 10 月 1 日生效的《刑法》第 196条确定了信用卡诈骗罪、金融凭证诈骗罪，第 285 条至 287 条规定了侵入计算机系统犯罪。

国家新闻出版署在 2000 年颁布的《出版物发行管理暂行规定》，明确了对网上书店经营行为的规范问题，2000 年 3 月 28 日，北京市工商局印发了《北京市工商行政管理局网上经营行为登记备案的通告》，中国证监会于 2000 年 4 月 14 日颁布了《网上证券委托暂行管理办法》。

2004 年的 8 月 28 日，《电子签名法》获得全国人大常委会审议通过，以时任国家主席胡锦涛签署的第 18 号主席令的方式对外公布，全称为《中华人民共和国电子签名法》，自 2005 年 4 月 1 日起实施。2005 年 10 月 26 日开始实施的《电子支付指引（第一号）》文件只是央行整饬电子支付市场的开始。2005 年中华人民共和国公安部第 82 号令发布的《互联网安全保护技术措施规定》，2006 年 3 月 1 日起在全国实施。2006 年年底之前，第二号和第三号指引都将出台。中国银监会发布了《电子银行业务管理办法》和《电子银行安全评估指引》，于 2006 年 3 月 1 日起开始施行。2007 年 4 月，国务院办公厅下发了《关于社会信用体系建设的若干意见》（国办发〔2007〕17 号。为了全面贯彻《国务院办公厅关于加快电子商务发展的若干意见》（国办〔2005〕2 号），国家食品药品监督管理局制定了《互联网药品交易服务审批暂行规定》，2008 年 12 月 1 日起正式施行。中国人民银行下发了《中国人民银行信用评级管理指导意见》。

为规范非银行支付机构网络支付业务，防范支付风险，保护当事人合法权益，中国人民银行（央行）2015 年 7 月 31 日就《对非银行支付机构网络支付业务管理办法（征求意见稿）》向社会公开征求意见，截止时间为 2015 年 8 月 28 日。这份征求意见稿，是央行针对网络支付的第四版草案。从 2012 年 1 月央行首度就《支付机构网络支付业务管理办法》面向公众征求意见算起，已经过去了 3 年多的时间。值得一提的是，这是央行等十部委联合发布《关于促进互联网金融健康发展的指导意见》后，继互联网保险后，又一个细则落地的行业。

9.1.2 电子支付的法律关系

1. 电子支付的当事人

根据《电子支付指引（征求意见稿）》的表述，电子支付的当事人包括 4 个方面。

（1）发起行：指发起电子支付指令的客户的开户银行；

（2）接收行：指电子支付指令接收人的开户银行。接收人未在银行开立账户的，指电子支付指令确定的资金汇入银行；

（3）转发人：指发起行和接收行以外，有资格从事接收、传送电子支付指令或有关电子支付数据交换的机构；

（4）电子终端：指客户可用以发起电子支付指令的计算机、电话、销售点终端、自动柜员机和其他电子设备。

以上所称的"电子支付指令"，是指客户通过电子终端发出的，要求其开户银行无条件支付可确定金额的货币给确定接收人的命令。电子支付指令与纸质支付凭证可以相互转换，两者具有同等效力。

2. 银行与客户双方的权利和义务

（1）银行的权利和义务。

1）银行应根据审慎性原则，确定办理电子支付业务客户的条件。

2）办理电子支付业务的银行应公开披露以下信息：① 银行名称、营业地址及联系方式；② 所提供的电子支付业务种类和收费标准等；③ 客户办理电子支付业务的条件；④ 明示电子支付交易可能产生的风险，提醒客户妥善保管电子支付交易存取工具（如卡、密码、密钥、电子签名制作数据等）的警示性信息；⑤ 争议及差错处理办法。

3）银行应认真审核客户申请办理电子支付业务的基本资料，并以书面或电子方式与客户签订协议。银行应按会计档案的管理要求妥善保存客户的申请资料，保存期限至该客户撤销电子支付业务后 5 年。

4）银行为客户办理电子支付业务，应根据客户性质、电子支付业务类型、支付金额等，与客户约定适当的安全认证方式，如密码、密钥、数字证书、电子签名等。安全认证方式的约定和使用应遵循《中华人民共和国电子签名法》、《商用密码管理条例》等法律法规的规定。

5）银行要求客户提供有关资料信息时，应告知客户所提供信息的使用目的和范围、安全保护措施，以及客户未提供或未真实提供相关资料信息的后果。

6）客户利用电子支付方式从事违反国家法律法规活动的，银行应按照有权部门的规定停止为其办理电子支付业务。

（2）客户的权利和义务。

1）申请办理电子支付业务的客户应在其按规定开立的账户中，指定办理电子支付业务的账户。该账户也可用于办理其他支付结算业务。客户未指定的账户不得办理电子支付业务。

2）客户与银行签订的电子支付协议应包括以下内容：① 客户指定办理电子支付业务的账户名称和账号；② 客户应保证办理电子支付业务账户的支付能力；③ 双方约定的电子支付业务类型、交易规则、安全认证方式等；④ 银行对客户提供的申请资料和其他信息的保密义务；⑤ 银行根据客户要求提供交易记录的时间和方式；⑥ 争议及差错处理和损害赔偿责任；⑦ 双方的其他权利和义务。

3）有以下情形之一的，客户应及时向银行提出电子或书面申请：① 终止电子支付协议的；② 客户基本资料发生变更的；③ 约定的安全认证方式需要变更的；④ 客户与银行约定的其他情形。

（3）电子支付指令收发中各方的权利和义务。

1）客户应按照其与发起行或转发人的协议规定，发起电子支付指令。

2）电子支付指令的发起行或转发人应建立必要的安全程序，对客户身份和电子支付指令进行确认，并形成日志文件等记录，按会计档案的管理要求进行保存，保存期限至该客户撤销电子支付业务后 5 年。

3）发起行或转发人应采取有效措施，保证客户发出电子支付指令前能够对指令的准确性和完整性进行充分确认。

4）发起行或转发人应确保正确执行客户的电子支付指令，对电子支付指令进行确认后，应能够向客户提供纸质或电子交易回单供客户索取。发起行或转发人对客户的电子支付指令执行后，客户不得申请变更或撤销电子支付指令。

5）转发人、发起行、接收行应确保电子支付指令传递的可跟踪稽核和不可篡改。

6）转发人、发起行、接收行之间应按照协议规定及时发送、转发、接收和执行电子支付指令，并回复确认。

7）电子支付指令需转换为纸质支付凭证的，其纸质支付凭证必须记载以下事项（具体格式由银行确定）：① 发起行（或转发人）名称和签章；② 付款人名称、账号；③ 接收行名称；④ 收款人名称、账号；⑤ 大写金额和小写金额；⑥ 发起日期和交易序列号。

3. 电子支付的差错与责任

（1）电子支付业务的差错处理应遵守据实、准确和及时的原则。

（2）银行和转发人应指定相应部门和业务人员，负责电子支付业务的差错处理工作，并明确权限和职责。

（3）银行和转发人应妥善保管电子支付业务的交易记录，对电子支付业务的差错应详细备案登记，记录内容应包括差错时间、差错记录与处理部门及人员姓名、客户资料、差错影响或损失、差错原因、处理结果等。

（4）由于银行和转发人保管使用不当，造成客户资料信息泄露、破坏，导致客户资金受到损害，银行和转发人应负相应责任。

（5）转发人或银行因自身系统、内控制度或按协议为其提供服务的第三方服务机构的原因造成电子支付指令无法按约定时间传递、传递不完整或被篡改的，应承担相应责任。因第三方服务机构造成损失的，转发人或银行可根据与第三方服务机构的协议进行追偿。

（6）接收行由于自身系统或内控制度等原因对电子支付指令未执行、未适当执行或迟延执行，致使客户款项无法按协议约定处理时间准确入账的，应承担相应责任。

（7）非资金所有人盗取他人存取工具发出电子支付指令，并且其身份认证和交易授权通过了发起行或转发人的安全程序，发起行或转发人对该指令进行处理所产生的后果不承担责任，但应积极配合客户查找原因，尽量减少客户的损失。但下列情形除外：① 使用数字证书和电子签名等作为安全认证方式的；② 因转发人或银行原因造成客户安全认证数据被盗的。

（8）使用数字证书和电子签名等方式确定客户身份和交易授权的，非资金所有人盗取他人存取工具发出电子支付指令，并且其身份认证和交易授权通过了发起行或转发人的安全程序，如果该数字证书由合法的第三方认证服务机构提供，且第三方认证服务机构不能证明自己无过错的，应承担相应责任。

（9）客户的有关电子支付业务资料、存取工具被盗或遗失，应按约定方式和程序及时通知转发人和银行。由于客户未妥善保管电子支付交易存取工具，且未及时采取补救措施造成资金损失的，如转发人或银行在电子支付交易办理过程中无过错的，对此资金损失不承担赔偿责任。

（10）客户发现自身未按规定操作，或由于自身其他原因造成电子支付指令未执行、未适当执行、延迟执行的，应在协议约定的时间内按照约定程序和方式通知银行或转发人。银行或转发人不承担责任，但应积极调查并告知客户调查结果。银行和转发人发现因客户原因造成电子支付指令未执行、未适当执行、延迟执行的，应通知客户改正或配合客户采取补救措施。

（11）客户按规定已变更或撤销指定办理电子支付业务账户的，如银行已确认该账户被变更或撤销后，仍发生电子支付交易并造成资金损失，银行应承担全部责任。

（12）因不可抗力造成电子支付指令未执行、未适当执行、延迟执行的，银行和转发人不对客户承担赔偿责任，但应当采取积极措施防止损失扩大。因该差错取得不当得利的，银行负有返还义务。

应用案例　盗取"支付宝"钱款 3 嫌犯被擒

网上购物等电商业务近年来日益活跃，不法分子也早已盯上了这块"肥肉"，近日，濠江警方就侦破了一个利用网络作案盗取受害者"支付宝"账户钱款的电信诈骗团伙，抓获嫌犯陈某雄等 3 人，缴获涉案电脑 6 台、手机 5 部，查破诈骗案件 3 宗。

前不久，濠江区市民段先生在下班回家路上遗失了一部手机。第二天，段先生上网选购了一部新手机。然而，当他准备使用支付宝进行付款时，令他震惊的一幕出现了，他支付宝里 13 000 多元的余额竟然一分不剩！段先生又急又怕，赶紧到辖区的三河派出所报了案。

支付宝是时下较为新型的购物第三方支付方式，利用支付宝侵财也成为一种新型犯罪，对此，濠江警方高度重视，随即成立专案组展开调查。段先生反映，他在手机上使用应用软件时有个习惯，就是都设置了"记住密码"、"自动登录"。也就是说，任何人只要拿到段先生的手机，就可以使用他的信息记录登录各种应用软件，修改密码进而随意操作。甚至可能获取他大量的个人信息、隐私信息，进行诈骗。调查中，民警发现，嫌犯还冒用了段先生的腾讯 QQ，向段先生的 QQ 好友发送信息，称急需用钱，请对方汇款。幸而由于及时修改了账户密码并向好友发出声明，才避免了损失。

侦查中，专案组民警发现，狡猾的嫌犯在转走"支付宝"余额后，已将所有交易记录删除干净。民警奔赴杭州淘宝公司总部进行调查取证，掌握到嫌犯频繁登录段先生的支付宝，分多次将支付宝里的余额转移到两个不同账户中，并在濠江区的一个银行网点将其中一个账户里的 2 000 多元现金取走。民警调取银行及周边监控视频结合人口信息比对，获悉取款人名叫陈某雄（市区人），并掌握了他的体貌特征和活动规律。随着调查的深入，办案民警发现，陈某雄做的坏事并不止这一件。

原来，今年 18 岁的陈某雄多年前从学校辍学后，就一直在社会上游荡，不务正业、好吃懒做，近些日子以来，他拉拢了未成年人陈某伟、陈某宣两人（均市区人），注册了大量 QQ 账号，虚构网络身份，自称是提供色情服务的小姐，在论坛、QQ 群发布招嫖信息，一旦有网友上钩，他们就和对方聊天，在骗取对方信任后，要求对方在进行交易前要预付 50~200 元不等的款项，已获取非法所得近万元。

近日凌晨，办案民警在龙湖区一出租屋抓获嫌犯陈某雄、陈某宣。同日 2 时左右，在镇平路一住宅楼抓获另一涉嫌电信诈骗嫌疑人陈某伟。

经审，嫌犯陈某雄、陈某宣供述他们利用捡到的手机，将事主段先生在支付宝内的 13 000 元转走提现；另外，陈某雄、陈某宣、陈某伟三人还供述自去年以来，在网上利用多个 QQ 发布虚假信息，以招嫖的方式诈骗多名嫖客每人付 50~100 元"定金"的犯罪事实。

（资料来源：大华网，2014 年 9 月 9 日 11:43，http://www.100ec.cn/detail--6196741.html）

9.2　电子资金划拨中的法律问题

随着计算机在银行中的应用，银行在一定程度上已能将现钞、票据等实物表示的资金转变成由计算机中存储的数据表示的资金；将现金流动、票据流动转变成计算机网络中的数据流动。

这种以数据形式存储在计算机中并能通过计算机网络而使用的资金被形象地称为电子货币，其赖以生存的银行计算机网络系统被称为电子资金划拨系统。零售商店的电子销售安排、银行的自动提款交易、银行客户通过银行电子设施进行的直接存款或提款等，均为"电子资金划拨"或称"资金电子转移"（Electronic Fund Transfer）。

9.2.1 电子资金划拨当事人及其权利和义务

1．电子资金划拨的当事人

从资金流的角度把电子资金划拨的当事人大致分为 5 种。

（1）发端人：指在一项资金划拨中第一项支付命令的指令人，发端人也称付款人，一般是债务人；指令人是指向接收银行发出指令之人。

（2）发端人银行：如果发端人不是银行，第一份支付命令的接收银行是发端人银行；如果发端人是银行，则发端人即为发端人银行。不要求发端人必须事先在发端人银行开户。

（3）受益人银行：支付命令中指定的银行。

（4）受益人：资金划拨成功，受益人银行贷记其账户或直接向其支付款项的当事人，也称收款人。

（5）接收银行：指令人的指令发往银行，是既非发端方银行，也非受益方银行的中介银行。

另外，指令人与接收银行的概念是相对而言的，发端人是发端人银行的指令人，发端人银行为接收银行；发端人银行又是中介银行的指令人，中介银行则是发端人银行的接收银行，以此类推，直至款项最终到达受益人，形成一个资金划拨链。

2．指令人的权利和义务

（1）指令人的权利。

指令人有权要求接收银行按照指令的时间及时将指定的金额支付给指定的收款人，如果接收银行没有按指令完成义务，指令人有权要求其承担违约责任，赔偿因此造成的损失。

（2）指令人的义务。

1）一旦向接收银行发出指令后，自身也受其指令的约束，承担从其指定账户付款的义务。

2）需要的情况下，不仅接受核对签名，而且在符合商业惯例的情况下，接受认证机构的认证。

3）按照接收银行的程序，检查指令有无错误和歧义；并有义务发出修正指令，修改错误或有歧义的指令。

3．接收银行的权利和义务

（1）接收银行的权利。

1）要求付款人或指令人支付所指令的资金并承担因支付而发生的费用。

2）拒绝或要求指令人修正其发出的无法执行的、不符合规定程序和要求的指令。

3）只要能证明由于指令人的过错而导致其他人，包括指令人的责任或前任雇员或其他与指令人有关系的当事人，假冒指令人通过了认证程序，就有权要求指令人承担指令引起的后果。

（2）接收银行的义务。

1）在接收了支付命令后，向受益方银行或某一中介银行签发一项支付命令，其内容应与该接收银行收到的支付命令相一致，且其应有以适当方式执行贷方划拨所需的指示。当接收银行签发了它自己的支付命令以后，它就成为了该命令的发送方并且承担与该命令有关的发送方的义务。

2）收到了有缺陷的指令时，应在规定的期限内通知该指令的发送方。无论接收银行是否接收了支付命令，通知的义务都存在。

3）按照指令人的指令完成资金支付。

4）就其本身或后手的违约行为，向其前手和付款人承担法律责任。

通常资金的支付从付款人开始，经过付款人银行、中介银行、认证机构、收款人银行等一系列当事人，每一当事人只接收其直接指令人的指令，并向其接收人发出指令，并与他们存在合同上的法律关系。

4．收款人的权利和义务

收款人具有特别的法律地位。在电子支付法律关系中，收款人虽然是一方当事人，但由于收款人与指令人、接收银行并不存在支付合同上的权利义务关系，因此收款人不能基于电子支付行为向指令人或接收银行主张权利，收款人只是基于和付款人之间基础法律关系与付款人存在电子支付权利义务关系。这一点反映出电子支付与票据支付法律关系类似。

9.2.2　电子资金划拨过程中的法律问题

（1）电子资金划拨的无因性。电子资金划拨执行过程与票据交易类似，具有无因性，即无论某笔资金交易的基础原因法律关系成立与否、合法与否，银行在按照客户以正常程序输入的指令操作后，一经支付即不可撤销。无论交易的原因是否合法，哪怕是犯罪分子的洗钱活动，也不能否定电子支付行为本身的有效性。这种无因性是与维护网络支付的快捷、方便与稳定性密不可分的，充分表现了商法的效率原则。

知识链接

所谓无因性，是指一个法律事实的有效性不受导致它发生的原因的有效性影响。例如票据行为的无因性，是指票据行为与作为其发生前提的实质性原因关系相分离，从而使票据行为的效力，不再受原因关系的存废或其效力有无的影响。票据行为的这种无因性，也称为票据行为的抽象性或无色性。

（2）支付指令的要件及认证。根据电子资金划拨的无因性，要求在相关法律中对该指令的形式要件作出规定。例如，在美国《统一商法典》第 4A 篇规定支付指令必须符合以下几个主要条件：①除了规定资金划拨的时间外，支付指令不得附有任何其他条件。②指令必须由发送方通过互联网直接向特定的接收银行或其代理人的电子资金划拨系统发出。③指令中的金额必须是固定或可以确定的。④支付的受益人为特定的对象。⑤要求接收银行无条件付款的指令。

指令人代理银行接收到一项付款指令时，除审查该项支付指令是否具备形式要件，还需要对该指令予以认证，鉴别发出支付指令客户的身份的真实性，以防骗取资金。

（3）电子资金划拨的完成。电子资金划拨的完成是指一项电子资金划拨何时可以认定业已完成。因为，资金划拨参与行一旦按照指令人的支付指令完成了划拨，该划拨行为就不能够撤回，所以，对电子资金划拨的完成的界定问题，就显得非常重要。那么何时认定指令人代理银行已完成了划拨指令呢？联合国国际贸易法委员会《电子资金划拨法律指南》提出了 5 种比较合理的方案。① 指令人在其代理银行的账户被借记时视为划拨的终结点。② 受益人银行接收划拨指令的时间。③ 受益人在其代理银行的账户被贷记时间。④ 受益人代理银行向受益人发出其账户已被贷记的通知时。⑤ 划拨资金到达受益人账户时。

银行在作为指令人代理银行时，一般将选择第一种方案，一旦代理银行借记了指令人的账户，指令人代理银行对划拨指令的执行在理论上即告完成，指令人从此时起无权要求撤销其支付指令，也无权要求退回划拨的资金。

（4）电子资金划拨中的法律责任。

1）假冒指令的责任。盗用资金所有人的密码机相关信息进行非法划拨，是网络支付面临的一大安全隐患。由此产生的损失应该由银行或是客户自身承担责任，对此美国《统一商法典》第 4A 篇中安全程序规则是值得我们借鉴的。

2）支付指令不当执行的责任。根据美国《统一商法典》规定，银行迟延执行、不当执行或根本未执行支付指令，应该承担的责任仅限于返还相当于划拨资金的本金和利息以及划拨费用的款项。除非另有约定，银行不承担划拨未能完成造成的间接损失，如划拨人预期可得的利润等。

3）支付指令有错误时的责任。支付指令错误包括 3 种：支付指令表述有误、支付指令错误和支付指令执行错误。对此，美国《统一商法典》第 4A 篇对这 3 种类型的错误及相应承担的责任作出了规定。

4）黑客欺诈时的责任。黑客（Hacker）泛指擅长 IT 的人群、计算机科学家，这里主要指以电子手段闯入划拨系统进行欺诈的人。黑客欺诈是电子时代出现的新的犯罪形式。应以是否设置"安全程序"的有关规定来解决黑客欺诈时的责任承担问题。这里的"安全程序"中的技术手段、考查标准应依据国情具体确定。如经安全程序核证支付命令正确，即使未经授权，责任仍由发送方承担。但是如未经授权的支付命令是由与接收银行有联系的人的行为造成的，损失由接收银行承担；如未授权的支付命令是由与发送人有联系的人的行为造成的，损失由发送人承担。

9.3 电子货币的法律问题

伴随着网络经济的发展，电子货币应运而生。电子货币的产生与发展，给各个国家的金融机构、法律执行机构等提出了一系列问题与挑战。诸如如何认定电子货币的法律性质、如何对电子货币进行监管、对电子货币的跨国问题应如何解决等，都是各国面临的不可回避的问题。1998 年 7 月 29 日，欧盟委员会就在欧盟成员国范围内建立统一的电子货币法律制度向欧盟理事会提交了两项指令草案。欧盟委员会负责金融事务的委员会马里奥—蒙迪（MARIO MONTI）

在阐述两项指令草案宗旨时指出：电子货币不仅是构成电子商务必不可少的要素，同时它还可以使欧元在以实在货币形式流通前取代现金作为支付手段。两项指令的目的是为电子货币的流通创造一个清晰、安全和可靠的法律环境，以此来保障消费者和企业的利益，增强人们使用电子货币的信心。电子货币的普及应用将为网络经济开辟新的更为广阔的空间，使之在金融服务、电子商务等领域产生更大的效益。而有关电子货币的法律问题的解决，将为电子货币的普及应用扫清法律障碍。

9.3.1　电子货币对法律制度的影响

1．对货币法律关系的影响

自英国政府 1694 年赋予了英格兰银行以发行纸币的垄断权后，纸币一般由国家中央银行垄断发行。发行货币是国家货币主权的体现，国家发行的纸币体现了国家的信用。电子货币的产生与发展不仅改变了货币的形态，改变了纸币的支付方式，而且改变了货币发行的主体。就目前已发行的电子货币情况看，电子货币并非体现为国家的信用。虽然绝大部分种类的电子货币是从商业银行的支付和结算业务发展而来，体现了银行的信用，但也有其他非金融机构和大企业提供合唱如电子货币的经营业务，因此从本质上看，电子货币是一种商业信用。面对日益广泛发行使用的电子货币，各国的主张不一。有的认为电子货币仍应由中央银行来行使发行电子货币的权力，以体现国家的货币主权。欧洲大陆各国，以加强监管为目的，认为电子货币的发行主体原则上应限定在金融机构并作为金融监管的对象；而美国的主流观点认为，严格的监管或限制，有可能损伤民间机构的技术开发和创造精神，因此把电子货币的发行主体规定为金融机构，尚为时过早。

2．对交易法律关系的影响

传统的纸币由国家中央银行垄断发行，依照法律规定强制使用，在一国范围内自由无限流通，任何人均不得拒收法定货币。因此在交易的时候，双方主体很自然地支付和接收货币，清结债权债务，所以这种支付的法律关系就简化为仅有支付的双方债权债务关系。而在使用银行存款进行支付的情况下，因为加入了存款人和银行这种债权债务关系，使得付款人与收款人的法律关系变得复杂了，一项支付就涉及付款人、收款人、银行甚至更多的中间银行等几个主体的权利义务关系。在支付当中产生的风险，就需要在双方主体之间进行公平分配。各国的商业银行法、存贷款法律制度、票据法律制度都针对此进行规范，协调各方的利益和规定各方权利义务。

在支付电子化后，特别是使用电子货币进行支付后，各国对电子化支付的法律纷纷出台。美国《统一商法典》第 4A 编是世界上调整大额电子资金划拨最完善的一部法律。联合国国际贸易法委员会以《国际贷记划拨示范法》向各国推荐美国《统一商法典》第 4A 编所创设的全新法律概念与法律规则，国际货币基金组织也向俄罗斯和其他东欧国家的中央银行推荐美国《统一商法典》第 4A 编的法律概念与法律规则，以建立调整电子货币交易关系的法律制度。

9.3.2 电子货币亟待解决的法律问题

以电子货币为基础，电子银行的发展也非常迅速，加之建立电子银行的容易性，很多机构将会进入这一市场。这对传统银行业提出了巨大的挑战。如何处理好电子货币替代传统货币、电子银行"取代"传统银行之间的衔接，已成为业界人士必须考虑的问题。此外在发行和使用电子货币的过程中尚存有一系列阻碍电子货币发展的法律问题。

1. 安全问题

安全是银行业内部和外部每一个人都密切关注的焦点问题。电子货币增加了安全风险，将自古以来孤立的系统潜在的转变成开放的充满风险的环境。所有零售支付系统在某种程度上自身都是脆弱的，而电子货币产品也增加了一些诸如鉴定、认可、完整性方面的问题。

安全崩溃可能在消费者、商家或发行者任何一个层次上发生，其潜在因素包括：盗用消费者和商家的设备，伪造设备或更改存储或设备间传输的数据，或者更改产品的软件功能。安全攻击大部分是为了利益，但也可能是为了攻击系统本身。安全崩溃基本上是三种起因：带有严重犯罪意图的破坏（如诈骗、盗窃商业机密和金融信息），偶然的黑客的破坏（如更改网站内容，使网站死机），系统设计或安装时导致安全崩溃的漏洞（如使用者可查阅别人的账户）。

2. 隐私问题

能够依特定程序进行追踪并证实交换的正当性，是可靠的实施计划所必需。虽然这种交换只发生于被授权机构和支付工具被确认存在的情况下，并且仅仅交换经过授权的物件；但消费者仍然担心，他们在电子货币交易中和使用的产品中会泄露有关他们财产、信用和消费的信息，而且随着电子货币和电子银行的使用更加广泛，这种顾虑可能会日益增加。此外，随着顾客的储蓄和交易财产信息的"散布"，这类犯罪也日益增多。因此，许多团体想得到匿名经济交易的选择权。然而，基于安全的考虑和对洗黑钱的顾虑，匿名交易将很难实现。

3. 拥塞问题

电子货币的应用以及电子银行的建立，无不需要互联网的强大支持。然而，互联网作为新媒体，与传统媒体最大的区别就是变点对面的传播为点对点的传播，变单向传播为双向传播。这既形成了它特有的优势，也导致了它特有的问题：一是网络拥塞，二是内容庞杂、良莠难控。更有害的是一些黑客利用一些系统漏洞，肆意攻击互联网，造成大规模的网络拥塞，使得电子货币及电子银行失去原有的效用。

4. 监控中的法律问题

（1）电子货币产品影响货币政策。现金流通是中央银行进行宏观调控的有力杠杆。电子货币的发展导致现金需求的减少，使得中央银行调节货币市场利息利率的操作变得更加复杂。在许多国家，现金是最大的银行债务部分，而电子货币的广泛使用将使中央银行节余变得紧缩，导致相应的中央银行拥有财产的减少，以及构成中央银行铸币收益利息的减少，从而无法满足银行经营所必需的开销。可见，电子货币替代现金的程度决定了中央银行的收支是否平衡。

（2）电子货币的非法使用同现金一样，电子货币也会出现不正当使用。比如黑市交易和非法交易。预防和消除诸如诈骗、盗用及洗钱等行为的产生，需要花费很多的时间、精力和资源进行严格控制。很多同电子货币安全性有关的特点，会使犯罪分子从事洗钱等违法行为更加猖獗。同时，用于电子货币的匿名性，还可能被逃税者利用，用以隐藏资产、隐蔽交易的恶意行为，增加了监管的难度。

（3）因地域性"消失"而产生的问题。随着互联网技术的发展，网上传输电子信息已突破了国家的"传统界线"。但是，当电子货币的支付跨越国界时，在特定法律范围内将很难制定电子货币方案。为此，如何有效、充分地利用计算机网络，使国际间支付简便易行，以及发生有关电子货币的纠纷时应该运用哪一国家法律等也是困扰广大业界人士的重大课题。

9.3.3 电子货币的监管制度

1. 监管框架的构建

电子货币对现行的金融监管制度会产生直接或者间接的影响。为维护金融体系的稳定和安全、防止损害消费者利益的行为发生，政府的适度监管是必要的。目前，欧美一些国家一般采取 2 种方式解决电子货币系统的监管问题。

（1）在中央政府有关部门如中央银行等，建立一个有关电子货币的专门工作小组，负责研究电子货币对金融监管、法律、消费者保护、管理、安全等问题的影响，跟踪电子货币系统发展的最新动态，提出有关电子货币发展的宏观政策建议和报告。

（2）现有的监管机构根据电子货币的发展状况，修改不适用于数字和网络经济时代的原有规则，同时应制定一些新的监管规则和标准。

总的来说，对电子货币的监管采用原有监管机构为主的方式，一般不建立新的监管机构。目前，监管当局普遍关注的问题还只限于为电子货币系统提供一个安全的环境，监管的出发点以保护消费者的利益为主。

2. 监管职能的调整

在电子支付普及的时代，中央银行的金融监管职能应该进行较大调整，适时地将监管重点转移到对电子货币发行资格的认定、流通规则的制定、系统风险的控制和消费者保护等方面来。

在对发行主体保持合法资格的监管上，电子货币的发行主体必须持续保持财务的健全性和经营的稳健性，除了建立有关发行对等资金管理的相关业务和资产运营状况的信息公开制度之外，监管当局须对于电子货币发行主体遵守有关法律规定的情况进行检查和监督。因此，为了检查和监督的有效进行，需要对发行主体的经济责任问题和监管当局的行为规范问题等制定明确的基本标准和简明可行的规则。

中央银行应建立并完善信息报告与备案制度，制定外部审查评估原则和标准，修改相应的法律规范与规则。

中央银行应研究制定相关制度和规则，防范电子货币支付系统可能出现的系统和非系统风险。

3. 支付系统风险的控制

（1）电子货币支付系统风险的种类。

1）系统风险。系统风险包括系统故障、系统遭受外来攻击、伪币和欺诈等。目前的电子货币只能通过加密、签名等方式而无法通过物理手段加以防伪，只要关键技术被窃取，伪造起来非常容易。若出现大量的伪币，就会带来电子货币支付系统和发行机构的重大损失，从而威胁到电子货币支付系统的稳定性，并有可能导致金融危机。

2）非系统风险。如果某种原因导致电子货币发行机构陷入财务危机或破产时，其发行的电子货币就会发生信用危机，发行机构可能无法满足对电子货币的赎回要求而形成支付危机。此外，在科学技术迅速发展的今天，消费者的信用卡号和密码等身份数据被盗用可能性很大，从而会引发财产损失和透支等纠纷。

（2）电子货币支付系统风险的管理和控制。为确保电子货币的健康发展、维护电子货币支付系统的稳定与安全，必须在国家层面、行业层面、企业层面三个层次对的电子货币支付系统可能面临的各种风险进行管理和控制。

1）在国家层面上，我国应建立一套完备的监控体系，增加对货币需求以及货币流通速度的定量测度，以便控制货币供求，使货币政策得以有效实施和贯彻。要保证电子货币信息的及时、准确地传递、汇总和分析。中央银行可随时掌握电子货币的使用、存储情况，分析其对国家经济金融形势的影响，以采取相应手段调控电子货币的走势，促进国民经济的健康发展，防范金融风险。

应根据电子货币的发展，研究、制定和明确电子货币规范化运作的一系列相关法律法规，明确界定电子货币系统涉及的各方当事人的权利和义务的范围，规定争端解决机制，建立损失补偿和分担机制，限制电子货币被不法分子用以洗钱和逃税等。

2）在行业层面上，主要是中央银行对电子货币系统的各种风险进行监管和控制，通过法律的形式限定电子货币的发行主体来控制这些风险。必须将非银行金融机构与商业银行进行同等的控制与监管，对其发行的电子货币余额要求在中央银行存有相应规模的准备金，以便加强对货币供给的控制。从风险控制的角度来看，如果能够将电子货币和传统货币区分开来，分别制定各自的准备金率，更有利于中央银行货币政策的稳定。

3）在企业层面上，电子货币的开发者、发行人应该建立内部风险控制和管理程序，能够识别、衡量、监管和控制各种潜在的风险，防范违反安全规定的各种形式的侵入，确保信息的完整性和对消费者隐私权的保护，提供安全、可靠、持续可用的电子货币产品和服务。

4．洗钱的防范

电子货币在空间领域上的突破将促进经济的发展，但也带来了金融管理上的困难。这主要表现在如下两个方面：

（1）电子货币可以很容易地进行远距离转移。

（2）电子货币具有很强的匿名性。传统货币的匿名性也比较强，这也是传统货币可以无限制流通的原因。电子货币的匿名性比传统货币更强，其主要原因就是加密技术的采用以及电子货币远距离传输的便利。

由于电子货币存在着这些监管难点，所以比较容易被犯罪分子所利用，成为洗钱等犯罪活动的工具。犯罪分子可以将非法所得快速转移到法律薄弱的国家。因此，必须采取相应措施解决电子货币存在的问题，实现对电子货币的有效监管，防止洗钱等犯罪行为的发生。

知识链接

洗钱（Money Laundering）是指将毒品犯罪、黑社会性质的组织犯罪、恐怖活动犯罪、走私犯罪或者其他犯罪的违法所得及其产生的收益，通过各种手段掩饰、隐瞒其来源和性质，使其在形式上合法化的行为。

9.4　网络银行的法律问题

包括网络支付在内的网络银行在带给我们种种便利、收益的同时，也引入了巨大的新风险。作为新生事物，它天生存在着合规性风险（法律风险），即法律的空白；它的 3A（Anytime，Anywhere，Anyway）服务方式，使它更易于受到攻击，受攻击的范围更大，受攻击的方法也更加隐蔽。致使网络银行的风险和安全问题成为阻碍其自身发展的重要因素，也给网络银行的监管带来了巨大的挑战。

为了实现对网络银行的有效监管，中国银行业监督管理委员会制定了《电子银行业务管理办法》，对网络的银行的监管做了变革。管理办法对金融机构开办网络银行业务的申请与变更、金融机构对电子银行业务的风险管理、金融机构利用网络银行平台与外部组织或机构相互交换电子银行业务信息和数据、网络银行业务外包管理、开办电子银行业务的金融机构利用境内的电子银行系统，向境外居民或企业提供的电子银行服务活动等内容做出了明确规定，并对银监会监督管理网络银行业务的方式与手段、金融机构违反规定应承担的法律责任等内容做出了详细规定。管理办法是目前对网络银行业务监督管理的主要依据。但是管理办法只是对网络银行监管的一个框架性规定，对监管内容的规定大多是原则性、定性规定，缺乏具体量化内容，对网络银行交易、电子签名的法律效力及其认证等相关内容缺乏具体规定。需尽快完善相关配套制度规定。

9.4.1　网络银行的法律特点分析

网络银行以互联网为载体，实现了互联网和银行传统柜面业务的结合，跨越了时间和空间，给银行业带来了翻天覆地的变化。作为科技创新和金融创新相结合的产物，网络银行具有不同于传统银行的法律特点，这些特点导致现有金融领域的法律出现空白。

1．采用电子虚拟服务方式

传统银行使用的票证被全面电子化，如电子支票、电子汇票和电子收据等。同时全面使用电子货币，即电子钱包、电子现金和安全零钱等。银行的业务文件和办公文件完全改为电子化文件、电子化票据，签名也采用数字化签名。票据和文件的传送改由利用计算机和数据通信网完成，往来结算由电子资料交换进行，客户不必到银行去，只要在家里轻轻地点击鼠标就可以进入网络银行。电子化办公大大提高了操作速度，降低了成本，提高了服务的标准性和精确度，大宗资金的广域交易可以在瞬间完成。

2. "3A" 式服务

网络银行突破了时间、空间的限制，利用网络技术把自己和客户连接起来。在各种安全机制的保护下，客户可以随时随地在不同的计算机终端上登录互联网办理各项银行业务。网络银行是一种在任何时间 (Anytime)、任何地点(Anywhere)以任何方式(Anyhow)提供金融服务的全天候银行。

3. 办理业务的透明性和开放性

传统商业银行出于竞争和对客户隐私权保密的原因，较之于保护投资者利益的证券市场透明度较小，由于网络金融市场特别是证券网络交易市场上交易成本的大幅度下降和交易品种的不断丰富，透明的信息披露将吸引更多的金融交易从传统的金融机构转向金融市场，传统商业银行的资产负债业务将会打破现有的"分业经营、分业监管"的立法格局。由于网络银行是通过开发的互联网提供金融服务，开放的网络技术在提高银行和其他金融机构的业务处理能力的同时，也给网络银行带来了大量潜在的法律风险。

9.4.2　网络银行相关的法律问题

1. 网络银行的市场准入、市场退出法律问题

（1）网络银行的市场准入问题。银行业是一个经营风险性极高的行业，世界各国对银行业的进出问题都规定了严格的许可制度，我国也不例外。从2004年2月1日起实施的《银行业监督管理法》规定，在中国境内设立商业银行的，应当经过国务院银行业监督管理机构审查批准。《商业银行法》同时规定了设立商业银行应当具备的5个条件。这种严格的市场准入制度，对我国这种银行业发展不很完善的国家来说是必要的。但是，在互联网技术和信息革命的推动下，网络银行市场进入成本大大降低，削弱了传统商业银行所享有的竞争优势，这种相对公平的竞争可能会吸引更多的非银行机构进入这个领域。严格的市场准入制度显然与网络银行灵活、便捷的设立方式相矛盾。

（2）网络银行的市场退出问题。任何一家银行的倒闭或者破产，都可能引发"多米诺"连锁反应，引起整个社会的金融动荡。为此，《银行业监督管理法》和《商业银行法》都对银行业的市场退出问题做出了明确的规定。但与传统银行相比，网络银行更容易受突发事件的影响并发生经营风险。因此，如何解决网络银行的退出问题对银行业的稳健发展至关重要。

2. 网络银行的安全性与客户隐私权的保护问题

网络银行运营的主要问题是安全性问题，黑客利用网络环境进行数据欺骗、网络病毒及利用网络从事各种犯罪活动是网络安全的严重障碍。虽然各种防火墙技术（Firewall）已相继开发出来，又出现了128bits加密技术、SSL保安、SET双重数码核对保安标准等技术，但是网络银行的虚拟性使其绝对安全的运行成为不可能，如何开发利用新技术更好地保证网络环境下的交易安全已迫在眉睫。

网络银行的安全性和保密性直接涉及客户的隐私权问题。现代科学技术和网络技术的发展大大增加了侵犯客户隐私权的概率和范围。一些网络犯罪分子通过利用各种交互式的、可调的、

宽频带通信网络，对客户信息进行窃取进而侵犯客户的隐私权。如何保护客户的合法权益，维护公众对网络银行的信心，也是网络银行发展中的重要问题。

3. 网络银行与票据法律制度的冲突

我国 1995 年颁布的《票据法》要求的是纸制化的票据形式，并不包括网络银行中使用的电子票据。《票据法》规定基本的票据行为需经过当事人签章才有效，这种情况下，经过数字签章的电子票据的效力问题就难以确定。该法同时规定，合法的票据行为产生相应的票据权利，但是在网络银行中的票据行为方式同传统票据行为方式迥然不同，根本不存在《票据法》所要求的那种书面的票据形式，电子票据替代了传统的书面票据，客户密码代替了签章。另外，票据的背书转让、承兑、提示付款等行为同样存在与网络银行的冲突问题。但 2004 年 8 月 28 日修改的《票据法》仍没有就电子票据效力等问题做出规定，传统《票据法》已不适应网络银行业务发展的需要。

4. 网络银行的许可和监管缺乏规则

网络银行可以是通过新设而成立的网络银行，也可以是在原有的商业银行内部通过互联网而开展网络银行业务。对于后一种情况，我国《银行业监督管理法》仅规定了"检查银行业金融机构运用电子计算机管理业务数据的系统"，对于如何操作法律尚未给出明确规定。而《网上银行业务管理暂行办法》也仅仅是从设立、法律责任等方面给出规定，大多是行政规定，至于由网络银行特殊性引起的操作层面的风险监管，缺乏规则。

网络银行是一个技术支撑的特殊银行，确立健全而有效的监管制度十分重要。目前，网络银行监管存在的问题还有：

（1）互联网技术的更新换代速度快，监管当局对技术和信息的掌握程度有待提高，同时被监管的网络银行总是能凭借网络的虚拟性、广泛性与多样性找到"监管真空"从而规避应有的监管。

（2）在传统的金融监管中，现场检查是规制与防范金融风险中的紧要一环，然而由于网络银行的虚拟性，这种附带有虚拟色彩的金融交易的合规性检查的难度加大。可见，网络银行监管法律规则需要完善。

5. 网络银行的法律责任规则不明

在网络银行的交易过程中，网络银行与客户之间要签订一份"网络银行服务协议"。在此过程中，发出服务协议的公告行为属于要约邀请，客户提出申请的行为是要约，银行同意和接受申请的行为属于承诺。在这种情况下，网络银行与客户之间就形成了一种合同关系。这种合同关系和传统合同关系的不同点在于，这种合同关系是通过无纸化协议和虚拟的网络空间建立的。此时，若客户由于网络交易而受到损失，网络银行应当承担什么法律责任？适用何种归责原则？客户的损失如何赔偿等规则不明，网络银行的法律责任规则需要解决。

9.4.3 解决网络银行法律问题的对策

1. 规范网络银行的市场准入、退出制度

（1）网络银行的市场准入制度。从事网络业务的金融机构，在办理网络业务前，应当到金融监管部门办理业务登记，并提供有关网络材料。同时，金融监管机关也应做好从事网络业务金融机构登记，通过与税务机关、财政机关等专门机构的密切配合，深入了解金融机构的网络业务活动，确保金融机构在批准的网络业务范围内从事网络业务活动。我国《网上银行业务管理暂行办法》规定了传统银行开展网络银行业务的 6 个条件，包括申请、审批、登记等必备程序。2002 年出台的关于落实《网上银行业务管理暂行办法》有关规定的通知，对网络银行准入审查、业务开展及内部控制等做了补充规定。

（2）网络银行的市场退出制度。网络银行处在日益纷繁复杂的金融环境中，当然也同样受到经济规律的制约，一旦其不符合经营条件的，也应当适时退出。对此，可以通过建立、完善网络银行预警、接管、紧急救助、最后贷款人制度、存款保险制度等规定，把网络银行退出造成的负面影响降低到最小。

2. 建立网络银行全方位的防御和保护机制

（1）完善"防火墙"技术，建立良好的数据备份和恢复机制。

（2）规范系统的设计结构，完善功能支持，建立网络安全防护体系。

（3）加快发展网络加密技术。应学习和借鉴西方发达国家的先进技术和经验，加快网络加密技术的创新、开发和应用，包括乱码加密处理、系统自动签退技术、网络使用记录检查评定等。

（4）完善系统安全扫描技术和病毒入侵检测技术。这两项技术是新型网络安全防护手段，技术性更强，安全性更高。

同时，加强对客户隐私权的保护力度，可以采取措施主要有：加大对侵犯客户隐私权的处罚力度；建立客户个人账户系统，银行方面对于所收集的客户资料具有保管和保密义务，其应当合法地处理和安全地保护这些资料；规范政府机构的权力行使行为，维护客户在网络银行上的信息传输安全。

3. 完善网络银行的法律体系

网络银行的出现和迅速发展给现行法律带来极大的挑战，其中影响最大的是《票据法》。为此，一方面应修改传统票据法、税法、银行法的有关问题，一方面适时制定网络银行的单项法律法规，构建网络银行法律体系。所构建的法律体系，既应包括确定权利义务的实体规范，还应包括相关的程序规范；既应包括网络银行监管、内控制度建设、法律责任等宏观法律，还应包括电子商务、电子货币、电子支付等单项法律法规。

2005 年 4 月 1 日，我国首部真正意义上的信息化法律《电子签名法》正式实施，部门规章《电子认证服务管理办法》也同步实施，这两部法律法规的出台为网络银行法律体系构建开了好头。《电子签名法》确立了电子签名的法律效力；规范了电子签名行为；明确了认证机构的法律地位及认证程序；规定了电子签名的安全保障措施；明确除 4 种情况外，电子签名及数据电文

同纸质化的签名、盖章具有相同的法律效力。但《电子签名法》仍存在一些对网络银行发展不利的问题，具体实施《电子签名法》还存在障碍，如没有涵盖电子政务调整领域；认证有效性难以保证及第三方认证应负的法律责任不明确；电子支付技术待完善；网络银行自建认证机构的约束问题；认证机构的资质问题等。

4．加强网络银行的监管

网络银行的监管是一个复杂的问题，涉及国家、监管机关、网络银行的关系处理。首先，从国家层面来说，国家应当积极开发一套金融信息系统以便能及时搜索所需的网络银行信息，并根据这些信息掌握网络银行监管的大局；加强网络银行的系统建设，如计算机设备、加密技术、软件开发等；提升整个社会对网络银行的信用度，维持公众对网络银行的信心。其次，从监管机关层面来说，银行业监督管理机构应当建立一整套网络银行信息管理分析系统、风险预测系统和安全防范系统；建立一套完整的网络银行业务审批和监管机制；完善有关法律法规，尽快制定与《电子签名法》相配套的电子货币、电子支付等方面的法律规范。最后，从网络银行自身层面来说，网络银行应当完善内部的财务核算制度建设；通过加强日常管理来防范网络银行的各类风险；加强市场调查，通过市场分析制定营销策略，开发金融产品，避免市场风险；借鉴国外网络银行金融机构先进的管理理念和管理方法，真正做到为我所用。

5．明确网络银行的法律责任

网络银行与客户之间是一种合同关系，网络银行在违反合同规定时，应当承担网络银行的合同责任。这种责任在实践中存在着竞合，如网上银行向客户提供的服务有瑕疵、客户的划拨指令或数据资料被第三者篡改等，就可能导致违约之诉和侵权之诉的竞合。原则上客户可选择有利于自己的诉因提起诉讼要求赔偿，我国《合同法》第 122 条也明确规定受害人可以主张对自己最有利的法律后果。对于网络银行赔偿损失的范围问题，双方应当在合同中明确规定，对于没有明确规定的，可以参照《合同法》的有关规定进行处理。当然，如果出台一部专门规定网络银行和客户之间纠纷解决的法律，明确网络银行的各方当事人法律责任，对网络银行的规范发展是最有利的。

9.5　电子支票的法律问题

电子支票是随着电子商务和网络银行的迅猛发展而产生的，并在电子签名技术的推动下日益成熟，其对传统的票据制度产生了前所未有的冲击。为提高支票清算效率，美国联邦储备委员会制定了《21 世纪支票交换法案》。该法案于 2003 年 10 月 28 日经美国总统签署通过，并于 2004 年 10 月 28 日正式生效。该法案自签署后，便引起世界各国银行界的广泛重视，被称为金融界的重大事件。

9.5.1　相关背景

早在 20 世纪 80 年代，美国自动票据清算所（ACH）已经采用票据截留的方式实现支票清算的电子化。尽管电子提示支票的法律效力可通过协议加以约定，但由于电子提示缺乏统一格式、客户对传统纸质支票的依赖等因素，美国电子提示支票的发展并不尽如人意。2000 年美联储开始探讨如何促进支票截留及支票的电子表现形式的发展。在其后数年中，美联储与银行业及其他利益相关者通力合作，制定了《21 世纪支票交换法案》(*The Check Clearing for the 21st Century Act*，以下简称《21 世纪支票法》)。其主要目的：一是赋予替代支票与原始支票相同的法律效力，促进支票截留；二是在不强制银行及客户接受电子提示支票的前提下，扶植票据清算系统的创新；三是提高整个国家支付清算系统效率。

该法案对美国票据交换与清算系统产生深远影响，其核心在于：对于不愿接受电子提示支票的银行或客户，该法案提供了一种新的支付工具——替代支票，这种替代支票在法律上等同于被银行截留的原始纸质支票，从而促进了支票截留的发展，使整个支票交换系统更有效率。

"电子支票"是客户向收款人签发的数字化支付指令，它通过互联网或无线接入设备来完成传统纸质支票的所有功能。即电子支票实质为数字化信息，从签发出票到最终清算完成的整个过程均为无纸化操作，其载体为智能卡，利用密钥进行的电子签名，与基于纸质支票的电子提示支票有显著区别。

9.5.2 《21 世纪支票法》的法律地位和重要意义

1. 法律地位

美国规范支票的法律主要是联邦储备条例与统一商法典（UCC for Uniform Commercial Code）的第三编与第四编。1990 年统一商法典的修订版中，规定只要当事人之间存在协议，电子提示支票就取得支票法上的效力。为进一步鼓励电子提示支票的使用，使支票截留变得更加简便、易于接受，2003 年美国又颁布了《21 世纪支票法》。该法属于联邦法，它并不是针对替代支票的特殊法律规定，事实上，替代支票自始至终都受适用的支票法管辖，相关支票法中规定的权利与义务都适用于替代支票。联邦或州的法律或统一商法典中若有与《21 世纪支票法》不一致的，以《21 世纪支票法》为准。

《21 世纪支票法》授权联邦储备委员会制定实施细则，促进各方遵守法案，防止对一些条款的规避。

2. 重要意义

《21 世纪支票法》的实施对美国金融机构产生了深刻影响。近年来，随着支付手段的日益多样化，支票的使用已逐渐减少，但依然是非现金支付的首选方式。支票使用量的减少导致单位支票处理成本的增加，使银行利润降低，并进一步恶化了银行与采用更有效的支票处理方式的非银行机构的竞争能力。《21 世纪支票法》鼓励银行利用电子技术处理与传递支票，使银行能够截留支票，将原始纸质支票转为电子提示支票，在清算过程中消除纸质支票的传递，极大地节约了人力、物力，使清算速度加快、效率提高，银行的竞争力也相应增强，受到银行界的广泛欢迎。

由此可见，《21 世纪支票法》的重要性并不在于它允许一种纸质支票转为另一种纸质支票，而在于它促进了电子科学与影像技术在金融领域的应用，并提高了支票清算系统的整体效率。随着《21 世纪支票法》的应用，银行业务运作方面将有更多提高与革新，客户将享受到更为完善、便捷的服务。

9.5.3　电子化支票的法律效力

1．书面形式问题

许多国家法律都要求某些交易必须有书面文件，法律对书面形式的要求主要有两个不同的目的或意图：有的是作为合同有效性的要件，有的是作为证据。支票是一种要式有价证券，各国票据法对书面形式的要求是基于流通转让的需要，其要求极为严格。联合国国际贸易法委员会在 1985 年第 18 届会议上，在审查秘书处关于计算机记录的法律价值报告基础上，建议各国政府：审查关于某些贸易交易和与贸易有关的文件要用书面形式的法律规定，以便酌情允许把该项交易或文件以计算机"适读形式"记录下来或发送。解决这一问题的办法，不是要求各国法律取消"书面形式"的要求，而是如何设法使数据电文被视为"书面形式"。例如，我国《合同法》第 11 条就明确规定："书面形式是指合同书、信件和数据电文（包括电报、电传、传真、电子数据交换和电子邮件）等可以有形地表现所载内容的形式。"可见，我国《合同法》扩大了"书面"的定义，使之涵盖了电子数据交换和电子邮件。这种方法就是所谓的"同等功能法"，即不是确定一种相当于任何一种书面文件的计算机技术等同物，而是指出书面形式的基本作用，一旦电子数据达到这些标准，即可以与系统作用的相应书面文件一样，享受同等程度的法律许可。联合国国际贸易法委员会 1996 年 5 月《电子商务示范法》就是采用"同等功能法"的典范。可以这样认为，"书面形式"问题在某些领域如合同法和海商法领域较易解决，而在票据法领域则会遇到很大的困难。但是美国法院的有些判决曾明确裁定以电传方式交换的文件可以构成汇票。既然电传早已被法院实践所接受，那么被储存在中介载体上的计算机记录（电子数据）也应被视为"书面"的东西而被接受。因为它们都是通过一系列电子脉冲来传递信息的，只是电传的最终传递结果都是被设计成纸张的文件，而电子数据则不一定，完全取决于接受方是否想要书面文件，具有更通用的特点，可以产生纸张的书面单据，也可以被储存在磁盘或其他由接受者选择的非纸张的中介物上。

2．签名问题

各国票据法都几乎毫无例外地规定，票据都必须有出票人的亲笔签名或其授权的人签名方能生效。票据签名有三重意义：使票据生效、使签名者承担票据责任、转移票据权利的必备条件。例如，根据我国《票据法》第 85 条规定：出票人签章是支票的必备记载事项，否则支票无效。各国法学界和电子学界的学者认为，签字的实质在于使文件、信息等具有独特性。因此，签字并不一定要求签署者亲笔手书，采用电子密码，即所谓数字签名（或称电子签名），就能以电子方式传递资金划拨指示时达到签字的目的。目前，国际社会已越来越多地接受数字签名的可行性，如《汉堡规则》第 14 条、《跟单信用证统一惯例》第 20 条、《电子商务示范法》第 7 条等。因此可以认为数字签名将会与传统手写或机械方式一样成为认证的一种主要手段。在票据法领域，依据美国《统一商法典》第 3-401 条规定"在票据上所签名可用任何名称，包括商号或假名，或者代替手写签名的任何文字或记号"。结合该法的第 1-201 条关于"签字包括当事人当时为认证书信之目的，设立或采用的任何符号"的规定，我们认为票据上的签名同样应包括数字签名。近年来各国纷纷颁布了有关数字签名的法律，从立法上正式认可了数字签名的法律效力，这对支票传统签名规定是一大冲击和革命。签名可以说是一把"双刃剑"：一方面文件的发出者可以以缺乏其签名为由而否认其效力；另一方面对于一份确有其签名的文件，他不能随意更改其记载中的意思表示。签名的用意是证明双方当前的买卖意图，是一种身份的证明和一种不允许也不能假冒的符号。在电子支票环境下，数字签名与传统的亲笔签名虽均为签名，但两者在形式与内容上的差别则很明显。然而否定数字签名的法律效力，无疑会终结网络商务的发展。鉴于此，国际社会纷纷采用"翻译"和"解释"方法，建议或规定扩大对"签名"的法律定义，使之能将"电子签名"包括进去。

目前，国际上都是通过运用"同等功能法"来认可数字签名的法律效力的。《电子商务示范法》第 7 条在说明了签名的两种基本功能——鉴定签名者身份及表明签名者对数据电文内容的认可后规定，数字签名能满足法律对签名的要求。同时该示范法兼采法律途径（凡是能够鉴定信息发端人身份和发明发端人认可该信息的签名均属法律规定的签名）与合同途径（即由当事人通过任何相互协议来排除亲笔签名的法律障碍）来解决数字签名的法律效力问题，而"同等功能法"又始终贯穿于这两种途径之中。在该示范法之前，1990 年《电子提单规则》也有类似规定，只是其表述方法不同而已。其第 11 条规定，所有当事人"均同意载于计算机数据储藏中可用于人类语言在屏幕上显示或由计算机打印的、业经传输和确认的电子数据将满足任何国内法或地方法、习惯或实践规定的运输合同必须经签署并以书面形式加以证明的要求"。有的国家立法在界定数字签名时就直接涵盖了签名的两种功能，事实上数字签名的法律效力在世界范围内，基本上都已得到认同。

与数字签名法律效力相关的一个问题是在网络交易中以何种技术生成的数字签名才是安全可靠的，才是法律认同的数字签名？这也是自数字签名方式出现以来一直争论的问题。在数字签名立法最早也最发达的美国，对此大致有两种解决方案：一种是以犹他州和伊利诺伊州为代表的"技术特定化"方案，认定只有用非对称密钥加密技术作出的数字签名，才具有与亲笔签名同样的法律效力，而其他技术如计算机口令，对称密钥加密、生物笔迹辨别法、眼虹膜网等技术，或安全系数不足，或应用成本过高，均不宜作为法定签名技术予以确定；另一种是以加利福尼亚州和罗德州为代表的技术非特定化方案，认为技术特定化限制了其他同类技术的发展，也不利于对消费者的保护等等。通过对两种方案的衡量，可以认为技术非特定化方案更有利于互联网产业和网络商务的发展。在技术标准和其他相互操作性机制上应该由市场来决定，政府试图制定控制互联网技术标准的做法只会造成妨碍技术革新的危险。因为互联网上正盛行自愿标准，而标准的发展和接受是以媒体和一致同意为基础的，这一点正是刺激互联网迅速发展的重要因素。法律也只需要原则性规定，凡是能够对交易者身份予以识别的电子技术手段均可以用作数字签名的生成技术从而对数字签名的效力予以认可就够了，而不宜将某种特定标准与数字签名的法律效力直接挂钩。

3. 证据问题

我国证据法属于开立一份可接受的证据清单的证据法一类，而 1996 年《刑事诉讼法》第 42 条、1987 年《行政诉讼法》第 63 条均将电子数据排除在证据清单之外。我国相当一部分学者认为，电子数据应归于"视听资料"的范畴，应对"视听资料"作扩大解释，不应限于录音机、录像带之类的资料，还应把电子数据资料也包括在内，因为电子数据同样是可以显示为"可读的形式"，因而也是"可视的"。我国司法实践也将之规定为视听资料的一种，这主要是因为电子数据在存在形式上同视听资料有相似之处。但是将电子数据视为视听资料，并不能真正反映电子数据的特点，两者最根本的区别是永远无法改变的，即数据必须经过重整组合才能被人们所使用。电子数据作为证据，往往要对大量数据进行组合和重整，最终以报表或其他形式将一组按一定规律组合的数据来作为证明案件事实的证据，大量散乱无章的数据在法庭上是无法起到证明作用的。在证据学上电子数据在很多时候可以说就是书据。从本质上看计算机除了完成其他工作外，在其输出过程中起到的是一种记录工具的作用，与手工打字机打印的文件在本质上并无二致，只是计算机能够自动对数据进行运算统计而已。从一定意义上看电子数据是否构成书证，其实是一个关于"书面形式"的解释问题。我国《合同法》第 11 条对"书面"的扩大解释为电子数据作为书证营造了良好的方法环境。

相应地，将电子数据视为"书证"，又会产生"原件"与"副本"的问题。大部分学者认为，电子数据都记录在计算机内，很难说是原件，而只能认为是副本，但我国证据法关于提交原件确有困难可以提交副本的规定，使采用电子数据作为证据不会有太大的困难。其实同视听资料一样，电子数据的原件与副本并无不同，如果说视听资料在复制时还有一定损耗，副本与原件相比还是有一定区别，那么在电子数据中就没有这种区别了，所有的原件与副本都绝对一致，可以说所有的数据都是原件，这是电子数据所独有的特征。《电子商务示范法》对原件也作了扩大解释即只要该信息可以显示而且是完整的，即构成"原件"而不必拘泥于其形式。

在评估电子支票中的数据作为证据的证据力时，应考虑到生成、储存或传递该数据办法的可靠性，保护信息完整性的办法的可靠性，用以鉴别发端人的办法，以及任何其他相关因素。具体说，一项电子数据要具有充分证据力，必须符合法律所规定的以下内容。

（1）客观性。电子数据的客观性在于其内容的可靠性。对此应从两方面入手：信息来源和信息的完整性。前者指谁提供信息或信息的产生情况，后者包括学习内容的完整性及提供的规范性。同时还涉及电子数据的储存问题。必须严格保证电子数据存储介质的安全，防止数据的遗失和未经授权的接触，保证储存者的公正性。

（2）相关性。必须对与案件事实有关的诸多数据进行重组和取舍，同时保证重整方法和过程的客观性和合法性。

（3）合法性。有必要对储存于计算机内存的数据采用一定的方式固定下来。只有依法对数据进行收集并转储到其他介质上并封存，在得到查证属实后，这种电子数据才具有证据力等。

目前，电子支票的法律效力还没有直接的法律依据。根据现存法律，电子支票划拨并不包括电子支票交易。如美国 1978 年《电子资金划拨法》定义电子资金划拨为："不以支票、期票或其他类似票据的凭证，而是以电子终端、电话、电传设施、计算机、磁盘等命令、指示或委托金融机构向某个账户存款或某个账户提款；零售商店的电子销售安排、银行的自动交易、银行客户通过银行电子设施进行的直接存款或提款"。这一定义显然排除了最典型的支票交易。1989 年《统一商法典》第 4A 编（资金划拨)也排除了以支票为交易手段的支付，理由是包含债务人支付指令的支票并不是直接传递给银行，而是交给债权人的。不过在有些案例中美国法院在判决中直接引用或以类推方式引用了《统一商法典》第 4 编（银行存款与托收）的条款。此前美国银行界和法律界的专家也大多支持首先适用现有的各国关于票据的法律规定。他们甚至将电子交易当事人各方的权利和义务与票据交易中当事各方的权利和义务类比，主张与票据相关的所有法律原则均适用于资金的电子转移。

9.5.4　认证机构的法律地位

电子支票交易除了交易双方以数字签名识别彼此的身份和确保传输信息的完整性外，对数字签名本身的认证问题，却不是靠交易双方自己完成的，而需要由一个具有权威性和公正性的第三方来完成，从而为网上交易建立一种有效、可靠的保护机制，这也是数字签名制度的核心。认证机构（CA）就是承担网上安全电子交易认证服务、能签发数字凭证并能确认用户身份的服务机构，它认证的是所给公钥与私钥是否具有关联性且处于一种有效密钥的最新状态，这种关联性和最新性对数字签名的证实和信用是非常重要的。目前许多国家都建立了相应的认证机构，如美国 1995 年创建 VeriSign 公司、新加坡 1997 年由国家计算机委员会（NCS）和电子传输网络（NETS）建立的 NETTRUST 公司等。我国也于 1999 年 8 月底创建了"中国金融认证中心"，为国内电子商务和网上银行提供各种认证服务，并将在运行平稳的基础上实现与国外最高级别认证中心的交叉服务。本书认为对认证机构的法律地位，至少应考虑以下几个问题。

1．认证机构的权威性和公正性

（1）政策的统一和组织协调问题。国家需建立强有力的综合协调部门来制定统一的政策框架，由专门机构统一领导、管理全国网络商务的认证工作。否则政出多门，经营管理各自为政，将造成不应有的损失。

（2）认证机构的选任问题。数字签名侧重于仅仅身份辨别与文件归属问题，而电子认证解决的是密钥及其持有人的可信度问题，同时还提供一些交易当事人的资信状况。因此认证机构的选任显得至关重要。由于我国市场培育尚未成熟，企业信誉相对较弱，因此在电子认证中需要以政府的信誉补充。我国可以构建一种树状认证系统：在国家信息工作领导小组的统一领导和管理下，由外经贸委和中国人民银行分别作为经贸、金融部门的认证机构（RCA），并依次往下设立品牌认证机构（BCA）和地方认证机构（RCA）。

（3）认证标准的统一问题。各认证机构的认证标准不统一会带来认证机构的矛盾以及客户的多重交叉认证，因此与国际接轨的统一标准有利于节省交易成本，提高效益。我国目前的信息安全标准的应用刚刚成功。一方面，我国宜尽早推广采用 SET 这一更先进的国际推行标准；另一方面，不宜始终停留在对国外标准的"翻译"和"复制"上，还应积极开发自己的标准，并加强国际合作，增强与国外认证机构的竞争力。

2．认证机构的职能

认证机构的主要任务是受理数字凭证的申请及签发、管理数字凭证。与此相联系的是保管公共密钥，国外法律一般对此有比较细致的规定。例如，公共密钥必须有一定的有效期，有的国家规定不超过 3 年，有的国家规定不超过 4 年或者更长的时间等；在法律规定或双方约定的某些情况下，当事人可以撤销或终止使用自己的公共密钥等。

3. 认证机构的法律责任

这是认证机构法律地位中最重要的一环。在建构认证机构的法律责任框架时，可以借鉴美国各州的《数字签名法》与新加坡的《电子交易法》中的相关规定：

（1）认证机构有责任使用可信赖的系统（即计算机硬件、软件和程序）以行使其职责，并披露相关信息（如认证业务声明、证书撤销或暂停通知以及其他一些影响其行使职责的重要事项），确保认证机构的权威性和公正性。

（2）认证机构应依照认证业务声明颁发证书。否则就意味着已确认：证书中的签名者承认该证书并拥有与证书中所列的公钥相一致的私钥且构成功能密钥对，而且如果认证机构没有认证书中声明某些指定信息的正确性未经确认，则证书中的所有信息都是正确的。

（3）认证机构有责任在收到申请人或代表人的事情后，暂停证书，同时有责任在证书中存在重要虚假陈述或有证据证明签名者死亡、消失或不复存在等情况下撤销证书。并且在暂停或撤销证书时，必须在指定地点发布相关通知。

（4）给予认证机构在民事赔偿方面以必要的责任限制。如一方面，如果认证机构对证书的签发有过错（如证书中存在某些错误陈述）且给当事人造成了损失，则认证机构的损失赔偿额将以证书中载明的金额为限；另一方面，在认证机构签发给当事人的证书被盗并被他人用以欺诈的情况下，如果欺诈是在当事人将证书被盗的情形通知认证机构之前发生的，则认证机构对当事人因欺诈而导致的损失不负责任。

扩展阅读　互联网金融监管要加强 线上收单业务亟须规范

2013 年，支付机构累计发生互联网支付业务金额 9.22 万亿元，同比增长 48.57%。正是包括第三方支付在内的互联网金融的蓬勃发展，各界对互联网金融加强监管的呼声也不断走高。

关于互联网时代的金融监管，中国人民银行支付结算司副司长樊爽文日前表示，金融创新必须以依法守规为前提。未来金融创新动力依然强劲，创新步伐将大大加快，必须要警惕各类金融违法违规活动，借助互联网合法化。

为此，樊爽文提出几个观点：一是金融监管体制、理念和方式需要与时俱进，功能监管势在必行。二是互联网时代，伴随着效率提高、成本降低、消费者群体扩大，风险形成和传递同时也大大加快，风险管理更为复杂，金融监管需要加强而不是放松。三是在金融领域实施"负面清单"管理，弊大于利。四是同一市场和同类业务应当保持监管标准的一致性，如果享有豁免，就必须接受相应的制约。而樊爽文的观点，也为今年以来对第三方支付机构的监管定了调，争论结束，加强监管。第三方支付近几年来顺风顺水、肆无忌惮的野蛮生长期戛然而止。

从今年年初开始，央行直接或间接地向第三方支付机构规范性地下发了 4 份文件。我们也可以从中看出央行对第三方支付的监管路线，大致可看出一个主线两大脉络。主线即安全，4份文件全部涉及安全问题。在两大脉络中，第一条脉络是收单业务。第二第脉络是银行与支付公司合作。

这其中，对于收单业务的监管亟须更多规范。

1 月初，央行向各家商业银行、中国银联和支付机构下发通知，从加强实名制审核以规范银行卡发卡业务，银行卡风险管理，严格银行卡收单业务管理以及监督管理四方面入手，加强对银行卡业务的监督管理。在上述通知中，央行再度要求收单机构，严格执行实体特约商户收单业务本地化管理要求，不得在未设立分支机构的省（区、市）开展实体特约商户收单业务，应确保收单机构分支机构切实承担本地商户拓展与审核、日常维护、风险核查、商户巡检、档案管理、外包业务等管理责任。

3 月下旬，央行下发文件要求，从 4 月 1 日起，8 家第三方支付全国范围内停止接入新商户，其中包括汇付天下、易宝支付、随行付、富友、卡友、海科融通、盛付通、捷付瑞通。此外，有两家第三方支付机构则被要求自查，分别是广东嘉联和中国银联旗下的银联商务。

其实，以上两份文件是有一定关联度的。央行表示，2013 年 12 月至 2014 年 1 月，全国发生多起不法分子利用预授权交易进行套现的风险事件。经核实，部分收单机构存在未落实特约商户实名制、交易监测不到位、风险事件处置不力等问题。

据记者了解，在此次事件出现风险后进行追查时，发现大量的商户根本不存在。曾有媒体报道称此次事件涉及资金高达百亿元，不过据记者向业内人士考证，没有得到相关人士的证实，但该人士称，涉及金融规模确实很大。

缘何会出现这样的问题呢？如何解决呢？记者在采访一位国内专业人士时，该人士表示，现在我国收单市场就像一团乱麻，有数百家收单机构分别与国内数十家乃至上百家银行机构进行连接。我国的收单机构尤其是线上收单并不受卡组织监管，300 多家收单机构就相当于 300 多个不发卡的卡组织，而它们却游离于监管部门的监管之外。这种过于混乱与复杂的情况，给监管部门的监管带来很大困难。

众所周知，目前，收单业务分为线上及线下市场。线下收单方面有明确的管理办法，同时，线下收单都接入中国银联，有一个统一的接口。但是，在线上收单业务方面，由于没有实行严格的监管，发展过快，同时，风险也骤增。

上述专业人士提出三点建议：第一，提高收单机构资质审核。第二，严格执行相关规定，加大惩罚力度。像国外一样，一旦发现商户出售假冒伪劣商品，惩罚会很严厉。国内也应该一样，对违规违法的商户应加大惩罚力度，不能隔靴搔痒式地处罚。现在商户出了问题并不怕处罚。第三，技术手段上进行改良。最现实的方法就是全部由银联转接。当然，也可以再核准一家转接机构，像美国一样有维萨、万事达卡等转接组织。

无独有偶，中国民生银行信用卡中心总裁杨科日前撰文也表达同样的观点。杨科认为，应尽快建立类似于"中国网联"的公司，与中国银联并存。杨科建议由央行牵头建立一个中国网络支付平台的转接系统，成立为线上支付提供网上对接的公司，按公司化、市场化去运作。让所有商业银行的网上业务只对接网联公司的接口，让网联公司去对接所有第三方支付机构，改变现在银行要与几十家甚至上百家支付机构去对接网关的现象，改变信息不安全、信息不透明、重复投入的现状，实现跨行的网络业务。他建议尽快建立一个中国的网上金融支付平台，可以叫中国网联，即网络金融联通公司，类似于"线上银联"。这家公司的股东可以由商业银行、第三方支付机构或其他民企共同出资，制定符合中国国情的网上商业模式，按市场化运作，使中国网上金融的庞大市场能规范、健康发展，确保网上金融、客户资金的安全，防范网络金融风险。

　　有业内人士在接受记者采访也认为，解决线上收单混乱的问题可以再成立一家甚至两三家类似于银联的转接机构，从而形成充分的市场竞争。

　　与此同时，线上收单业务还有一个致命伤——没有标准。上述业内人士在接受记者采访时表示，现在线下收单方面是有一个标准的。但是，线上收单由于还是新生事物，目前还没有一定的标准共业界执行。各第三方支付机构，如支付宝、财付通等都是分别与银行进行商谈，都是执行各自的标准。没有形成一个统一的市场价格体系。

　　该人士认为这其中还存在两个问题：第一，线上收单没有技术规范。现在都是银行与第三方支付公司商讨下端对端的接入，接口技术标准没有。第二，业务标准没有。具体的线上交易种类并没有区分出来，不像线下收单市场，分为有餐饮、综超、批发等业务种类。

　　杨科也建议尽快制订网上支付与清算的定价机制。他建议借鉴线下业务，对互联网等业务定价机制进行结构性调整，由监管机构牵头制定互联网支付定价及收益分配标准，尽快出台相关政策法规。

　　除 1 月初和 3 月下旬央行下发的两个文件外，3 月 13 日，央行下发紧急文件暂停支付宝、腾讯的虚拟信用卡产品，同时叫停的还有条码（二维码）支付等面对面支付服务。央行通知表示，线下条码（二维码）支付突破了传统手艺终端的业务模式，其风险控制水平直接关系到客户的信息安全与资金安全。虚拟信用卡突破了现有信用卡业务模式，在落实客户身份识别义务、保障客户信息安全等方面尚待进一步研究。

　　4 月 17 日，银监会和央行于近日联合下发 《中国银监会中国人民银行关于加强商业银行与第三方支付机构合作业务管理的通知（银监发[2014]10 号）》，旨在 "切实保护商业银行客户信息安全，保障客户资金和银行账户安全，维护客户合法权益"。

　　（资料来源：金融时报，2014 年 5 月 19 日 11:46:38，http://news.xinhuanet.com/fortune/2014-05/19/c_126518396.htm）

自测题

一、关键概念

金融监管　电子支付　洗钱

二、判断题

1．电子支付是网上支付的更高级形式。（　　　）

2．电子支付是网络支付的一种业务类型。（　　　）

3．电子支付是网络支付的一种业务类型。（　　　）

4．支付方法的电子化本质上传递的是支付结算的指令，而不是 "等价物" 本身。（　　　）

5．电子货币本质上体现的是一种商业信用。（　　　）

三、单选题

1．（　　　）是我国电子商务立法中的一个里程碑。

A.《合同法》   B.《电子签名法》

C.《电子服务认证管理办法》   D.《计算机信息网络国际联网管理暂行办法》

2. 一项电子数据要具有充分证据力，（　　　）不是符合法律所规定的内容。

A. 客观性   B. 完整性

C. 合法性   D. 相关性

3. （　　　）是电子商务和网上银行交易最具权威性、可信赖性及公正性的第三方机构。

A. CA   B. CD

C. KM   D. RA

4. 基于数字证书的用户身份自动识别是指（　　　）。

A. 安全电子邮件   B. 安全 Web 站点

C. 安全登录   D. 安全电子交易

四、多选题

1. 电子支付的业务类型按电子支付指令发起方式分为（　　　）和其他电子支付。

A. 网络支付   B. 电话支付

C. 移动支付   D. 自动柜员机交易

2. 电子货币支付系统风险主要有（　　　）等。

A. 系统故障   B. 伪币和欺诈

C. 黑客攻击   D. 财务风险

3. 在发行和使用电子货币的过程中尚存有一系列阻碍电子货币发展的法律问题，主要包括（　　　）等。

A. 安全问题   B. 隐私保护问题

C. 网络拥塞问题   D. 法律监管问题

4. 电子支付的当事人包括（　　　）等方面。

A. 发起银行   B. 接收银行

C. 转发机构   D. 电子终端

5. 电子资金划拨中的法律责任主要包括（　　　）等方面。

A. 假冒指令的责任   B. 支付指令不当执行的责任

C. 支付指令有错误时的责任   D. 黑客欺诈

五、简答题

1. 认证中心有哪些主要功能？

2. 现代电子银行体系必须包含哪些系统？

3. 简述网络银行涉及的相关法律问题。

4. 电子货币对现行法律制度有什么影响？

5. 电子支票与纸质支票相比有何不同？

参考文献

［1］柯新生. 网络支付与结算（第2版）［M］. 北京：电子工业出版社，2010.

［2］柯新生. 电子商务——运作与实例［M］. 北京：清华大学出版社，2009.

［3］乔晓华，杜宏. 电子商务概论（第2版）［M］. 呼和浩特：内蒙古大学出版社，2010.

［4］姜红波. 电子商务概论［M］. 北京：清华大学出版社，2009.

［5］黄超，龚惠群. 网络支付［M］. 北京：机械工业出版社，2007.

［6］杨坚争，杨立钒，赵雯. 电子商务安全与电子支付（第2版）［M］. 北京：机械工业出版社，2011.

［7］周宁，李鹏，王林，张志鹰. 网上支付：网商的成功之道［M］. 北京：电子工业出版社，2009.

［8］刘克强. 电子交易与支付［M］. 北京：人民邮电出版社，2007.

［9］周虹. 电子支付与结算［M］. 北京：人民邮电出版社，2009.

［10］李洪心，马刚. 银行电子商务与网络支付［M］. 北京：机械工业出版社，2007.

［11］张宽海. 网上支付与结算［M］. 北京：电子工业出版社，2009.

［12］秦成德. 电子商务法律与实务［M］. 北京：人民邮电出版社，2008.

［13］张卓其，史明坤. 网上支付与网络金融业务［M］. 沈阳：东北财经大学出版社，2002.

［14］黄孝武. 网络银行［M］. 武汉：武汉出版社，2001.

［15］中国人民银行 2013 年第三季度支付体系运行总体情况，http://www.pbc.gov.cn/publish/zhifujiesuansi/1070/2013/20131126162348763129864/20131126162348763129864_.html.

［16］百度百科，http://baike.baidu.com.

［17］凤凰网，http://search.ifeng.com/sofeng/search.action?q=支付&c=1&p=2.

［18］中国人民银行，http://www.pbc.gov.cn/.

［19］CNNIC，http://www.cnnic.net.cn/.

［20］艾瑞网，http://www.iresearch.cn/.

［21］天融信，http://www.topsec.com.cn/gytrx/gytrx1/index.htm.

［22］中国建设银行龙卡，http://www.ccb.com/cn/personal/debitcard/mini_set.html.

［23］快钱，https://www.99bill.com/.

［24］支付宝，https://www.alipay.com/.

［25］233 网校，http://www.233.com/ec/law/20100806/120557529.html.

［26］中国银联官网，http://cn.unionpay.com/.

［27］VeriSign CA 认证中心网站，http://www.verisign.com/.

［28］电子支付指引（征求意见稿），ttp://www.canet.com.cn/law/jrfg/200807/27-58501.html.

［29］周志刚. 浅谈电子货币的发展对金融业的挑战［J］. 财经界，2012（2）.

［30］朱伯玉. 关于电子货币的法律问题［J］. 法学杂志，2002（1）.

［31］朱识义，李代江. 电子货币法律问题研究［J］. 西南民族大学学报（人文社科版），2004（3）.

［32］宋伟，滕华. 电子货币的法律问题及对策［J］. 科技与法律，2004（1）.

［33］高钧，曹刚. 网上支付相关法律问题探讨［J］. 商业时代，2005（30）.

［34］赵福建. 网络银行的法律问题初探［J］. 法制与经济（上半月），2007（9）.

［35］李有星，周洪梅，论网络银行法律问题及其对策［J］. 浙江理工大学学报，2005（9）.

［36］徐建国. 电子支票的法律透析［J］. 宁波大学学报（人文科学版），2003（3）.

［37］中华人民共和国人力资源和社会保障部，http://www.mohrss.gov.cn.